ELAINNE OURIVES
AUTORA BEST-SELLER

VISUALIZAÇÃO HOLOGRÁFICA

Diretora
Rosely Boschini

Gerente Editorial Sênior
Rosângela de Araujo Pinheiro Barbosa

Editora Júnior
Rafaella Carrilho

Assistente Editorial
Fernanda Costa

Produção Gráfica
Fábio Esteves

Preparação
Amanda Oliveira

Capa
Mariana Ferreira

Projeto Gráfico e Diagramação
Gisele Baptista de Oliveira

Revisão
Wélida Muniz

Ilustrações p. 213 e p. 239
Marília Navickaite

Ilustração p. 19
Sagui Estúdio

Impressão
Edições Loyola

CARO(A) LEITOR(A),
Queremos saber sua opinião sobre nossos livros. Após a leitura, siga-nos no linkedin.com/company/editora-gente, no TikTok @editoragente e no Instagram @editoragente e visite-nos no site www.editoragente.com.br. Cadastre-se e contribua com sugestões, críticas ou elogios.

Copyright © 2023 by Elainne Ourives
Todos os direitos desta edição são reservados à Editora Gente.
Rua Natingui, 379 – Vila Madalena
São Paulo, SP – CEP 05443-000
Telefone: (11) 3670-2500
Site: www.editoragente.com.br
E-mail: gente@editoragente.com.br

Dados Internacionais de Catalogação na Publicação (CIP)
Angélica Ilacqua CRB-8/7057

Ourives, Elainne
  Visualização holográfica / Elainne Ourives. - São Paulo : Editora Gente, 2023.
  288 p.

ISBN 978-65-5544-432-2

1. Visualização 2. Afirmações 3. Autorrealização (Psicologia) I. Título

23-6388   CDD 153.32

Índices para catálogo sistemático:
1. Visualização

Este livro foi impresso pela Edições Loyola em papel pólen bold 70 g/m² em dezembro de 2023.

Nota da Publisher

A visualização é uma capacidade que todos nós temos. Pense, por exemplo, quando alguém lhe relata um acontecimento: você logo imagina, vê na sua mente, como as coisas aconteceram; ou quando alguém descreve uma sensação, um aroma, um sabor... nós conseguimos visualizar, e até sentir, isso dentro de nós. O problema é que essa ação costuma ser involuntária, por isso, é comum que cocriemos, inconscientemente, uma vida que não queremos. Mas isso pode mudar!

Aqui, a nossa querida autora best-seller Elainne Ourives vai conduzi-lo a uma jornada de aprendizado capaz de transformar sua vida. Você vai aprender como sair do automático e visualizar a realidade que tanto almeja de modo consciente. Por meio de técnicas avançadas em Visualização Holográfica, Elainne vai conduzir como utilizar essa, que é uma das ferramentas mais poderosas da cocriação, para materializar seus sonhos e metas.

Em *Visualização Holográfica*, você terá contato com exercícios, roteiros e princípios importantes da Física Quântica que são a base para a cocriação da realidade – tudo isso com um único objetivo: ensiná-lo a visualizar conscientemente para cocriar a vida dos seus sonhos! Não importa se você é iniciante ou já tem alguma prática na Visualização Holográfica: aqui, todos aqueles que estão prontos para a mudança definitiva são bem-vindos. Boa leitura!

ROSELY BOSCHINI
CEO e Publisher da Editora Gente

INTRODUÇÃO 6

1   COCRIADOR CONSCIENTE......................... 13

2   O QUE É E COMO FUNCIONA A VISUALIZAÇÃO: FUNDAMENTOS DA VISUALIZAÇÃO HOLOGRÁFICA................. 28

3   VISUALIZAÇÃO PARA INICIANTES 39

4   FREQUÊNCIA DAS ONDAS CEREBRAIS E VISUALIZAÇÃO 47

5   VISUALIZAÇÕES HOLOGRÁFICAS PARA ENTRAR EM ESTADO DE RELAXAMENTO........... 55

6   36 FACULDADES NEUROVISUAIS................... 60

7   VISUALIZAÇÃO PSICOCIBERNÉTICA............... 91

8   O ENSAIO MENTAL DE JOE DISPENZA 98

9   COMO ENTRAR EM SINTONIA COM O SEU EU DO FUTURO........................ 105

10   IMAGÉTICA CINÉTICA E MENTAL................. 118

11   TREINO AUTÓGENO 130

12	AUTOTERAPIA COM IMAGENS QUE COCRIAM INSTANTANEAMENTE............ 141
13	ORIGEM E CONCEITO DE ARQUÉTIPO.......... 163
14	PSICOLOGIA DAS CORES E CROMOTERAPIA INTEGRADAS À VISUALIZAÇÃO HOLOGRÁFICA................. 176
15	IMAGÉTICA DO CORAÇÃO......................... 197
16	TEORIA DAS CORDAS E VISUALIZAÇÃO 10D .. 206
17	20 LEIS UNIVERSAIS DA COCRIAÇÃO APLICADAS À VISUALIZAÇÃO HOLOGRÁFICA .. 224
18	VISUALIZAÇÃO HOLOGRÁFICA NEUROBÓTICA... 236
19	25 LUGARES, SITUAÇÕES E ATIVIDADES PARA VISUALIZAR OS SEUS SONHOS............ 258
20	40 TÉCNICAS DE VISUALIZAÇÃO DIVIDIDAS POR PILARES PARA COCRIAR TODOS OS SEUS SONHOS............ 267
	BIBLIOGRAFIA CONSULTADA..................... 285

Introdução

Seja muito bem-vindo! Chegou o momento de você entender como funciona a cocriação da realidade através da Visualização Holográfica e como você projeta e manifesta o seu futuro, definindo tudo aquilo que você magnetiza ou afasta da sua vida!

Aqui, você vai compreender a aplicar todo esse conhecimento de uma forma simples, prática e específica, e que já foi testada e comprovada cientificamente.

A Visualização Holográfica é uma das principais chaves para que a manifestação aconteça, assim como para qualquer técnica funcionar na sua vida. Temos a capacidade de antecipar fatos do futuro através dessa visualização. A sua mente tem poder suficiente para materializar os seus desejos e isso ocorre a todo instante ao longo do dia por meio de pequenas cocriações. Porém, muitas vezes cocriamos inconscientemente, por isso que muitas pessoas, assim como você, vivem uma realidade totalmente diferente da sonhada.

Mas, afinal o que é visualização e como ela funciona?

Visualizar significa ver alguma coisa que você não enxerga com seus olhos físicos; você vê como o "olho" da mente através da sua imaginação. Tecnicamente, a visualização é o mecanismo inerente da mente humana de geração de imagens que ilustram em linguagem não verbal aquilo que você pensa e sente.

Como a visualização é uma atividade mental involuntária que decorre dos mecanismos neurológicos de processamento de informações, se você reparar, vai perceber que visualiza com muita frequência, desde criança. É algo tão natural e automático ao ser humano que às vezes nem percebemos que ela está presente na nossa vida desde sempre, e por isso, no dia a dia, quase não prestamos atenção em nossas imagens mentais.

Quando alguém conta uma história, você automaticamente visualiza a cena; se pede um prato no cardápio de um restaurante, você visualiza como acha que será a apresentação (e até mesmo o aroma e sabor); se sua amiga conta que comprou uma linda blusa de mangas compridas na cor amarela, você visualiza a tal blusa, e assim por diante.

INTRODUÇÃO

Acontece que essa mesma capacidade involuntária de visualizar e imaginar objetos, eventos, pessoas e situações pode ser manipulada de modo consciente, adicionada da intenção de projetar uma determinada realidade ideal desejada. Nesse caso, estamos falando da técnica conhecida como visualização criativa ou visualização consciente, que eu prefiro chamar de Visualização Holográfica.

A Visualização Holográfica é uma das mais simples e ao mesmo tempo mais poderosas ferramentas de cocriação de sonhos e metas. Resumidamente, ela consiste em pensar, sentir, ver, ouvir, provar e vivenciar o resultado desejado através da imaginação com todos os seus sentidos e sentimentos. Ao visualizar, você pode entrar no "filme" do seu desejo realizado e experimentar todas as sensações e sentimentos relacionados a ele.

Inúmeras celebridades de grande sucesso internacional em todas as áreas – artes, esportes, negócios etc. – relatam ter usado a visualização para projetar e realizar seus desejos. Famosos como Oprah Winfrey, Jim Carrey, Will Smith, Bill Gates, Arnold Schwarzenegger, Tiger Woods, Michael Phelps, Michael Jordan e Ronaldo Fenômeno já mencionaram em entrevistas que usaram técnicas de visualização para experimentar antecipadamente, através da imaginação, o sucesso e a prosperidade que realmente alcançaram.

Mas, como eu disse, a visualização é uma faculdade inerente da mente humana e qualquer um pode visualizar conscientemente a realização de seus objetivos. Você não precisa ser famoso nem ter poderes especiais; você já nasceu com o poder de visualizar, basta agora aprender a usá-lo para cocriar seus sonhos.

Eu o conduzirei na jornada desse aprendizado que vai mudar a sua vida para sempre, apresentando todos os elementos e aspectos da visualização e, claro, convidando você a colocar em prática tudo que vai aprender por meio dos roteiros da técnicas prontos para você gravar e mergulhar no poderoso mundo interior da sua imaginação para projetar, sintonizar e manifestar todos os seus sonhos.

Para começar, eu vou apresentar alguns dos principais conceitos da Física Quântica que fundamentam toda a cocriação da realidade, e você vai entender que a todo momento, inconscientemente, você cria a sua realidade, e que pode tornar esse processo totalmente consciente para manifestar com precisão a realidade que você deseja.

Em seguida, eu vou explicar todos os fundamentos da Visualização Holográfica, e você vai entender como ela está muito bem ancorada nas mais robustas evidências científicas produzidas nas áreas da Neurociência,

Psicologia e Física Quântica, em congruência com o estudo da Frequência Vibracional® e com os princípios da cocriação da realidade.

Na sequência, você já vai começar a treinar a Visualização Holográfica com uma série de exercícios especialmente desenvolvida para iniciantes, para quem realmente está começando do zero ou desejar recomeçar e já está a par dos conhecimentos sobre visualização. Você também vai aprender exercícios de visualização focados no alívio do estresse e promoção do relaxamento.

Então, vamos à prática da visualização e, para isso, você vai aprender sobre a Psicocibernética do dr. Maxwell Maltz, o Ensaio Mental do dr. Joe Dispenza, a Imagética Cinética e Mental da Psicologia dos Esportes e o Treino Autógeno do dr. Johannes Schultz.

Aprofundando um pouco mais, você vai aprender sobre a Psicologia das Cores, sobre a Cromoterapia e sobre o poder dos arquétipos, tudo isso integrado à prática da Visualização Holográfica.

Eu também vou apresentar você à Teoria das Cordas, a fascinante teoria da Física Quântica que fundamenta a existência do Multiverso e garante que a realidade que você deseja vivenciar já existe em outra dimensão e que pode materializá-la nesta dimensão, desde que emita a vibração equivalente.

Para colocar em prática o aprendizado sobre a Teoria das Cordas, você vai receber o roteiro completo da fabulosa Visualização 10D, desenvolvida por mim para conduzir você em uma experiência imaginária imersiva incrível.

Em seguida, você vai receber o passo a passo da Visualização Holográfica Neurobótica, o método de visualização que eu ensino no meu treinamento fechado especializado na disciplina da Visualização Holográfica como ferramenta de cocriação de sonhos, o Neurobótica – Visualização Consciente®.

Por fim, você vai aprender quais são as vinte Leis Universais da Cocriação que subjazem como fundamentos metafísicos da Visualização Holográfica e vai receber um magnífico "pacote" de técnicas extras para que você possa ter várias opções para incorporar a visualização em sua vida como prática diária.

Eu não sei se este é o primeiro livro sobre visualização que você está lendo, mas tenho certeza de que ele será o último, pois aqui você vai encontrar todas as informações de que precisa, de modo que nenhum outro livro sobre o assunto será necessário.

Se você é iniciante na arte de visualizar conscientemente, este livro é para você, pois você vai aprender do zero todos os conceitos fundamentais e explicações, além de encontrar também exercícios específicos para iniciantes que têm o objetivo de despertar e desenvolver a sua capacidade de visualizar.

INTRODUÇÃO

Se já é um visualizador experiente, este livro também é para você, pois o ajudará a acessar informações preciosas que o permitirão aprofundar e expandir suas experiências de visualização para níveis superiores nos quais você obterá resultados ainda mais significativos e surpreendentes.

E, se você não é iniciante, mas também não é experiente, ou seja, você já conhece algumas técnicas e já tentou cocriar seus sonhos com a visualização, mas não obteve resultados expressivos, chegando até mesmo a duvidar se a visualização realmente funciona, este livro também é para você, pois você encontrará novas perspectivas, novas abordagens e novas técnicas. Certamente, aqui você terá acesso a algo novo que o permitirá fazer os ajustes e correções necessárias para que possa se beneficiar dessa ferramenta maravilhosa para cocriar todos os seus sonhos!

Ao começar esta leitura que tem potencial para mudar a sua vida, peço que você esteja de coração e mente abertos, disponível para flexibilizar, rever e desapegar de seus preconceitos, julgamentos e crenças.

Coloque-se na missão de ler com a curiosidade de uma criança, sem permitir que seu ego, sua mente racional, apresente resistência. Faça todos os exercícios propostos, mesmo aqueles que seu ego avaliar como "bobos" ou simples demais. Permita-se confiar em mim e deixe que eu o conduza com uma metodologia validada por milhares de alunos em todo o mundo.

Sobretudo, tenha fé, acredite em si mesmo e acredite no poder da visualização. Eu garanto que você não é a única pessoa do Planeta que não consegue cocriar seus sonhos, para quem a visualização não funciona. Se meus milhares de alunos aprenderam a visualizar e todos os dias cocriam a vida que sempre desejaram, você também pode, você também consegue!

ACADEMIA DA VISUALIZAÇÃO

Um treinamento on-line para você descobrir tudo sobre o poder oculto da visualização para materialização de sonhos. Aprenda práticas para visualizar e materializar seus sonhos definitivamente!

O QUE É ACADEMIA DA VISUALIZAÇÃO?

Treinamento para aumentar o poder da mente e da Holo Cocriação aprendendo práticas da VISUALIZAÇÃO - VER MENTALMENTE.

Visualização é uma arte que implica em viver a experiência de um evento no presente de maneira plena, quando, na verdade, ele ainda não está acontecendo no mundo físico. Ou seja, não está MATERIALIZADO.

O objetivo principal da Visualização Holográfica é afetar o mundo exterior à sua volta e transformar eventos e resultados com a mudança dos seus pensamentos e emoções, por meio do que as visões provocam em você. Uma visualização pode ser tão forte e real que a sua mente não vai saber diferenciar se aquilo já está de fato acontecendo ou não.

Essa técnica é usada frequentemente por esportistas, artistas e celebridades do mundo todo para melhorar suas performances e acertos, antes mesmo de cada evento ou acontecimento ocorrer na realidade. Criar um evento na mente antes de vivê-lo no mundo físico tem trazido grandes resultados de sucesso no mundo da metafísica e da psicologia, o que só comprova o poder por trás dessa ferramenta.

**O futuro é feito a partir das infinitas possibilidades!
Você está preparado para receber? Acesse o QR Code:**

Você vai aprender a inserir a neuroplasticidade em sua vida.

Nosso cérebro é plástico, ou seja, ele tem capacidade de mudar e de se ajustar. As nossas experiências são igualmente importantes no processo de desenvolvimento do cérebro e contribuem para as conexões que ocorrem dentro dele. A ativação das visualizações parte deste princípio para despertar novas conexões neurais!

**Uma semana para você descobrir o
poder milenar oculto da visualização!**

AQUI ESTÁ O QUE VOCÊ VAI VIVENCIAR NA PRÁTICA:

1. Aprenda a utilizar as Visualizações Holográficas como um estilo de vida;
2. Descubra como a visualização mental pode ajudar você nos seus objetivos;
3. Crie quadros mentais com riqueza de detalhes, produzindo substâncias favoráveis às suas defesas, como endorfina, serotonina e ocitocina;
4. Entenda sobre a relação da visualização com suas emoções;
5. Veja como as celebridades utilizam o processo de visualização em suas vidas;
6. Aplique a visualização no processo de emagrecimento, no esporte, na projeção de carreiras de sucesso, em concursos e materialize qualquer sonho;
7. A técnica utilizada por celebridades para cocriar milhões!

AULAS

MÓDULO 1: Os 10 princípios sobre visualização;

MÓDULO 2: Aprenda a criar imagens mentais e hologramas de sonhos e metas do zero;

MÓDULO 3: Como atingir 10x mais resultados através das visualizações do futuro 12D;

MÓDULO 4: Técnica para Visualização Holográfica da saúde perfeita, felicidade e alma gêmea;

MÓDULO 5: Técnicas de projeção holográfica para holo cocriar riqueza e dinheiro imediato;

MÓDULO 6: Técnica exclusiva inédita! Holo visualização proibida: técnica escondida por mais de setecentos anos para materializar na velocidade da luz.

**Você vai aprender com a maior especialista do Brasil
em visualização e concretização de sonhos!**

Capítulo 1
Cocriador consciente

Você como cocriador consciente? Sim! Você é 100% responsável por tudo o que acontece na sua vida! Você tem o poder da cocriação da realidade vivo nas suas células, no seu DNA quântico e na divindade impressa na mente de cada um de nós. O sopro de vida do Criador está integrado à plenitude do ser, desde o princípio, hoje e sempre. Você é a expressão e a essência da Matriz Divina – conceito mundialmente difundido pelo cientista Gregg Braden –, em constante movimento e em permanente processo de evolução.

O cosmos habita o interior de cada um e se manifesta através do amor impregnado em todos os corações humanos. "Vós sois deuses", disse Jesus em uma das mais conhecidas passagens bíblicas.[1] Somos deuses da cocriação porque somos originários da mesma inteligência suprema, da mesma substância etérea e do mesmo princípio original da vida. Isso não é fantástico? Você não apenas nasceu dessa incubadora quântica da realidade, como também faz parte, pertence e é, propriamente, a Divina Matriz expressa por cada individualidade do Planeta.

O alemão Max Planck (1858-1947), pai da Física Quântica, referenciou a ideia da Matriz Divina da seguinte forma: "Toda matéria se origina e existe apenas em virtude de uma força. […] Devemos supor que por trás dessa força exista uma Mente consciente e inteligente. Essa Mente é a matriz de toda a matéria".[2]

Com tudo isso, quero dizer que você tem o poder infinito da mente consciente, inconsciente e cósmica para cocriar qualquer coisa neste mundo, desde

---

[1] Salmos 82:6
[2] PLANCK, M. *apud* BRADEN, G. **A matriz divina**: uma jornada através do tempo, do espaço, dos milagres e da fé. São Paulo: Cultrix, 2008.

riqueza, prosperidade, abundância, a casa dos sonhos, o carro tão desejado e até atrair a alma gêmea. Não há limites para sonhar ou cocriar. Na célebre frase do cineasta italiano Federico Fellini (1920-1933), profundo estudioso do inconsciente, "Nada é mais honesto do que um sonho".

Essa premissa é verdadeira e vale para a cocriação de tudo na vida, desde coisas boas até situações indesejadas. Você, como cocriador consciente, é 100% responsável por tudo o que acontece. Isso mesmo! Absolutamente 100% de todas as ocorrências registradas em sua vida são provocadas unicamente por você.

A ciência quântica comprova hoje, por meio de inúmeros experimentos,[3] que tudo é manifestado no plano físico através da congruência de três princípios fundamentais: sentimentos, pensamentos e energia emanados por cada um de nós ao Universo.

Como expressões singulares da consciência divina na Terra, temos a capacidade de cocriar em sinergia à Fonte Universal todas as formas de matéria, objetos, acontecimentos, situações e encontros humanos. Portanto, segundo os princípios da Física Quântica, tudo pode ser criado e depende exclusivamente do olhar e da atenção do observador (você).

A Física Quântica explica que todas as coisas estão em superposição no Universo em ondas de infinitas possibilidades antes de tomarem formas de matéria na dimensão física. Vou fazer uma analogia para você entender melhor todo esse complexo mecanismo. Suponha que exista um oceano de energia primordial, o próprio Universo ou a Matriz Divina. No campo mórfico, nós somos as gotículas quânticas que preenchem o mar, e as ondas de infinitas possibilidades são os movimentos provocados por cada um de nós nesse mar de energia cósmica.

Essas ondas de infinitas possibilidades, por sua vez, não tomam forma, aparência nem viram realidade sem nossa anuência e olhar desprendido para cada situação. Imaginem um vento de energia solto, sem formato ou modelagem.

Para esse sopro de partículas tomar consistência e virar realidade no plano físico, é preciso atenção do observador, energia emitida e sentimentos modeladores. Ou seja, consciente ou inconscientemente, somos nós quem criamos a realidade física através do próprio campo de energia ressonante.

---

[3] FÍSICA quântica (Dr. Quantum) fenda dupla - dublado PT. 2016. (Vídeo 4min51s). Publicado pelo canal Grupo Modulação Ω. Disponível em: https://www.youtube.com/watch?v=UtPf0XYQzfl. Acesso em: 19 out. 2023

Dupla fenda

Tal realidade foi comprovada pela ciência através do experimento da Dupla Fenda, a partir do qual os cientistas comprovaram que dois átomos se comportam, ao mesmo tempo, como partícula (matéria) e onda de infinitas possibilidades. O comportamento do átomo depende exclusivamente da atenção designada pelo observador da realidade. Quando damos atenção para determinado evento, de acordo com essa teoria, ele se comporta como matéria densificada.

Por isso a criação da realidade depende do modo como você observa algum evento ou situação, e mais precisamente, depende da energia, dos pensamentos e dos sentimentos focalizados em determinada situação. Você é, efetivamente, agente causal do Universo e tem a capacidade consciente para cocriar qualquer coisa manifestada em sintonia com o Todo e na frequência do amor, estabelecida em 528 Hz, pela Tabela da Consciência ou Escala das Emoções criada pelo dr. David Hawkins.

VISÃO DE DEUS	VISÃO DA VIDA	NÍVEL	FREQUÊNCIA	EMOÇÃO	PROCESSO
Eu	É	Iluminação	700 - 1000	Inefável	Consciência Pura
Todo-Ser	Perfeito	Paz	600	Êxtase	Iluminação
Alguém	Completo	Alegria	540	Serenidade	Transfiguração
Amar	Benigno	Amor	500	Reverência	Revelação
Sábio	Significado	Razão	400	Entendimento	Abstração
Misericordioso	Harmonioso	Aceitação	350	Perdão	Transcendência
Inspiração	Esperançoso	Boa Vontade	310	Otimismo	Intenção
Capaz	Neutralidade	Satisfatório	250	Confiança	Desprendimento
Permissível	Viável	Coragem	200	Afirmação	Fortalecimento
Indiferença	Exigência	Orgulho	175	Desprezo	Presunção
Vingativo	Raiva	Antagônico	150	Ódio	Agressão
Negação	Desapontamento	Desejo	125	Súplica	Escravização
Punitivo	Assustador	Medo	100	Ansiedade	Recolhimento
Desdenhoso	Trágico	Mágoa	75	Arrependimento	Desânimo
Condenação	Desesperança	Apatia	50	Abdicação	Desespero
Vingativo	Maldade	Culpa	30	Destruição	Acusação
Desprezo	Vergonha	Miserabilidade	20	Humilhação	Eliminação

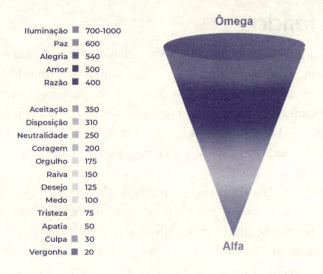

Isso é possível simplesmente porque tudo é energia, inclusive dinheiro, riqueza, objetos, pessoas e situações do cotidiano. Tudo, dessa forma, está solto no ar e depende da energia e dos sentimentos emitidos pela consciência para deixar o subnível atômico e tornar-se matéria visível no plano físico da Terra. Por isso, você pode tudo. Você pode transformar essas ondas de energia em objetos e situações perceptíveis aos olhos e aos sentidos humanos. O grande segredo para densificar as ondas de energia em matéria é alcançar a vibração do Universo, o amor.

Por que você não consegue criar a realidade que deseja?

No livro *O médico quântico*, o renomado físico quântico Amit Goswami faz a seguinte reflexão: "Os objetos são possibilidades quânticas, que podem ser escolhidas pela consciência. Uma vez entendido esse conceito, é muito fácil saber que é possível escolher a saúde, e não a doença – desde que se aprenda a acessar um estado de consciência onde a escolha quântica é feita".[4]

Goswami, um dos meus mentores, refere-se aqui aos aspectos relacionados à saúde. Contudo, a mesma lógica funciona de maneira idêntica para todas as demais realidades que buscamos concretizar, seja no plano material, emocional ou espiritual.

---

[4] GOSWAMI, A. **O médico quântico**: orientações de um físico para a saúde e aa cura. São Paulo: Cultrix, 2006.

Ainda no campo das infinitas possibilidades da teoria quântica, o físico Hugh Everett III (1930-1982), da Universidade de Princeton, apresentou o conceito de Ponto de Escolha, que trata do complexo tema da existência de Universos paralelos no Vácuo Quântico (Energia Primordial). Segundo o cientista, existem efeitos diferentes e caminhos ainda adormecidos a partir de distintas escolhas de um mesmo evento.

Complexo? Pode parecer. Contudo, para simplificar, entenda a seguinte lógica: esses caminhos da vida sugeridos por Hugh Everett III coexistem em Universos paralelos e representam nossos pontos de escolha para cada situação em um olhar multidimensional sobre a existência. Cada escolha ou mesmo omissão mediante algum episódio, por essa hipótese, gera algum efeito ou resultado na imensidão do Universo e no âmbito das infinitas possibilidades.

Diante desse cenário de probabilidades, fica claro que nós somos responsáveis por cada escolha e criamos a nossa própria realidade, seja ela positiva ou negativa. Tudo depende de como nos comportamos mediante uma situação, episódio ou pessoas. Nossas ações, reações e respostas serão manifestadas inicialmente no nível espiritual, mas depois toma corpo no plano físico. Podemos, assim, escolher a realidade e os efeitos entre as infinitas possibilidades proporcionadas pela fonte criadora.

Tijolos da construção

Os átomos, responsáveis pela construção e arquitetura do Universo e de todas as coisas físicas, inclusive nossos corpos biológicos, têm dois hemisférios ou polos de manifestação: um positivo e outro negativo. O movimento da matéria e da consciência, tanto para um polo quanto para o outro, depende, exclusivamente, da nossa ação diária para a manifestação dos nossos sonhos.

Toda ação gera uma reação. Por isso que você deve agir todos os dias para ter grandes resultados nas suas cocriações. O "agir" pode ser as suas visualizações, o empenho para a elevação da frequência, a mudança de mindset, as gratidões. Ou seja, pequenos movimentos diários em direção à manifestação também são ações! Todas as ações colocam você em posição de merecimento no Universo.

Efeito Zenão quântico

Contrário à materialização e densificação dos nossos sonhos, existe o chamado Efeito Zenão. Ele acontece, especialmente, quando projetamos energia, pensamentos e sentimentos atrelados à ansiedade, aflição ou qualquer emoção negativa que vibra naturalmente em sentido oposto aos desejos da consciência.

Ao lançarmos pensamentos perturbados e conturbados diretamente ao Universo, há uma espécie de congelamento ou paralisia parcial do átomo da matéria, o denominado decaimento atômico da partícula. O resultado disso é o cancelamento imediato da materialização de qualquer sonho. Como falei anteriormente, essa perspectiva negativa também ocorre pelo olhar do próprio observador da realidade. Ou seja, você, portanto, atenção!

O observador responsável

Na prática, o que isso significa? Você, o observador da realidade, afeta diretamente a formação da matéria, dos objetos e das formas visuais (holográficas) do Universo e da realidade que o cerca. O Efeito Zenão ou Efeito Zeno Quântico está diretamente ligado ao experimento da Dupla Fenda. Os dois, Efeito Zenão e Dupla Fenda, com toda a certeza, estão correlacionados e são dispositivos primordiais para compreendermos a manifestação do Universo, da realidade e da nossa vida física ou subatômica.

Emoções eletromagnéticas

Através das nossas emoções, sentimentos e pensamentos, emitimos um campo eletromagnético de energia. Esse campo entra em ressonância com energias similares e com determinadas frequências emanadas pelo Universo, pelas pessoas, pelos objetos e por tudo constituído de energia em diferentes dimensões. Todo esse campo é quântico e vibracional, formado pela organização de átomos ou pela menor partícula do átomo, o quantum. O campo não é estático e vibra de acordo com o padrão das nossas energias sustentadas por sentimentos, pensamentos e ações. Esse padrão plasma ou cria formas quânticas – os hologramas – para todas as coisas.

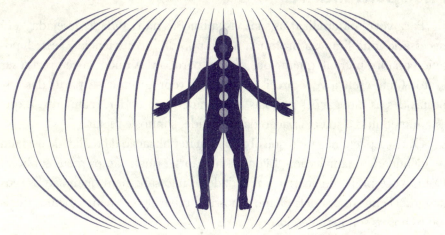

(Adaptado de McCRATY, R. **Science of the heart – volume 2: exploring the role of the heart in human performance**. Califórnia: HearthMath, 2015. Ilustrações de Sandy Royall.)

Cada um, portanto, é capaz de alterar esse holograma de si, a todo instante, dependendo da frequência modular das próprias células e átomos. Isso porque todos nós – seres vivos, objetos ou mesmo o Universo – somos constituídos de partículas de átomos reunidas através de energia, conduzidas, vivificadas e corporificadas pela Consciência Suprema. Assim, toda criação e alteração da realidade acontece, sobretudo, pelo alinhamento dos padrões gerados por pensamentos, sentimentos e crenças.

Livre-arbítrio energético

Assim como você pode criar tudo, também pode não criar nada. Temos o livre-arbítrio para escolher qual posição tomar. Tudo depende de como agimos diante das mais diferentes situações, de como lidamos com os problemas, obstáculos e também com o sucesso que conquistamos. Por que considero importante passar essa mensagem? Porque você pode pensar: *Eu penso, visualizo, mentalizo e sinto tudo o que desejo, mas não consigo criar nenhum dos meus sonhos.*

Nesse caso, acontece um problema típico que, certamente, restringe qualquer uma das infinitas possibilidades. Muitas vezes você tem sido sabotador da própria vida. Sustentado por crenças antigas e por um mapa mental interno quase estático, você permanece na resistência e não acredita no poder infinito do Todo. Ou seja, não acredita em si mesmo, nem na grande capacidade da sua mente.

Assepsia mental

Para você materializar as suas visualizações na realidade desejada, será necessária uma limpeza profunda no campo da inconsciência. Nesse hipotético quadro mental, quem você precisa perdoar? A quem você precisa ser grato? Qual crença você precisa eliminar e reprogramar? A partir das respostas dessas indagações pessoais, você vai compreender, realmente, o que está impedindo a sua cocriação da realidade, sonhos e metas.

Outro aspecto negativo que obstrui a materialização da realidade é a falta de identidade e convicção. "Elainne, eu não sei quais são os meus sonhos". Como você pretende cocriar a realidade se não sabe nem quais são os seus desejos? Tente responder: Como é possível criar algo se nem sabemos quais são os nossos sonhos e desejos?

A linguagem do Universo é o sentimento, a frequência das emoções que emitimos. A Matriz vai respondê-lo através de situações, objetos e pessoas correspondentes aos sentimentos, desejos e verdades existentes dentro de você. O sentimento que quer viver começa a criar bolhas de percepção no Universo, colapsar a realidade e impedir o congelamento atômico do holograma dos nossos sonhos.

Outra barreira contrária à densificação da matéria no mundo físico é a incapacidade de sugestionar o cérebro ou visualizar os desejos. Mas calma que ensinarei tudo isso nesta obra, e você terminará a leitura visualizando perfeitamente. E lembre-se de que nós simplesmente criamos, ou melhor, cocriamos junto com a Fonte da Vida. O nosso sucesso e prosperidade dependem dos sentimentos emanados ao Universo para a materialização dos sonhos, além do importante movimento de ressignificar as crenças mentais para a compreensão que existe um Todo relacionado intimamente a todos os seres humanos.

Desejos vibrantes

Nós temos um campo eletromagnético formado por pensamentos e sentimentos que concretizam toda a matéria em volta da vida de acordo com a Frequência Vibracional® emitida por cada um ao Universo. Nesse campo eletromagnético, os pensamentos emitem energia, e os sentimentos atraem os acontecimentos. Os pensamentos são emanados pelo cérebro, enquanto o campo dos sentimentos forma-se pelos desejos do coração. O campo do coração cria uma psicosfera ao redor de você 5 mil vezes mais potente do que o cérebro, segundo as últimas pesquisas da ciência.[5] Portanto, os desejos emitidos pelos sentimentos são muito mais eficazes que elétrons transmitidos pelos pensamentos.

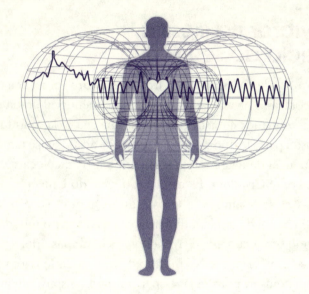

Basicamente, você criará e magnetizará situações, objetos e pessoas (sim, pessoas!) a partir da sinceridade de seus pensamentos e, sobretudo, de seus sentimentos enviados ao Universo. Dessa forma, não adianta desejar mal ao concorrente, odiar o vizinho ou ficar com raiva de algum colega.

---

[5] ERICKSON, D. L. Intuition, telepathy, and interspecies communication: a multidisciplinary perspective. **NeuroQuantology**, n. 1, v. 9, p. 141-152, mar. 2011. Disponível em: https://neuroquantology.com/open-access/Intuition%252C+Telepathy%252C+and+Interspecies+Communication%253A+A+Multidisciplinary+Perspective_11654/?download=true. Acesso em: 19 out. 2023.
KAFKOULA, D. M. The path of the heart. **Procedia – Social and Behavioral Sciences**, v. 187, p. 509-513, maio 2015. Disponível em: https://www.sciencedirect.com/science/article/pii/S1877042815018881. Acesso em: 19 out. 2023.
ROSCH, P. Why the heart is much more than a pump. **The Neuropsychotherapist**, n. 6, jul-set 2014. Disponível em:https://www.thescienceofpsychotherapy.net/courses/the-neuropsychotherapist-issue-6. Acesso em: 19 out. 2023.

Esse sentimento destrutivo apenas prejudicará você porque vai criar a sua impressão digital energética no Cosmos. Como um espelho, o seu campo eletromagnético, formado por informações quânticas de sentimentos negativos, será refletido novamente para você pelo Todo.

Deseje o bem, seja feliz com o sucesso dos outros, mesmo dos seus concorrentes. No final das contas, somos apenas um, e a alegria do vizinho também é a minha felicidade. Agindo assim, o Universo vai dar mais motivos para você celebrar!

Como vibrar na mesma frequência do seu sonho

Segundo a Escala das Emoções, a frequência para começar a mudar a sua realidade encontra-se na aceitação, aproximadamente calibrada em 350 Hz. A partir daí a mudança começa a acontecer na sua vida, pois tudo aquilo a que você resiste, persiste; tudo aquilo a que você aceita, você pode mudar.

Já a frequência da alegria, que vibra em 540 Hz, coloca você em unificação com a Fonte Criadora. Essa é a frequência do Universo, a frequência em que todos os seus sonhos se encontram. Quando você passa a vibrar acima de 350 Hz, sai da terceira dimensão e passa a ver o mundo com outra visão, deixando os julgamentos e reclamações lá no passado, e passa a aceitar as pessoas como elas são. No mundo da quinta dimensão, você pensa e cria tudo o que quiser, porque já despertou para a espiritualidade, tornando-se um cocriador consciente.

A Frequência Vibracional® da culpa é a mais baixa de todas, ela vibra 20 Hz. Essa frequência destrói a sua vida, e a prosperidade jamais virá, pois o seu campo atrator repelirá frequências altas.

Para sintonizar a frequência da alegria, assista a filmes de comédia, vídeos engraçados, dê muitas risadas, entre em contato com a natureza, saia com seus amigos, divirta-se e sempre pratique a gratidão por tudo o que existe. Quando você é grato, um vórtice de energia começa a se movimentar no seu campo vibracional, colocando-o em sintonia e alinhamento com Deus e com o Universo das infinitas possibilidades.

Quando você visualiza seu sonho como se já fosse real, começa a entrar em ressonância com o seu desejo, porque cada imagem porta uma informação vibracional.

Deseja um relacionamento? Visualize vocês dois juntinhos, se possível, veja toda a cena nos mínimos detalhes.

Deseja a cura de alguma doença? Visualize-se feliz e saudável, fazendo as coisas que ama.

Quer um aumento de salário? Visualize-se recebendo o salário desejado.

A imagem é a maquete do seu sonho, é o ponto inicial para a manifestação acontecer no mundo físico. Na verdade, a imagem serve como um GPS para o Universo saber aonde você está indo.

E após criar a imagem, basta vibrar na mesma frequência dela!

A visualização possui um poder gigantesco, e por isso mesmo perigoso, porque a mente não sabe diferenciar a realidade da imaginação. Quando estamos visualizando um sonho ou recordando uma lembrança, o mesmo sistema neural da realidade é ativado, então ele passa a trabalhar em cima dessas imagens acreditando ser real.

Tudo o que existe na sua vida foi criado a partir de um holograma mental, inclusive o caos que está vivendo. Lembre-se: todo tipo de pensamento gera uma imagem, e essa imagem carrega uma frequência, gerando o colapso da função de onda no Universo.

Mas tudo isso será aprofundado e explicado ao logo da leitura.

Sem conflitos

A ciência também comprova que quando você visualiza, pensa e sente, mas existe um conflito entre a mente inconsciente e a mente consciente, não é possível colapsar a realidade. Por isso que as ondas de infinitas possibilidades, prontas para você materializar uma casa, o sucesso, a fama ou o relacionamento perfeito são anuladas e provocam a atual situação negativa na sua vida. Simplesmente porque você pensa uma coisa, mas sente outra. Percebe o tamanho do conflito e da indecisão?

O Universo não compreende o que você realmente deseja, não conhece o endereço para remeter o seu sonho e também permanece na incompreensão. Sem clareza mental, um holograma claro e o desejo preciso, a Fonte Criadora não consegue manifestar a cocriação da realidade junto com você.

Sem a congruência de pensamentos, sentimentos e energia transmitidos pelo observador para cocriação da realidade quântica, não conseguimos acionar o que chamo de Sistema de Ativação Reticular (SAR). O SAR é um mecanismo natural da mente e uma atividade automática reproduzida pelo subconsciente para tornar a sua visualização e o desejo em algo concreto. Por isso, quando você visualiza e sente verdadeiramente um desejo como concreto no tempo presente, esse desejo passa a se manifestar de diferentes modos no dia a dia.

Por exemplo, você deseja muito uma BMW e, de repente, em todos os lugares aonde vai, aparece alguém dirigindo um carro dessa marca. Você visualiza esse automóvel em algum estacionamento ou começa a ler, ouvir e receber notícias e informações sobre o mesmo carro. O inconsciente, a partir desse ponto, começa a transformar o seu sonho em realidade no mundo material.

De que forma isso acontece? Diariamente, milhares de informações passam por você e por seus sentidos físicos, sensoriais e extrassensoriais. Cores, sons, cheiros, padrões, ruídos, tamanhos, formas... é impossível, e seria completamente desnecessário, captar todas essas informações.

Assim, quando o seu inconsciente deseja a BMW, ele programa a mente para identificar o carro que você sonha em todos os lugares e momentos para ele aparecer e se materializar na realidade física. Funciona como um filtro. Tudo o que se relacionar com o carro será captado por você. Esse é um dos sistemas que faz com que nossos sonhos comecem a se materializar. Você visualiza, sente, observa e aumenta a vontade de concretizar o desejo. Mas por que funciona assim? Porque os fenômenos da Física Quântica só existem se praticados pelo observador. Ou seja, você.

Você achou, finalmente, a passagem para uma realidade de infinitas possibilidades, e agora tem a chave mestra para colapsar os desejos e evitar que os seus sonhos permaneçam estagnados. Você é o observador e o responsável, diante de toda essa perspectiva, por escolher a realidade que tanto deseja.

Física Quântica e reprogramação de DNA

A ciência comprovou que criamos a realidade por meio do pensamento e das emoções sentidas através da frequência que estamos vibrando.

Capazes de mudar as formas vibracionais, estamos também propensos a alterar a configuração e regenerar o nosso próprio DNA. Basta, para isso, modificarmos a polaridade dos átomos para o hemisfério positivo.

Em essência, a mudança do chamado spin (inversão) do átomo permite alterar a estrutura, forma e o conteúdo inseridos nas moléculas do DNA. É incrível saber que podemos reprogramar esse dispositivo com a emissão de informações quânticas através do próprio pensamento, pela emissão de pulsos elétricos, pela frequência de vibrações das energias pessoais e, principalmente, por novos estados emocionais hígidos, ou seja, saudáveis. Toda essa mudança acontece quando existe congruência entre pensamentos, sentimentos e nossas crenças.

Em *A ciência para ficar rico*, o pesquisador Wallace D. Wattles sugere a importância do pensamento para influenciar a construção de uma realidade muito mais próspera e abundante. "O pensamento é a única força que pode produzir riquezas tangíveis, originárias da substância amorfa."[6] Para o escritor, essa "substância original move-se de acordo com seus pensamentos; cada uma das formas que se processa na natureza é a expressão visível de um pensamento da substância original".[7]

Tal concepção remete à ideia de que o Universo, considerado um ser consciente, é plasmável e toma formas pelo padrão do pensamento coletivo e de cada ser. Em termos individuais, o pensamento, como uma forma de energia emitida pela alma ou pelo poder da consciência, quando impregnado de emoções positivas, causa a alteração da configuração dos átomos e do próprio DNA.

Sob a motivação da vontade e da determinação, centrado na ação curativa ou na impressão de novos valores mentais, o pensamento e os sentimentos reajustam os elétrons e as órbitas atômicas, promovendo a saúde, o bem-estar, o sucesso e a cura quântica ou espiritual. Em outras palavras, pensamentos positivos harmonizam a estrutura dinâmica dos átomos, produzem o equilíbrio do sistema energético das células e a consequente recondução ao estado normal ou original da criação. Diante desse cenário, entenda: nós temos autonomia e livre expressão para modificar a própria energia, a polaridade dos átomos e promover qualquer cura, física ou espiritual, reconfigurando o DNA e reconstruindo a realidade dos nossos sonhos.

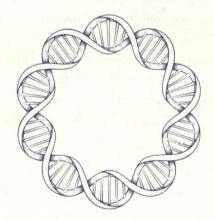

---

6   WATTLES, W. D. **A ciência de ficar rico**. São Paulo: Clio Editora, 2011. p. 43.

7   *Ibidem*.

Determinação

Quem determina a polaridade dos átomos somos nós mesmos ao emitirmos frequências e energias positivas, sobretudo através dos pensamentos e dos sentimentos. Quando injetamos outros prótons ao núcleo do átomo, determinamos a polaridade e a nossa própria vibração da energia. De acordo com a Física Quântica, tudo veio do átomo, e nós somos constituídos por átomos. Nessa lógica, precisamos apenas elevar a vibração em ressonância à frequência do Universo para densificar o pensamento, o sentimento e, em seguida, a matéria.

Moldura criativa

O pensamento, aliado ao sentimento coerente e ações convergentes entre si, forma a composição do átomo de qualquer sonho ou desejo. Toda essa moldura cria um campo eletromagnético permeado pela gravidade, orquestrado pela emissão e devolução dos átomos (prótons e elétrons) para o Universo e, novamente, para a nossa vida. Dessa forma, influenciam a construção da realidade, do ambiente e de todas as situações ao nosso redor por uma sintonia vibracional.

Assinatura vibracional

Como tudo no Universo – não apenas o nosso corpo biológico – é feito de frequências, de energia e tudo vibra, somos nós que escolhemos a qualidade dos pensamentos, palavras e emoções para acionar a polaridade dos átomos e da nossa composição celular. Nesse sentido, nós vibramos e emanamos uma frequência em comunicação ininterrupta com os átomos e com o DNA. Toda essa composição forma o campo vibracional em torno de cada pessoa. Assim, cada indivíduo apresenta uma espécie de assinatura ou representação vibracional em conexão com a própria energia e o fluxo do Universo.

$$FV = PS + S + PL + I + E^2$$

A realidade começa de dentro para fora, parte de nossa mente e coração, reflete no campo vibracional e reverbera para o Universo afora. A partir disso, percebemos o quanto somos poderosos, o quanto somos criados à imagem e semelhança do nosso Criador. Por isso, somos cocriadores.

Somos deuses

Nossa realidade está, inevitavelmente, condicionada à Frequência Vibracional®, à assinatura energética, à energia emanada e devolvida ao mundo. Com tudo isso, somos responsáveis por criar qualquer realidade. Precisamos apenas acessar a própria essência interior, transformar toda polaridade dos átomos em ação positiva e vibrar na frequência do amor universal. Somos, assim, deuses, viemos dele, dessa Matriz Energética. Segundo a Física Quântica, vamos a ele, dirigimos as cenas do nosso próprio filme na vida. Mas, o que tudo isso significa? Significa e representa que aportamos nesta vida, nesta paragem existencial para experienciar todos os frutos da criação, para usufruir do amor infinito resplandecido pelo Universo e aproveitar a felicidade plena de existir, pensar, visualizar, sentir e criar.

Tudo isso é possível! Para ativarmos o acesso a tantas maravilhas, precisamos entrar em ressonância energética com o Universo, nos reconectar intimamente com a fonte criadora e sair da dualidade física e moral através da vibração do amor e da gratidão, promovendo, assim, o despertar da consciência ou a autoconsciência do Ser. Além disso, se você deseja algo, deve antecipar-se e oferecer ao Universo a vibração correspondente ao seu sonho através das Visualizações Holográficas.

Quantas vezes você imaginou viver uma história de cinema, um verdadeiro enredo de novela, um filme com personagens interessantes, dilemas, encontros, amores, tristezas, alegrias, entusiasmos e desfechos emocionantes?

A ficção parece ser real e a realidade se transforma em ficção. Você é o ator, atriz, diretor e protagonista da odisseia do Universo. É o roteirista do seu destino, escreve as páginas da sua própria existência no livro da vida.

A sua história – e a de todo mundo – poderia ser um roteiro de um filme. Você vai perceber como muitos filmes imitam cenas da vida real. Trazem mensagens, conhecimentos totalmente alinhados ao poder da mente e ao processo da cocriação. E a parte mais linda: a sua vida é um livro em branco para você escrever aquilo que quiser.

Em meu ponto de vista, a explicação de como cocriamos uma nova vida é muito simples. Para isso, eu quero ensinar e explicar o tema que eu mais adoro: **o poder da Visualização Holográfica!**

Capítulo 2
O que é e como funciona a visualização: fundamentos da Visualização Holográfica

Visualização e Neurociências

Conforme as Neurociências, quando você visualiza uma determinada situação ou realidade, o seu corpo "não sabe" que você está imaginando e reage como se a situação estivesse acontecendo na realidade física, de modo que o seu corpo responde bioquimicamente à situação visualizada produzindo as emoções, os sentimentos, os neurotransmissores e os hormônios associados à experiência visualizada.

A sensação de bem-estar decorrente de uma visualização feita seguindo alguns critérios fundamentais não é apenas mera impressão, pois realmente a química do corpo é afetada. Quando você entra no seu mundo da imaginação e sente alegria, abundância, gratidão e outras emoções positivas decorrentes da experiência, seu estado de ser efetivamente muda.

Além disso, quando você usa sua imaginação para experimentar novas possibilidades, para entrar na pele do seu Novo Eu e para viver antecipadamente seus sonhos realizados, a capacidade de neuroplasticidade do seu cérebro entra em ação. A neuroplasticidade é uma das mais magníficas propriedades neurológicas desse órgão. Basicamente ela permite que seus neurônios se conectem de novas formas para possibilitar novas experiências.

Sua mente inconsciente tem a tendência de aceitar como verdade os seus pensamentos predominantes, especialmente quando estes contêm uma carga emocional impactante, por isso, tudo aquilo que você pensa, visualiza e sente com frequência e consistência opera na reprogramação da sua mente e na configuração de suas redes neurais.

Sendo assim, quanto mais você pratica a visualização, mais a sua mente inconsciente "se convence" de que a realidade imaginada é real e que você já é o Novo Eu que deseja ser, facilitando a reconfiguração do seu mindset, dos hábitos e comportamentos em adequação ao Novo Eu e à nova realidade que estão sendo cocriados.

A visualização não só altera seu corpo bioquimicamente, mas também altera a própria estrutura do seu cérebro, criando novas conexões neurais que permitirão que você pense, sinta e aja de novas maneiras para que efetivamente se torne a pessoa que deseja ser, a pessoa que vive e desfruta da realidade sonhada e visualizada. Em poucas palavras, a Visualização Holográfica permite que você altere seu mundo externo a partir de alterações em seu mundo interno.

Visualização e Psicologia

A visualização criativa é considerada na Psicologia como uma poderosa ferramenta terapêutica que facilita a comunicação e interação mente-cérebro-corpo para a promoção da cura e do bem-estar, funcionando como um instrumento de autossugestão pelo qual as imagens mentais criadas deliberadamente pela mente consciente são como "sementinhas" de novas possibilidades, crenças e padrões plantadas na mente inconsciente.

Durante a prática da visualização, as imagens mentais potencializam a conexão entre a mente e o corpo, alinhando pensamentos e sentimentos de modo que a mente pensa o que o corpo sente, e vice-versa, em um processo em que o corpo traduz os pensamentos imagéticos em emoções, o que altera sua bioquímica positivamente e, assim, as curas, reprogramações e transformações são possíveis.

Em alinhamento com as Neurociências, a Psicologia se baseia no entendimento de que todas as experiências que temos – sejam na realidade física ou na realidade imaginária – produzem emoções, as quais, por sua vez, afetam o sistema nervoso autônomo e provocam mudanças fisiológicas, alterando a bioquímica do corpo físico. Por isso, a visualização é aplicada na Psicologia para o tratamento de ansiedade, depressão e estresse, bem como para a reprogramação de hábitos e padrões de pensamentos, sentimentos e comportamentos.

A linguagem não verbal das imagens contém informações que se comunicam diretamente com a mente inconsciente, facilitando o processo pelo qual é possível alterar traços de personalidade indesejáveis e incompatíveis com os objetivos de cada um, promovendo grandes melhorias no modo como a pessoa vê a si mesma, como interage com os outros e com a realidade em geral.

Visualização e Frequência Vibracional®

A linguagem não verbal dos pensamentos imagéticos é processada, ao mesmo tempo, no hemisfério esquerdo do cérebro como um pensamento lógico e na região do cérebro límbico, a parte do cérebro responsável pelas emoções. Assim, mantemos um ciclo de pensamentos e sentimentos que se retroalimenta indefinidamente.

Esse ciclo de pensamentos e sentimentos acontece continuamente – quer você tenha consciência disso ou não – e se torna um problema e um grande bloqueio para a felicidade, sucesso e cocriação de sonhos quando sustenta um padrão disfuncional em que pensamentos negativos produzem sentimentos negativos, que por sua vez produzem mais pensamentos negativos equivalentes e assim por diante.

Quando o ciclo se mantém a longo prazo no padrão negativo, você entra em estado de estresse crônico, fase em que seus pensamentos e sentimentos são marcados pelo medo, raiva, tristeza, vitimização ou outras emoções similares de baixa frequência, o que além de comprometer sua saúde física, também reduz a Frequência Vibracional® porque o estado de estresse crônico drena a energia do campo eletromagnético (aura), o que impede a cocriação consciente da realidade.

Entretanto, e felizmente, um ciclo de pensamentos e sentimentos negativos pode ser interrompido quando você decide, por vontade própria, criar novas imagens mentais que reflitam os padrões de pensamentos e sentimentos que deseja ter.

Como o cérebro límbico opera de maneira imparcial – sem fazer distinção se o gatilho é oriundo da realidade externa ou interna – as emoções positivas decorrentes das experiências imaginárias afetam o corpo físico, ativando o mecanismo regenerador do sistema nervoso autônomo e alterando a bioquímica para tirar a pessoa do estado de estresse crônico.

Nesse sentido, em termos de cocriação da realidade, a visualização facilita a manifestação do Novo Eu. Essencialmente, vivenciar por meio da imaginação a realidade desejada aumenta a liberação dos hormônios do bem-estar, instalando um novo ciclo de pensamentos e sentimentos positivos que culmina na elevação da Frequência Vibracional®, deixando-o apto para sintonizar e manifestar seus maiores sonhos.

Com a prática da Visualização Holográfica, ao imaginar e experimentar seu sonho realizado, você dispara as emoções positivas da mais alta vibração como gratidão, abundância, paz, alegria e amor. Consequentemente, sua Frequência Vibracional® se eleva, colocando-o em alinhamento com os potenciais da mais alta vibração para sintonizar e manifestar a realidade visualizada.

Visualização e Física Quântica

Seus pensamentos traduzidos em imagens mentais através da Visualização Holográfica não se perdem no ar como bolhinhas de sabão, isto é, a visualização não é apenas uma brincadeira de criança ou uma fantasia. Todas as imagens que você cria mentalmente são ondas eletromagnéticas que transportam energia e informação, conectando o seu campo pessoal com o infinito Campo Quântico, com a Matriz Holográfica®.

Conforme a Física Quântica explica, especialmente por meio do famoso experimento da Dupla Fenda já mencionado, a consciência do observador tem o poder de provocar o colapso da função de onda, isto é, de fazer com a energia se converta em matéria.

Por isso, quando você se permite ser "abduzido" por sua experiência imaginária de Visualização Holográfica, está direcionando o poder da sua consciência de observador para sintonizar o potencial que deseja manifestar e mobilizando a energia do seu pensamento imagético aliada à energia das suas emoções positivas para moldar a matéria que se apresenta na realidade física.

Nós estamos todos mergulhados no mesmo campo de energia – tudo e todos no Universo estão interconectados, de modo que quando você pensa e visualiza o seu sonho, pelo Princípio da Correlação Quântica, você "ativa o seu radar" e se torna uma antena no Universo capaz de sintonizar e manifestar eventos, circunstâncias, oportunidades e encontros com pessoas que potencialmente estão na posição de ajudá-lo de alguma maneira, seja ao realizar parcerias, seja ao oferecer as condições necessárias para a cocriação do seu sonho.

Por exemplo, se você vende um produto ou serviço e deseja aumentar suas vendas, quando visualiza essa realidade, automaticamente entra em correlação quântica com infinitos clientes potenciais que estão buscando justamente o que você tem a oferecer.

Se você deseja cocriar sua alma gêmea, quando visualiza seu relacionamento dos sonhos, emite um sinal que vai sintonizar o seu par perfeito, a pessoa certa para você, a qual também o procura! Então, é só confiar que o Universo vai orquestrar tudo que for necessário para vocês se encontrarem fisicamente.

Visualização e cocriação da realidade

Pensamentos e imagens mentais são energia e informação, por isso, quando acessados e cultivados intencionalmente, com repetição consistente e, sobretudo, associados à energia magnética das emoções e dos sentimentos, eles têm o poder de direcionar a manifestação dessa energia na matéria.

Os seus pensamentos e imagens mentais predominantes criam a realidade que você vivencia – as pessoas com quem se relaciona, seu trabalho, sua moradia, seu sucesso ou fracasso, saúde ou doença, riqueza ou pobreza. Portanto, se você não está satisfeito com alguns (ou todos) os elementos que compõem a sua realidade, precisa modificar suas imagens mentais.

A Visualização Holográfica se apresenta como a ferramenta perfeita para fazer isso, posto que por meio dela você tanto envia novas informações para reprogramar sua mente inconsciente como também envia um novo sinal ou Frequência Vibracional® para o Universo, de modo a sintonizar novos potenciais.

Quando você muda seus pensamentos e imagens mentais de modo consciente e estratégico, também muda internamente e, como consequência, o externo também muda, em conformidade com o Princípio Hermético da Correspondência[8] – o que está dentro é como o que está fora e o que está fora é como o que está dentro.

Além disso, quando você consegue se entregar à experiência holográfica de viver seu sonho já realizado por meio da sua imaginação e sente as emoções correspondentes, ativa a seu favor a Lei da Atração ou Lei da Vibração: "semelhante atrai semelhante".

Isso quer dizer que você pode usar as imagens mentais criadas em sua imaginação para se colocar na posição de equivalente energético do seu

---

[8] Para saber mais: ATIKINSON, W. W. **O caibalion**: edição definitiva e comentada. São Paulo: Pensamento, 2018.

sonho realizado e, assim, de maneira natural, você manifesta a realidade que tanto deseja vivenciar.

A Visualização Holográfica é, portanto, a chave para você manifestar a sua verdadeira natureza divina no sentido de ter uma vida próspera, feliz, saudável e abundante, diferente da eventual realidade de escassez e luta pela sobrevivência que você pode estar experimentando agora.

Contudo, para a prática da visualização ser eficaz na cocriação da realidade, não pode ser feita de qualquer jeito; ela possui alguns elementos fundamentais que precisam ser observados. É por isso que estou aqui, oferecendo esta obra, fruto de muito estudo, com todas as orientações que você precisa para acessar a vida dos seus sonhos.

O poder da visualização já está em você. Biológica e neurologicamente falando, você tem tudo de que precisa para visualizar e cocriar todos os seus sonhos, porém ainda não sabe usar esse superpoder adequadamente a seu favor. Eu estou aqui para ensinar você a acessar o seu poder ilimitado de cocriador da realidade e usá-lo para transformar qualquer aspecto da sua realidade.

Visualização e o Cérebro Trino

Como falado anteriormente, atletas de alto rendimento utilizam as visualizações para todas as áreas da vida, obtendo excelentes resultados. Pensando nisso, resolvi trazer uma explicação sobre o cérebro trino para acelerar as suas cocriações de sonhos através das Visualização Holográfica.

A sua mente inconsciente detém cerca de 95% do poder para materializar os seus sonhos, já a mente consciente detém apenas 5% desse total. E por quê? Alguns falam que nós não usamos nem 10% do nosso cérebro, mas com base nos meus estudos, pude perceber que, na verdade, usamos todo o nosso cérebro, sim, o que ainda não aprendemos foi usar todo o potencial armazenado no cérebro. Isso significa que o ser humano usa poucas reservas cerebrais e neuronais do poder que ali existe. Pense em todas as possibilidades desperdiçadas!

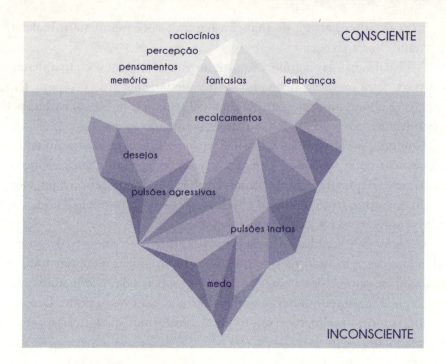

Na imagem acima, podemos ver que a mente consciente é responsável por programar o inconsciente através dos pensamentos, afinal se você não pensasse, não teria emoções, desejos, sentimentos e todas as faculdades mentais desenvolvidas. Então, quem tem o poder? Sim, é a mente consciente, mesmo com apenas 5% do controle. Ela é quem modifica as suas crenças. Você só precisa ter 5% de poder para mudar 100% da sua vida, incrível, não? Todas as pessoas são capazes desse mesmo poder e não fazem nada por falta de entendimento!

Onde nasce esse poder? Na visualização!

A Teoria do Cérebro Trino foi desenvolvida na década de 1970 pelo neurocientista estadunidense Paul D. MacLean (1913-2007). Nessa teoria, o cérebro trino é composto por três sistemas, cada um funcionando com uma característica diferente:

- O **cérebro reptiliano** é responsável pelos padrões automáticos (as rotinas do dia a dia), conforme o instinto de sobrevivência.
- O **sistema límbico** é o cérebro das emoções, que também tem a função dos hemisférios direito e esquerdo, onde as emoções se originam.
- O **cérebro neocórtex**, responsável pelo sistema do pensamento racional e capacidade de aprendizagem.

O QUE É E COMO FUNCIONA A VISUALIZAÇÃO: FUNDAMENTOS DA VISUALIZAÇÃO HOLOGRÁFICA

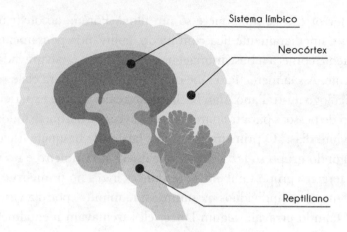

Resumindo, límbico é o sistema das emoções, neocórtex dos pensamentos (cognição) e reptiliano da sobrevivência. Aqui vamos focar o sistema límbico, o vulcão das emoções, o centro de busca por prazer e pelo afastamento da dor, base da vida humana.

Como o sistema límbico processa as imagens no cérebro, sendo ele o programa operacional que dirige as emoções humanas? É esse o cérebro que não diferencia o real do imaginário, já que não tem mecanismos para compreender esse processo, e responde aos estímulos independentemente se forem verdadeiros ou falsos.

As técnicas de visualização fazem com que você sinta as emoções que deseja experienciar. O sistema límbico, então, mobiliza todo o sistema endócrino, toda a química do organismo através dos neurotransmissores que conseguimos ativar com as técnicas, como dopamina, serotonina e endorfina, ou seja, os hormônios do bem-estar e do prazer.

As pessoas tomam remédios antidepressivos porque suspenderam a sua produção natural de dopamina, noradrenalina e serotonina, começando a produzir mais cortisol. Elas deixaram de produzir esses hormônios naturalmente, e passaram a não mais viver a sensação de prazer e alegria. Mas as técnicas diárias trazem de volta essas sensações.

O cérebro límbico guarda memórias traumáticas. Então, para mudar a sua realidade, você deve mudar as imagens que estão armazenadas na sua mente. Todo arsenal de memórias de traumas, angústias e sofrimentos estão no seu inconsciente. Por exemplo, ao sentir determinado cheiro, é gerado um gatilho mental que traz a você uma memória negativa vivida.

Um exemplo simples para provar que a mente não sabe diferenciar o real do imaginário é imaginar que você está sentado no seu sofá, vendo um filme de terror e você sabe que é só um filme. Porém, ao ouvir o som de motosserra, imediatamente fica com medo, cultivando pensamentos ruins, e a sua mente começa a buscar imagens de terror que estão gravadas no seu inconsciente. A sua mente não sabe que é só um filme, para ela é real!

O psicólogo australiano Alan Richardson realizou uma experiência com um grupo de pessoas para treinarem lances livres de basquete todos os dias, durante vinte dias.[9] O primeiro grupo fez lances de basquete físico e mental. O segundo grupo só fez lances livres físicos no primeiro e no vigésimo dia. Um terceiro grupo também só fez lances livres no primeiro e no vigésimo dia, mas esses indivíduos passaram vinte minutos por dia visualizando a ação. Quando erravam algum lance, eles treinavam mentalmente para acertar o seguinte.

No vigésimo dia, Richardson mediu o percentual de desempenho de cada grupo. O primeiro melhorou o desempenho em 24%, o segundo não melhorou, o terceiro grupo melhorou 23%. Ou seja, fazer fisicamente e mentalmente é a mesma coisa. Por isso é importante praticar as visualizações para manifestar a vida dos seus sonhos.

Ao visualizar, você começa a inserir essas imagens na sua mente e na sua vida, tornando aquilo uma realidade para seu cérebro. Você começa a criar condições para a sua vida mudar, pois a mente já acredita ser real.

Traga a clareza do que você quer. Depois de decidir, o Universo começa a trabalhar a seu favor, criando condições para os seus sonhos se materializarem.

Visualização e os 4 Eus Quânticos

Os 4 Eus Quânticos são as suas 4 mentes: mente pré-consciente, mente inconsciente, mente consciente e mente superior.

Elainne, como funcionam as 4 mentes na visualização? É muito simples! Primeiramente, você não cocria nada sozinho, mas, sim, em conjunto com a Fonte, junto com o Criador, com o seu Deus. Então, você já possui imagens holográficas no seu DNA através de memórias ancestrais, representando a mente pré-consciente. Os seus pensamentos e palavras precisam estar em congruência com a imagem do seu desejo, representando a mente consciente. Com isso, os seus sentimentos e emoções precisam vibrar na mesma frequência desse desejo/imagem, ou seja, amor, alegria e gratidão

---

[9] O PODER da visualização. **Linhares Coach**, 4 jun. 2018. Disponível em: https://www.linharescoach.com.br/opoderdavisualizacao/. Acesso em: 31 out. 2023.

– frequências altas. E, por fim, a mente Superior – Deus – representa a sua ação, grau de merecimento, colapso da função de onda. Ou seja, é o Criador quem vai entregar esse desejo, esse holograma em matéria. E para isso, você usa as suas 4 mentes.

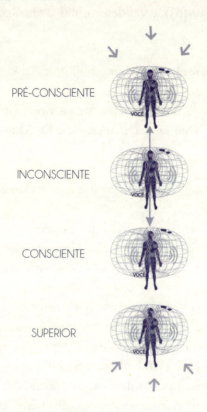

1ª Mente – Pré-consciente: É o que você herdou.
Você não tem culpa de nada, já nasceu com esse problema ou não. É o que você herdou no DNA, na memória celular; sua ancestralidade, vida passada, reencarnação, o que quer que você acredite. Então, o pré-consciente é antes da consciência, algo anterior à sua concepção, já veio com você, está em superposição ao seu Eu.

2ª Mente – Consciente: É onde você guarda aquilo que quer.
Quando você pensa: *Eu quero um carro; um grande amor; uma bolsa nova; um relógio*, enfim, qualquer desejo. Onde fica essa informação? Na mente consciente. Qual é o vocabulário dela? Racional. Então, a mente consciente é a consciência que eu tenho sobre o que é certo e errado, bom ou ruim.

3ª Mente – Inconsciente: É o que determina sua vida.
Ela é responsável pelas memórias mais profundas, pelas emoções, pelo controle dos órgãos e sistemas. Também é a mente responsável por fazer você respirar e por fazer o seu coração bater. Mas, principalmente, é ela que guarda o acervo de tudo que vai determinar o que acontece ou não na sua vida.

4ª Mente – Mente Superior: A Mente Superior é o Deus que habita em você.
Algumas pessoas chamam de Universo, Supraconsciente, Superconsciente, Mente Cósmica, Centelha Divina, o seu Eu Maior, enfim, tem vários nomes.

Quando você alinha as suas 4 mentes, assume o seu **poder** de cocriar uma **vida incrível**!

Existem imagens e sentimentos negativos que podem estar gravados nas suas 4 mentes desde o início da sua existência. Vírus, travas, crenças, bloqueios e sabotadores mentais que foram instalados ali e têm poder para anular todos os seus sonhos.

Isso acontece porque eles alteram a vibração do seu campo e diminuem a força da sua energia vital, desequilibrando o comando central das 4 mentes. Para que você consiga cocriar o que deseja, é preciso antes estar em **total alinhamento** com o Universo – Pensar, Sentir, Fazer e Ser.

Pode até parecer uma coisa muito difícil ou complicada de se fazer, mas através das minhas Técnicas de Alinhamento, é possível fazer o alinhamento das 4 mentes. Além disso, eu ensino como mudar essa polaridade negativa registrada lá no pré-consciente.

Suas memórias já foram herdadas, assim como todas as feridas familiares, todas as marcas profundas que danificaram a sua mente e que hoje determinam quanto dinheiro você vai ter na sua conta bancária; se vai ser amado ou traído; se vai ter sucesso ou passar a vida inteira procurando um emprego. Mas calma, tudo pode ser alterado, modificado. Você não tem que seguir a vida do jeito que está!

Ter consciência sobre querer mudar é a sua parte, como fará isso é a minha expertise!

Capítulo 3
Visualização para iniciantes

A corrida é uma atividade que toda pessoa fisicamente saudável pode praticar de modo espontâneo, mas se a pessoa desejar correr como um atleta profissional, vai precisar se preparar, aprender estratégias, encontrar um bom treinador, seguir certas regras e ter muita consistência e disciplina.

Com a visualização é a mesma coisa: qualquer pessoa neurologicamente saudável converte seus pensamentos em imagens mentais e visualiza espontaneamente a todo momento. Contudo, quem deseja visualizar de modo "profissional", isto é, de maneira focada e direcionada para cocriar seus sonhos, precisa também encontrar uma boa treinadora, aprender as estratégias e praticar com consistência e disciplina.

Se você precisava de uma treinadora, aqui estou eu! Você não tem mais desculpas – ao longo da obra, você vai conhecer todas as estratégias, fundamentos e elementos da visualização aplicada à cocriação dos sonhos! Portanto, se acha que não consegue visualizar de maneira consciente ou se já tentou, mas não obteve os resultados que esperava, fique tranquilo porque o problema não é você; o problema é que você não tinha uma treinadora, tampouco contava com as orientações certeiras e adequadas, mas agora conta!!!

Antes de começarmos a praticar a visualização, quero que você faça um acordo consigo mesmo:

- A primeira coisa é trocar o pensamento e o discurso de *eu não consigo visualizar* por *estou aprendendo a visualizar*;
- Se já tentou praticar técnicas de visualização criativa por conta própria ou com a orientação de outro treinador, mas não obteve resultado, esqueça e desapegue de frustrações anteriores;
- Aceite e se convença de que a visualização é uma habilidade natural da mente humana e que se todo mundo pode visualizar conscientemente, você também pode;

- Tenha disciplina e persistência, não desanime, não desista – a única forma de você não conseguir visualizar ou de a visualização não funcionar é se você desistir;
- Seja gentil e paciente consigo mesmo, mas não seja autocomplacente;
- A partir de agora, declare sua intenção de dominar a arte da visualização!

Seu primeiro exercício de visualização

Se você é iniciante na arte da Visualização Holográfica, antes de praticar as técnicas voltadas para cocriação de sonhos, você deve fazer um treino para ativar sua habilidade de a visualizar conscientemente, de modo a adquirir confiança para praticar as visualizações avançadas que serão apresentadas mais adiante.

O treino básico para iniciantes é o exercício da maçã, que apresento a seguir. Para fazer este exercício, você pode memorizar os passos, mas recomendo que grave um áudio para ouvir a condução e fazer a prática sem ficar preocupado se esqueceu ou não alguma etapa. Vamos lá!

EXERCÍCIO DA MAÇÃ – VERSÃO 1.0

Sente-se confortavelmente, com a coluna ereta, pernas e braços descruzados, feche os olhos e respire lenta e profundamente três vezes.

Firme sua intenção: eu posso visualizar; visualizar é algo natural e fácil para mim!

Imagine agora uma linda maçã vermelha.

Contemple a perfeição e beleza da maçã à sua frente por alguns segundos ou pelo tempo que desejar.

Repare a cor, o formato, o talo, o brilho da casca...

Agora faça com que sua maçã comece a girar suavemente, de modo que você consiga observá-la por ângulos diferentes.

Mentalmente, remova o talo e coloque-o na lixeira.

Pegue uma faca imaginária e comece a descascar a sua maçã, iniciando pela parte superior, próximo do local onde estava o talo.

Perceba o equilíbrio entre a firmeza e a delicadeza necessárias para manusear a faca e descascar a fruta.

Seu objetivo é descascar essa maçã cuidadosamente, com um movimento circular e sem quebrar a casca vermelha.

Vá girando, de modo que enquanto você descasca, vai se formando uma espiral perfeita com a pele da fruta.

▶▶

Veja que você terminou de descascar a maçã.
Pegue a espiral da casca e repare em como a fita se encaixa e veja a imagem do formato da maçã perfeita pelo encaixe da espiral.
Respire fundo, agradeça e abra os olhos.

Se você não conseguiu visualizar a maçã ou conseguiu apenas imagens sem nitidez, mantenha a calma, não se vitimize, não se sinta frustrado, não desanime; persista que eu garanto que vai dar tudo certo! Lembra quando você era criança e aprendeu a andar de bicicleta? Não foi na primeira tentativa, né? Com a visualização é a mesma coisa: tem que treinar e persistir até dominar a habilidade.

Veja algumas dicas:

- Reserve um horário para repetir o exercício diariamente, por pelo menos vinte e um dias, duas vezes por dia e com um intervalo de pelo menos quatro horas entre uma prática e outra. Não faça treinos longos e cansativos. Se ficar irritado porque não está conseguindo, vá fazer outra coisa e tente novamente mais tarde.
- Divida o exercício em etapas e faça uma de cada vez. Gradualmente, vá adicionando as outras etapas até completar todo o roteiro do exercício.
- Experimente olhar uma foto de uma maçã antes da prática.
- Experimente realizar o passo a passo do exercício fisicamente, usando uma maçã real antes de fazer o exercício com a maçã imaginária.
- Experimente fazer o exercício com outra fruta, uma laranja, por exemplo.
- Experimente incluir a visualização na sua rotina – vai tomar um copo d´água? Antes, feche os olhos e se visualize pegando o copo, servindo a água, levando o copo até a boca, sentindo o frescor da água, sentindo os goles descendo pela sua garganta etc. Vai mandar uma mensagem no WhatsApp para alguém? Antes, feche os olhos e se visualize pegando o telefone, desbloqueando o aparelho, sinta seu dedo tocando a tela para procurar o contato, para digitar a mensagem etc.
- Fique atento, pois você pode já estar visualizando e não saber! Não crie a expectativa de que verá suas imagens mentais com a mesma nitidez com que vê os objetos físicos – as imagens mentais normalmente, são

sutis; lembre-se de que elas são um pensamento, só energia e informação, sem matéria!
- Lembre-se sempre: a única forma de você não conseguir é se desistir!

Se conseguiu acompanhar o exercício criando todas as imagens mentais, praticando as ações e percebendo as sensações, parabéns, você aprendeu a visualizar conscientemente! Ainda assim, recomendo que você pratique o exercício mais vezes, pois vai perceber que cada vez as sensações ficam mais reais, e as imagens, mais nítidas.

Quando se sentir pronto, passe para a segunda fase do Exercício da maçã, na qual vamos adicionar as percepções dos outros sentidos além da visão e do tato. Por favor, não ache que o exercício é bobo ou uma perda de tempo, pois visualizar com todos os sentidos, percebendo movimento, profundidade, peso, temperatura e outros elementos será fundamental para que você possa praticar as técnicas de Visualização Holográfica para cocriar o seu sonho!

EXERCÍCIO DA MAÇÃ - VERSÃO 2.0

Sente-se confortavelmente, com a coluna ereta, pernas e braços descruzados, feche os olhos e respire lenta e profundamente três vezes.
Firme sua intenção: eu posso visualizar; visualizar é algo natural e fácil para mim!
Imagine uma linda maçã vermelha.
Contemple a perfeição e beleza da maçã à sua frente por alguns segundos ou pelo tempo que desejar.
Repare a cor, o formato, o talo, o brilho da casca...
Agora, você vai ativar a função zoom da sua mente.
Aumente o zoom, traga a maçã bem pertinho, faça-a girar e observe.
Diminua o zoom, afaste a maçã.
Aumente o zoom novamente, traga a maçã para perto.
Use sua mão imaginária para pegar a maçã e sinta o peso.
Aproxime a maçã do seu nariz e sinta o cheiro.
Dê uma mordida na sua maçã e sinta a textura.
Mastigue o pedaço que você mordeu e escute o som do pedacinho sendo triturado pelos seus dentes.
Sinta o sabor adocicado do sumo da maçã.
Morda mais um pedaço.

▶▶

> ▶▶ *Repita tudo: sinta o cheiro, a textura, o som, o sabor.*
> *Coma sua maçã até o final, observando todas as sensações.*
> *Veja o talo, o que sobrou da maçã.*
> *Respire fundo, agradeça e abra os olhos.*

Outros exercícios para iniciantes

Para aprimorar sua habilidade de visualizar conscientemente, você pode exercitá-la de infinitas outras formas, basta usar a criatividade pois, na verdade, tudo pode ser visualizado! Nesse período de treino, você pode praticar a visualização usando elementos familiares do seu cotidiano, como suas rotinas de higiene pessoal, de trabalho, de cuidados com os filhos, com a casa etc.

Quando você treina visualizar situações que vivencia na realidade física, a visualização fica mais fácil, pois sua mente já tem as informações armazenadas a respeito das sensações, bastando você solicitar a lembrança para que as imagens mentais se apresentem instantaneamente.

Você pode criar seus próprios exercícios de visualização com base nas suas experiências diárias – visualize-se executando as tarefas da sua profissão; preparando um café ou suas refeições; trocando a fraldinha do seu bebê; saindo para jantar com seu amor etc.

A seguir, deixo algumas sugestões de exercícios simples de visualização que não têm por objetivo a cocriação de sonhos, mas que se você os dominar, quando chegarmos às técnicas de Visualização Holográfica direcionadas para a cocriação da realidade, vai se sentir muito à vontade e cocriará seus sonhos com muita facilidade.

ORIENTAÇÕES GERAIS:

- Escolha seu exercício preferido e foque praticar somente ele (ok, no máximo dois ou três!).
- Nessa etapa do treino é fundamental que você se dedique diariamente, pelo menos duas vezes por dia, preferencialmente, de manhã e à noite.
- Mesmo se tiver dificuldade, pratique o mesmo exercício por vinte e um dias seguidos, pois esse é o tempo que seu cérebro precisa para dominar uma nova habilidade.

- Escolha um local e horário tranquilos para sua prática de modo que você não seja incomodado nem interrompido.
- Os exercícios são curtos, e os roteiros são fáceis de memorizar, mas se você se sentir mais confortável sendo conduzido, grave um áudio com sua própria voz.
- Faça seu treino de olhos fechados e sentado, pois se você se deitar, pode acabar adormecendo.
- Quando estiver posicionado, mas antes de começar o exercício, declare algumas afirmações positivas para ancorar sua intenção como:
  - *Eu consigo visualizar!*
  - *Eu sou um ótimo visualizador!*
  - *Visualização é algo natural para mim!*
  - *Se todos conseguem, eu também consigo!*
- Respire profundamente de três a cinco vezes e comece seu exercício.

EXERCÍCIO DO BANHO

Visualize-se entrando no seu banheiro para tomar um banho.
Dispa-se e coloque sua roupa no cesto de roupas sujas.
Abra a torneira do chuveiro.
Sinta se a temperatura da água está ideal para você.
Entre embaixo do chuveiro e sinta a água molhando seu corpo.
Escute o som da água.
Perceba a textura dos seus cabelos molhados.
Pegue seu xampu, aperte o frasco para colocar a quantidade certa.
Passe o xampu nos seus cabelos, sinta o cheirinho, sinta a textura da espuma; perceba a sensação de massagear seu couro cabeludo e, então, remova o xampu.
Faça o mesmo com o condicionador e o sabonete.
Então, feche o chuveiro e pegue a toalha; perceba a textura; perceba os movimentos que você faz para se enxugar.
Penteie os cabelos e vista uma roupa limpa, percebendo os movimentos e sensações.

Observação: se desejar, pode adicionar mais elementos e visualizar sua rotina completa de autocuidados, como escovar os dentes, passar desodorante, hidratante, fazer a barba, maquiar-se etc.

EXERCÍCIO DA FLUTUAÇÃO

Visualize-se flutuando no ambiente onde você está sentado.

Inicialmente, você não precisa criar nenhuma imagem mental, apenas aprecie a sensação de flutuar por alguns minutos.

Em seguida, tente ver de cima seu corpo físico sentado na cadeira e os objetos que o cercam.

Respire fundo e suba além do telhado, veja a casa ou edifício onde você está.

Respire fundo novamente e suba mais em direção ao céu e tenha uma visão aérea da rua e do bairro, veja todos os prédios, árvores, pessoas, carros, tudo lá de cima.

Respire mais uma vez e direcione seu foco para tentar visualizar sua casa ou apartamento lá do alto; identifique sua casa e vá flutuando e descendo até a porta de entrada, observe a cor, o formato, o tamanho, o material da porta e da maçaneta.

Visualize-se abrindo a porta e entre na sua casa.

Visualize-se lá sentado e então "entre" novamente no seu corpo.

Respire fundo, agradeça e abra os olhos.

EXERCÍCIO DO LIMÃO

Visualize que à sua frente há uma cesta com lindos limões maduros. Pegue um deles.

Brinque com ele em suas mãos; sinta o peso; aprecie a textura.

Use a unha para marcar a casca e fazer sair um pouco de sumo.

Leve o limão ao nariz e sinta o cheiro marcante do fruto.

Usando uma faca imaginária, corte-o ao meio e sinta sua boca salivando fisicamente enquanto faz isso.

Seu corpo respondeu à sua mente!

Respire fundo, agradeça e abra os olhos.

EXERCÍCIO DO ESPELHO

Visualize que você está diante de um espelho, vendo sua própria imagem refletida.
Observe seus cabelos, seus olhos, sua boca, o contorno do seu corpo.
Experimente fazer uma careta ou colocar o dedo no nariz (você pode sorrir fisicamente).
Experimente levantar uma mão ou fazer outros movimentos sutis e repare na imagem refletindo sua mudança de posição.
Respire fundo, agradeça e abra os olhos.

EXERCÍCIO DO ALFABETO

Visualize uma grande tela azul na sua frente, como uma tela de cinema.
Visualize a letra "a" na sua tela; veja a letra "a" se transformando na letra "b", que por sua vez se transforma na letra "c" e assim por diante.
Calmamente, visualize o alfabeto inteiro passando na sua frente, letra por letra.
Quando chegar na letra "z", respire fundo, agradeça e abra os olhos.

EXERCÍCIO DO CRESCIMENTO

Visualize-se como um bebezinho recém-nascido.
Visualize-se aprendendo a andar, a falar – sinta seus movimentos, seus sons.
Visualize-se no seu primeiro dia na escola (não importa se você não lembra, o objetivo é criar a imagem).
Visualize-se adolescente e finalmente visualize-se adulto, tal como é hoje.
Então, visualize-se como idoso, mais velho do que é hoje, com mais cabelos brancos.
Respire fundo, agradeça e abra os olhos..

Capítulo 4
Frequência das ondas cerebrais e visualização

Para ter sucesso com todas as técnicas de visualização que você vai aprender nos próximos capítulos e alcançar os resultados que você deseja, não basta se sentar e fechar os olhos. Para obter resultados com as imagens que você vê na tela da sua mente, elas precisam, de algum modo, causar um impacto emocional no seu corpo, o que só acontece se você estiver em estado de relaxamento, isto é, fora do estado de alerta em que sua atenção está completamente voltada para as informações sensoriais que você capta da realidade externa.

Em outras palavras, para fazer uma visualização bem-sucedida, no momento em que você estiver de olhos fechados trabalhando com suas imagens mentais, sua experiência interna precisa ser mais significativa que suas percepções do ambiente a sua volta, isto é, sua consciência precisa se sobrepor aos seus sentidos físicos.

Por isso, é fundamental entender as frequências de ondas nas quais o seu cérebro opera, pois são elas que determinam seu estado de relaxamento ou de excitação e, consequentemente, o direcionamento do seu foco para a realidade interna ou externa.

Existem cinco tipos ondas cerebrais, nomeadas pelas letras gregas Alfa, Beta, Delta, Theta e Gama. Cada uma delas possui uma frequência vibratória diferente que determina seu estado de consciência, ativando as funções cerebrais específicas que permitem que você varie entre sono profundo totalmente inconsciente à vigília em nível máximo de estresse e atenção. Confira na ilustração a seguir:

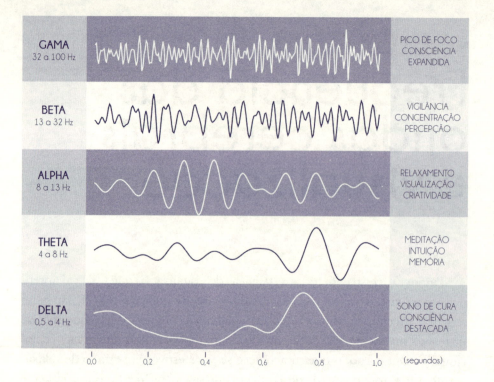

Ondas Delta (0,5 a 4 Hz): são as que possuem a mais baixa frequência. Normalmente, são acessadas quando você está com o corpo físico totalmente atônico, em estado de sono profundo e sem sonhos, contudo também podem ser acessadas através de estados meditativos profundos. Vibrando em Delta, a sua conexão com a realidade externa é totalmente suspensa, e a cura e a regeneração do corpo físico é acionada com a ativação do sistema nervoso parassimpático; é por isso que o sono restaurador profundo é tão essencial para o processo de cura e manutenção da saúde. Pessoas que experimentam o estado Delta em meditações relatam o total esquecimento do corpo físico e da realidade externa, que cede lugar à sensação de unidade com o Universo.

Ondas Theta (4 a 8 Hz): ocorrem com mais frequência durante o sono, ou melhor, na transição entre sono profundo e vigília, aquele estado crepuscular que você naturalmente experimenta apenas quando está acordando ou quando está adormecendo. Mas, as ondas Theta também podem ser acessadas na meditação profunda, estado em que o seu corpo está em repouso, mas a sua consciência está em intensa atividade. Theta é a sua porta de entrada para o aprendizado, memória e intuição, pois nesta frequência, os seus sentidos se desconectam do mundo externo e você fica mais atento ao que acontece em seu mundo interno, podendo acessar imagens vívidas e informações além de sua percepção consciente normal. Também é na frequência Theta que você consegue facilmente acessar a mente inconsciente, onde guarda seus medos, traumas, crenças limitantes e pesadelos para limpá-la e reprogramá-la.

Ondas Alfa (8 a 13 Hz): estão presentes nos estados meditativos leves ou quando você está desperto, porém relaxado. Alfa corresponde ao estado de repouso do cérebro e da mente na conexão com o momento presente. Elas auxiliam na coordenação mental geral, integração mente-corpo, criatividade, intuição e aprendizado. Em Alfa, a mente analítica está neutralizada, de modo que você fica em uma espécie de estado transe contemplativo, por isso não há espaço para análises e elucubrações. Alfa é a frequência da imaginação, do aqui e do agora; é também a frequência na qual o cérebro consolida em suas redes neurais as informações referentes às experiências vividas na imaginação por meio de suas Visualizações Holográficas, permitindo que você transite do "saber" para o "sentir".

Ondas Beta (13 a 32 Hz): predominam na maior parte do tempo em que você está acordado, quando está direcionando a sua atenção para o mundo exterior, é o que lhe permite estar alerta em relação ao que se passa à sua volta. Beta possibilita analisar e avaliar as situações, fazer planejamentos, encontrar solução para problemas, tomar decisões e praticar qualquer atividade mental focada. As ondas cerebrais beta são divididas em três bandas:

1. **Beta baixa ou Beta 1**: caracteriza estados conscientes, porém "desarmados", nos quais vc sabe onde está, sabe o que está fazendo e raciocina normalmente, mas sem estresse, como por exemplo ao aprender sobre visualização lendo este livro.
2. **Beta média ou Beta 2**: caracteriza estados conscientes marcados por um nível moderado de estresse e excitação, considerado um estresse positivo e estimulante, que permite o direcionamento do foco e da atenção para executar tarefas específicas como por exemplo consertar alguma coisa, falar em público ou fazer um curativo no dedinho do seu filho.
3. **Beta alta ou Beta 3**: caracteriza estados de alta ansiedade, excitação, marcados pela produção e liberação dos hormônios do estresse. Beta Alta caracteriza um estado em que você está totalmente alerta para

garantir a sua sobrevivência, seja lutando ou fugindo, como por exemplo participando de uma discussão ou briga. O processamento contínuo de Beta alta consome muitíssima energia e, quando mantido por longos prazos, levam ao estresse crônico, à redução da imunidade, à debilidade do corpo físico e ao encolhimento do campo eletromagnético.

Ondas Gama (32 a 100 Hz): são as ondas cerebrais de mais alta frequência, elas se relacionam com o processamento simultâneo de informações em diferentes áreas do cérebro, de maneira rápida, porém sutil e completamente integrada. Até pouco tempo, as ondas Gama não eram reconhecidas cientificamente e eram descartadas como "ruídos do cérebro", por isso em algumas literaturas médicas mais ortodoxas e desatualizadas, elas sequer são mencionadas. Contudo, as pesquisas apresentadas pelo do dr. Joe Dispenza em seu livro *Como se tornar sobrenatural*,[10] indicam que o estado Gama faz com o cérebro opere acima da frequência de disparo neuronal, ou seja, em uma velocidade e intensidade superior aos limites físicos das sinapses neurais conhecidos pelos cientistas. Isso significa que, vibrando em Gama, é possível ultrapassar os limites do espaço e do tempo da realidade tridimensional e acessar informações de dimensões superiores, isto é, vibrando em Gama, você se conecta diretamente com o Vácuo Quântico e tem experiências de amor incondicional, paz, alegria, compaixão e outras emoções elevadas que proporcionam uma experiência interna altamente impactante de expansão de consciência, elevação espiritual e conexão com o TODO.

Ondas Beta e o estado de estresse

A frequência Beta é a frequência que possibilita que você viva e interaja com a realidade externa. É através dela que as informações da realidade externa que você capta por meio dos seus sentidos físicos são processadas no cérebro, mais especificamente no neocórtex, que traduz, sistematiza e integra todos os dados. Essas atividades, que ocorrem normalmente em Beta baixa ou média, são saudáveis e permitem o aprendizado constante.

Também há a operação da frequência Beta alta, a qual é fundamental para a sobrevivência, ativando os mecanismos fisiológicos do estresse. É a frequência Beta alta que possibilita, por exemplo, que você use seus reflexos

---

[10] DISPENZA, J. **Como se tornar sobrenatural:** pessoas comuns realizando o extraordinário. Porto Alegre: Citadel, 2020.

para agir como um super-herói e evitar que seu filho sofra um acidente, ou para se defender numa briga ou correr do perigo a uma velocidade de que nem imaginava que ser capaz.

Em situações assim, seu corpo se altera com altas descargas dos hormônios do estresse (adrenalina e cortisol) e ocorre um máximo direcionamento de energia vital para que você tenha força, precisão e agilidade para salvar sua própria vida ou a de outra pessoa. Naturalmente, depois de passado o perigo, o seu corpo volta ao normal, ao estado de equilíbrio em que as atividades excitatórias do sistema nervoso simpático cedem lugar às atividades regeneradoras do sistema nervoso parassimpático.

Entretanto, se você, inconscientemente, desenvolve o hábito de estar em constante estado de sobrevivência, sempre pronto para atacar ou fugir, seu corpo fica cronicamente dependente da química do estresse e, por consequência, também fica debilitado em decorrência do alto consumo de energia. Além disso, frequências Beta alta operando predominantemente em longo prazo criam incoerência cerebral, situação em que os neurônios vão reduzindo a comunicação e transferência de informação entre eles.

Como consequência da incoerência cerebral e da dificuldade de comunicação entre os neurônios, o cérebro, por meio do sistema nervoso, começa a enviar mensagens incoerentes para todos os outros sistemas: imunológico, cardiovascular, digestório etc., o que, em última instância, instala o caos no corpo inteiro, provocando doenças físicas, emocionais e mentais, além de inibir completamente a capacidade de cocriar a realidade desejada.

Importância da redução da frequência das ondas cerebrais

O que esse tema da frequência das ondas cerebrais tem a ver com visualização do seu sonho?

Tem tudo a ver!

A visualização, enquanto técnica direcionada para a cocriação de uma determinada realidade desejada, precisa ser praticada em um estado de relaxamento para ser bem-sucedida, o que significa que, em estado Beta, os resultados da visualização são inexpressivos ou inexistentes.

Ora, se a frequência Beta faz com que sua atenção se direcione para os perigos e problemas da realidade externa, por uma questão de lógica, não é possível, em Beta, direcionar sua atenção para sua realidade interna, que é o objetivo das técnicas de visualização.

Na frequência Beta simplesmente não há tempo para aprender, criar ou imaginar; a única coisa que importa é focar os problemas e suas soluções para garantir a sobrevivência. Em Beta, o ambiente externo é mais real que o ambiente interno, o que contraria contundentemente o propósito da visualização, que é justamente o oposto, ou seja, fazer com o ambiente interno seja mais real que o externo, de modo que as imagens mentais visualizadas possam impactar de modo positivo o seu corpo físico, mente inconsciente e campo eletromagnético a ponto de produzir os resultados desejados.

Outra questão é que como Beta caracteriza o estado de sobrevivência, a tendência é que se você vibrar constante e predominantemente nessa frequência, vai expressar, na maior parte do tempo, as emoções egoístas do estado de estresse, como raiva, ansiedade, culpa, medo, vergonha, julgamento, vitimização entre outras. Afinal, quem está constantemente lutando para sobreviver precisa ser egoísta e não pode se dar ao luxo de cultivar emoções elevadas como amor, compaixão, solidariedade, generosidade, benevolência ou paz.

Quando as emoções de baixa frequência do estado de estresse predominam, ainda que você se dedique horas fazendo técnicas de visualização, infelizmente, não alcançará resultados satisfatórios, uma vez que é impossível sintonizar uma realidade de abundância, prosperidade, sucesso, saúde e amor quando se está emitindo vibrações negativas. Metaforicamente, é como pretender ouvir uma rádio AM em uma frequência FM: é impossível.

Assim, para que as técnicas de visualização funcionem, você precisa encontrar uma maneira de acessar conscientemente ondas cerebrais mais lentas, como as frequências Alfa ou Theta, as quais, naturalmente, reduzem sua atenção aos elementos e problemas da realidade externa (matéria) e direcionam sua atenção para os elementos da sua realidade interna (energia), permitindo que você se entregue às suas experiências imaginárias.

Quando as ondas cerebrais desaceleram, passando de Beta para Alfa ou de Alfa para Theta, o neocórtex, que é seu cérebro racional e pensante, também desacelera sua atividade analisadora, julgadora e questionadoras, de modo que a mente consciente se aquieta, possibilitando o acesso à mente inconsciente.

Mesmo pessoas que vibram predominantemente em Beta, em alguns momentos do dia, ainda que de modo involuntário, acessam frequências mais lentas (nem que seja só para dormir!). A predominância de uma frequência não exclui a presença das outras e, na verdade, o tempo todo você está oscilando de uma frequência para outra, só que faz isso "sem querer", quer dizer, de maneira involuntária, espontânea e inconsciente.

FREQUÊNCIA DAS ONDAS CEREBRAIS E VISUALIZAÇÃO

Já deve ter acontecido com você algo parecido com a seguinte cena: você está lendo um livro, mexendo no seu celular ou assistindo a um filme em um estado quase de transe, então seu filho adolescente chega e pede sua permissão para sair ou faz uma pergunta qualquer, é bem provável que você, abduzido pelo seu livro, celular ou filme, responda um "hum-hum" afirmativo sem nem perceber quem era a pessoa ou qual era pergunta. Posteriormente, talvez você nem se lembre do acontecimento e isso ocorre porque você estava em Alfa, e em Alfa seu cérebro pensante está "desligado", por isso você não analisa racionalmente as situações que se apresentam na realidade externa.

Neste estado em que a mente analítica está desligada, você se torna altamente sugestionável, tendendo a concordar com o que lhe é dito sem questionamentos ou avaliações conscientes a respeito das informações.

Você pode usar isso a seu favor, no sentido de, intencionalmente, reduzir a frequência das suas ondas cerebrais para tornar sua mente inconsciente suscetível às suas próprias sugestões configuradas nas imagens mentais que você cria enquanto faz exercícios de visualização.

Quanto mais conseguir se desligar de quem você é, dos seus problemas e de tudo mais na sua realidade externa, maior será a intensidade com que se conecta com a sua realidade interna através da sua imaginação. Como você já sabe, sua mente e seu corpo não conseguem diferenciar a realidade física da realidade imaginária, o que significa que, através da sua imaginação, você pode acessar experiências emocionalmente impactantes o suficiente para causar alterações na sua fisiologia, nas suas redes neurais e na sua energia, isto é, no seu campo eletromagnético.

Em outras palavras, através da sua imaginação e do uso de imagens mentais, você pode "enganar" sua mente e seu corpo, fazendo-os perceber e reagir a uma situação imaginária como se ela fosse fisicamente real, de modo que tudo aquilo que você ensaiar ser, ter ou fazer no mundo interno da sua imaginação tem o poder de criar novas conexões neurais, alterar sua produção de hormônios, afetar o funcionamento do seu sistema nervoso autônomo, programar sua mente subconsciente, expandir seu campo eletromagnético, elevar sua Frequência Vibracional® e, claro, manifestar na densidade da matéria o equivalente físico e externo da energia movimentada internamente.

Quando você ensaia, por meio da Visualização Holográfica, ser quem gostaria de ser, fazer o que gostaria fazer e ter o que gostaria ter, as suas intenções conscientes se alinham com seus padrões de comportamentos inconscientes e sua biologia se modifica e se prepara para a abundância, saúde e sucesso.

É por isso que antes de praticar qualquer das técnicas de Visualização Holográfica que você vai aprender nos próximos capítulos é altamente indicado que você, pelo menos, respire fundo algumas vezes, pratique a Respiração Há ou outra técnica de indução de frequências de ondas Alfa ou Theta.

Veja as formas mais eficazes para manipular e reduzir sua frequência de ondas cerebrais:

- Meditação;
- Ioga;
- Pranayamas (exercícios respiratórios);
- Recitar mantras;
- Caminhada ou corrida;
- Atividades manuais de movimentos repetitivos como tricô;
- Ouvir música instrumental;
- Desenhar ou pintar;
- Ouvir sons binaurais, monaurais e isocrômicos;
- Exercícios de auto-hipnose;
- Assistir a vídeos de imagens caleidoscópicas;
- Holofractometria Sagrada.

Capítulo 5
Visualizações Holográficas para entrar em estado de relaxamento

Agora que você entendeu a importância de reduzir a frequência das suas ondas cerebrais para praticar a sua Visualização Holográfica, neste capítulo, eu ofereço para você 5 visualizações que vão levá-lo a um estado profundo de relaxamento, entrando nas frequências Alfa ou Theta para facilitar o acesso às imagens do seu desejo e colocá-las na sua mente inconsciente como verdades absolutas!

ORIENTAÇÕES GERAIS:

Para praticar os exercícios deste capítulo, siga as mesmas orientações oferecidas no Capítulo 3 – Visualização para Iniciantes.

Ao começar cada exercício, antes de comandar a visualização, feche os olhos e faça a respiração de relaxamento. Inspire profundamente em uma contagem de 5 segundos e mentalize a frase *Eu inspiro paz*. Segure o ar por 5 segundos. Expire em 5 segundos e mentalize a frase *Eu expiro a negatividade*. Repita essa sequência 3 vezes.

RELAXAMENTO 1 PRAIA

Agora visualize na sua tela mental uma linda praia.
Veja a areia, o mar, o céu, as pessoas.
Sinta a textura da areia, da água.
Sinta o vento bater no seu rosto, o geladinho da água, o calor do sol na sua pele.

▶▶

Sinta o gosto ao beber uma água de coco, água normal, suco, enfim...
Escute o barulho do mar, das pessoas conversando ao seu redor.
Sinta o cheiro do mar. Abra os braços para ele.
Vá relaxando cada vez mais....
Sente-se na areia e sinta que ela está quente por causa dos raios solares....
Pegue uma canga ou toalha e estenda na areia.
Agora, sinta a areia nos seus pés, brinque com ela mexendo-os.
Ao se conectar com a areia, sinta a Mãe Terra fazendo parte da sua Centelha Divina.
Veja as ondas do mar batendo na costa de pedras que está ao alcance da sua visão.
Volte a fazer a sessão de respiração profunda e lenta.
A cada expiração, sinta o seu corpo relaxando e diga: "Minhas pernas estão cada vez mais, mais e mais relaxadas"; sinta o relaxamento.
Exale e diga: "Minhas nádegas estão cada vez mais, mais e mais relaxadas"; sinta o relaxamento.
Exale e diga: "A minha barriga está cada vez mais, mais e mais relaxada"; sinta o relaxamento.
Exale e diga: "Os meus ombros estão cada vez mais, mais e mais relaxados"; sinta o relaxamento.
Exale e diga: "Meus braços estão cada vez mais, mais e mais relaxados"; sinta o relaxamento.
Exale e diga: "As minhas mãos estão cada vez mais, mais e mais relaxadas"; sinta o relaxamento.
Exale e diga: "A minha mandíbula está cada vez mais, mais e mais relaxada"; sinta o relaxamento.
Sinta a energia do mar e da Mãe natureza se fundindo com você.
Sinta um calor tomar conta do seu corpo.
Vá voltando para o aqui e agora.

RELAXAMENTO 2 CINEMA

Visualize uma sala de cinema. Grande, confortável e vazia, só existe você nessa sala.
Sente-se confortavelmente em uma cadeira e veja a tela do cinema bem grande a sua frente.

VISUALIZAÇÕES HOLOGRÁFICAS PARA ENTRAR EM ESTADO DE RELAXAMENTO

Sinta o geladinho da sala, perceba que ela está escura, apenas com a luz da câmera ligada. Encoste as costas na poltrona e apoie os braços.

Agora, veja o número 10 no canto esquerdo da tela de cinema, bem grande e bem colorido.

Veja esse número se mover para o lado direito da tela até sumir.

Sinta os seus músculos relaxando.

Agora, veja o número 9 no canto esquerdo da tela de cinema, bem grande e bem colorido.

Veja esse número se mover para o lado direito da tela até sumir.

Sinta o maxilar relaxando. Sinta os olhos mais relaxados e a sua mente mais calma.

Faça a contagem decrescente, veja cada número passear pela tela de cinema da esquerda para direita até sumir. Bem grande, nítido e colorido.

8, 7...

Agora você já se sente muito mais relaxado e em paz.

6, 5...

Se vier algum pensamento, acolha, respire fundo e solte. Volte para a visualização da tela de cinema.

Veja o número 4 caminhar pela tela.

Sinta os músculos ainda mais relaxados e perceba o silêncio à sua volta.

Veja o número 3 surgindo do lado esquerdo da tela de cinema indo para o lado direito, lentamente... em seguida o número 2...

Veja o último número, o 1, e nesse momento sinta que os seus pés estão enraizados, em união com a Mãe Terra.

Sinta a energia poderosa entrar pelas solas dos seus pés, ativando todos os seus chakras.

Essa energia sobe até o topo da sua cabeça e desce de volta à terra, seu local de origem...

Vá voltando para o aqui e o agora.

RELAXAMENTO 3 DEGRAUS

Visualize uma escadaria linda na sua frente. Ela tem 30 degraus.
Como ela é? É de pedra? Madeira?
Onde ela está? Na natureza? Num prédio?
Inspire profundamente e expire.
Visualize o número 30 no degrau da escada. Bem grande, nítido e com muito brilho.

▶▶
Desça o degrau e veja o 29. Bem grande e com muito brilho.
Desça o degrau e vá para o 28, veja o número nesse degrau bem grande e com muito brilho.
A cada degrau, você vai sentir cada parte do seu corpo relaxando cada vez mais.
Vá liberando a tensão do corpo a cada descida.
Sinta a energia do fluxo do Universo penetrar pelo chakra coronário, expandindo o seu corpo e saindo pelas solas dos pés.
Desça e veja o 27.
26, 25.
Relaxe ainda mais.... 24,
23, 22.
Perceba a leveza do seu corpo, 21.
20, 19.
Continue descendo e relaxando mente, corpo e espírito.
18, 17, 16, 15
14, 13, 12, 11
Relaxe a musculatura...
10, 9, 8.
Relaxe a cabeça, o pescoço e os ombros.
7, 6, 5.
Relaxe os braços, o peitoral e a barriga.
4, 3, 2
Relaxe as nádegas, as pernas e os pés.
1.
Ao chegar no último degrau, você estará completamente relaxado.
Abra os olhos e respire profundamente.

RELAXAMENTO 4 CHAKRAS

Visualize uma luz azul fosforescente vindo do centro da Terra.
Ela entra pelas solas dos seus pés.
Conforme ela sobe, todos os seus chakras são ativados.
Comece a agradecer por cada chakra ativado no seu sistema.
Essa energia magnífica passa pelas pernas e você agradece por tê-las.
A energia passa ativando o chakra básico e você sente essa luz pulsar no seu corpo.
▶▶

VISUALIZAÇÕES HOLOGRÁFICAS PARA ENTRAR EM ESTADO DE RELAXAMENTO

A luz azul fosforescente passa ativando o chakra sexual, o plexo solar. E você começa a sentir várias respostas do seu corpo.

Ao chegar no chakra cardíaco, uma luz de energia rosa se expande no local onde você se encontra.

Neste momento, você sente o amor incondicional pulsar pelo seu ser. Agora, a luz de energia azul passa ativando o chakra laríngeo.

Automaticamente, o seu poder do EU SOU é ativado.

Perceba a luz passando pelo chakra frontal ativando a sua pineal. Neste momento, a sua clarividência é ativada.

E finalmente a luz passa pelo chakra coronário. Sinta-o ativado.

Essa energia sai do seu corpo e vai em direção ao Cosmos, ao Vácuo Quântico, fazendo todo o alinhamento vibracional entre o Céu, você e a Terra.

Vá voltando para o aqui e o agora.

RELAXAMENTO 5 BOLHA DOURADA

Inspire uma luz dourada brilhante.
Sinta que essa luz preenche cada parte do seu corpo.
Sinta o poder dessa energia vinda do Cosmos.
Sinta-a aumentar cada vez mais.
Sinta a potência dela.
Agora, visualize uma bolha de luz dourada.
Entre nessa bolha.
Suba em direção ao Universo.
Saia pelo telhado da sua casa, veja a sua rua lá do alto.
Veja o bairro, a cidade, o estado, o país, as nuvens, o globo, o sistema solar, as galáxias, o Universo, multiversos.
Suba até sentir leveza e bem-estar.
Sinta o amor, a paz e a confiança vibrar dentro de você.
Você se sente protegido por essa bolha.
Relaxe cada vez mais, mais e mais......
Comece a afirmar em cada inspiração: "Eu Sou poder".
Inspire e repita a afirmação 5 vezes.
Sinta o poder pulsar na sua essência Divina.
Agora, volte rapidamente para a sua casa.
Acoplando, 1, 2, 3.
Abra os olhos e vá voltando para o momento presente.

Capítulo 6
36 Faculdades Neurovisuais

As Faculdades Neurovisuais são as habilidades específicas que seu cérebro tem para processar neurologicamente as informações do sentido da visão, incluindo a visão perceptiva real e a visão representativa, isto é, a visão externa e a visão interna da imaginação ou as imagens mentais propriamente ditas.

A visão é predominantemente processada no *córtex visual primário*, região localizada no lobo occipital, a qual é diretamente conectada com a retina através do nervo ótico e de outra estrutura fibrosa denominada de *núcleo geniculado lateral*. Contudo, na verdade, todos os lobos corticais operam coordenadamente para possibilitar a visão.

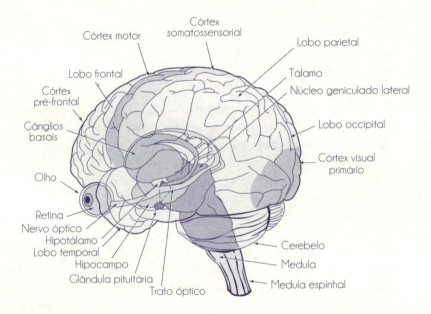

As mesmas áreas do cérebro que são acionadas quando visualizamos um objeto real com nossos olhos físicos também são ativadas quando visualizamos um objeto imaginário com o "olho da mente". Isso significa que as mesmas propriedades da visão física são válidas para a visão holográfica da imaginação!

Por exemplo, da mesma maneira que a contemplação de uma obra de arte especial ou simplesmente do seu bebezinho dormindo tranquilo despertam emoções correspondentes ao que você vê na realidade física; a contemplação de objetos e cenas imaginárias também provoca emoções.

Assim, se você está aprendendo a usar a Visualização Holográfica para cocriar os seus sonhos, conhecer quais são as faculdades neurovisuais é fundamental. Se o objetivo da visualização é vivenciar a experiência imaginária de modo tão real e emocionalmente impactante quanto uma experiência vivenciada na realidade física, ao conhecer e aplicar todas as incríveis propriedades e funcionalidades da capacidade visual do seu cérebro e da sua mente, você fará a sua experiência holográfica ser mais espetacular que um filme num cinema com tecnologia 4DX.

A seguir, vou apresentar as 36 Faculdades Neurovisuais que eu decodifiquei e vou explicar como você pode aplicá-las em suas Visualizações Holográficas para potencializar sua experiência e acelerar a cocriação dos seus mais lindos sonhos.

1. Perspectiva

A Visualização Holográfica pode ser praticada em duas perspectivas:

- **Perspectiva Externa**: você "assiste" ao filme em que está vivendo a realidade desejada. A perspectiva externa também é chamada de visualização em terceira pessoa, imagética mental ou imagética visual.
- **Perspectiva Interna**: você "atua" como protagonista no filme da sua realidade desejada. A perspectiva interna também é chamada de visualização em primeira pessoa ou imagética cinética.

Enquanto a perspectiva externa é considerada um modo de visualização para iniciantes, a perspectiva interna é considerada um modo avançado de visualização, uma vez que vai além da visão em si e inclui outros elementos emocionais, sensoriais e cinestésicos, isto é, enquanto a perspectiva externa corresponde a uma visualização comum, a perspectiva interna corresponde ao Ensaio Holográfico completo, no qual você experimenta, em primeira pessoa, todos os sentimentos, as sensações e os movimentos associados a realidade desejada.

Portanto, se você é iniciante, experimente começar suas visualizações na perspectiva externa, observando a si mesmo agindo na cena que representa seu sonho realizado e, pouco a pouco, tente entrar na sua própria pele para acessar a perspectiva interna e, em vez de somente se observar, passe a agir e sentir em primeira pessoa.

Contudo, mesmo praticantes mais experientes não devem descartar totalmente a imagética visual e se dedicar somente à imagética cinestésica, pois uma variação eventual para a terceira pessoa pode tornar a experiência ainda mais enriquecedora e realista, otimizando os resultados.

2. Clareza ou Vivacidade

A capacidade de ver com os olhos da mente é inerente a todo ser humano, entretanto a clareza ou vivacidade das imagens varia muito de pessoa para pessoa: algumas apenas sabem que estão pensando sobre um determinado objeto sem visualizar imagens, enquanto outras efetivamente visualizam imagens claras e conseguem, inclusive, manipulá-las através de comandos mentais.

Tecnicamente, a vivacidade das imagens mentais se relaciona com a excitabilidade do córtex visual primário, sendo mensurada pelos critérios de intensidade, nitidez, cor e brilho.

Resumidamente, a clareza ou vivacidade corresponde à "resolução" da imagem criada por sua mente para representar visualmente um pensamento sobre um objeto, pessoa ou situação que não estão, no momento, sendo percebidos com os órgãos dos seus sentidos físicos.

A clareza das imagens mentais acessadas durante a visualização depende basicamente de três fatores:

- **Nível de experiência do praticante**: é comum que iniciantes não consigam acessar imagens de "alta resolução", pois como qualquer outra habilidade, a visualização demanda treino. Assim, se você é iniciante e está chateado porque avalia que suas imagens não são vívidas o suficiente, tenha paciência e persista com o treino mental, pois a tendência é melhorar.

- **Memórias emocionais associadas às imagens**: as imagens são representações visuais de nossas memórias emocionais, portanto, quanto maior for a carga emocional associada, mais vívida será a imagem. Isso quer dizer que quando você estiver praticando sua visualização, se procurar adicionar emoções e sentimentos, suas imagens se tornarão mais claras e reais.
- **Estado de relaxamento em que a pessoa se encontra**: o sucesso da prática da visualização de imagens nítidas e realistas está diretamente relacionado com o estado de relaxamento; quanto menos os seus neurônios estiverem excitados processando informações dos sentidos captadas do ambiente externo, mais claras as imagens serão. Eu expliquei mais detalhes sobre a importância desse estado de relaxamento no Capítulo 4 – Frequência das ondas cerebrais e visualização.

3. Atemporalidade

A atemporalidade certamente é uma das faculdades mais incríveis da mente, pois ela não opera com tempo linear, isto é, não reconhece passado, presente e futuro; toda atividade mental acontece e gera consequências no agora.

Por conta dessa característica podemos "viajar" na dimensão do tempo com as imagens que visualizamos, o que pode ser bom ou ruim, dependendo do direcionamento que você der.

Se você usa sua mente para visitar constantemente suas memórias de dor e sofrimento, ela não "entende" que você está acessando um evento do passado (ela "entende" que o evento está acontecendo agora) e você acessa as mesmas emoções negativas e hormônios de estresse que acessou quando o evento ocorreu. Em longo prazo, isso gera um estado de estresse crônico que adoece o corpo físico e enfraquece o corpo etérico.

Por outro lado, se você direciona a atemporalidade da sua mente para "viajar" para o seu futuro ideal e acessar o estado emocional elevado correspondente a ele, você abre os caminhos para trazer esse futuro para o seu presente, pois neurologicamente, você programa sua mente para viver a experiência de modo antecipado e, através da neuroplasticidade, seu cérebro se altera fisicamente com a criação das redes neurais correspondentes à realidade que você deseja vivenciar – você cria o que Joe Dispenza chama de *memórias do futuro*.

Além disso, na perspectiva da Física Quântica, que também é atemporal, quando você visualiza e vivencia mentalmente a realidade que deseja experimentar, está selecionando uma entre as infinitas possibilidades, transformando-a em probabilidade, a qual será, inevitavelmente, materializada na sua vida, na sua realidade física.

4. Dimensão de espaço

Pense por um momento: todas as obras da engenharia civil, arquitetura e artes em geral já foram apenas uma ideia, um pensamento ou imagem na mente de alguém antes de se concretizarem no mundo físico! A mente é a grande arquiteta da realidade, tendo a capacidade de projetar imagens que permitem a movimentação espacial.

Os espaços criados pela mente podem ser experimentados como o mundo físico, com o diferencial de que a mente possui uma qualidade que a realidade física não tem: a plasticidade decorrente da imaginação que permite a criação de espaços totalmente livres de preconceitos e limites.

Ao explorar a dimensão espacial da sua mente na sua prática de visualização, você pode arquitetar sua realidade ideal de maneira ilimitada. É fundamental que ao projetar mentalmente as imagens e cenas do seu sonho realizado, você dê uma atenção especial para o ambiente à sua volta, pois todos nós somos seres espaciais, vivemos no espaço físico e o temos como referência. Então, quando você adiciona referências espaciais ao ensaio mental, você torna sua experiência ainda mais realista e impactante, expandindo o potencial da ferramenta para cocriar a realidade que deseja. Assim, é fundamental que você contextualize espacialmente sua visualização, veja alguns exemplos:

- **Se você está cocriando um carro novo**: vá além da imagem do carro e visualize o espaço em volta dele: as paredes da sua garagem, o estacionamento do seu shopping ou supermercado preferido, as ruas, as estradas, as paisagens por onde você passará com seu carro.
- **Se você está cocriando sua alma gêmea**: vá além da imagem da pessoa da sua alma gêmea e visualize o espaço em volta de vocês: quais lugares vocês frequentarão (restaurantes, casas de amigos, bares, supermercados etc.); para onde vocês viajarão; quais paisagens verão juntos etc.
- **Se você está cocriando engravidar e ser mãe de um lindo bebezinho**: vá além da imagem do seu neném e visualize o espaço, o ambiente: o quartinho lindo, os móveis, o trocador, a janela, a vista, a pracinha onde vai levá-lo para passear no carrinho, o parquinho onde vai levá-lo para brincar quando ele estiver maiorzinho etc.

5. Sincronização dos Hemisférios Cerebrais

Anatomicamente, nosso cérebro se divide em dois hemisférios conectados por um feixe de fibras nervosas chamado corpo caloso, que é responsável pela comunicação entre os dois lados. Apesar de cada hemisfério ter suas especialidades predominantes, eles operam de maneira conjunta e para obter o máximo potencial do cérebro é preciso que haja uma coerência entre a operação dos dois hemisférios.

Quando eles estão sincronizados, as ondas de cada hemisfério entram em coerência, isto é, entram em fase ou em ressonância, fazendo com que a frequência cerebral se organize e opere no mesmo ritmo, tornando o cérebro mais poderoso.

Com o cérebro sincronizado, os sinais eletroquímicos transmitidos para o corpo são claros e precisos, o que promove uma melhor integração mente-corpo, acionando os mecanismos de regeneração e manutenção da homeostase.

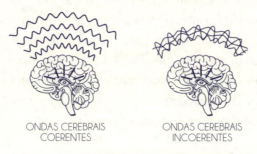

ONDAS CEREBRAIS COERENTES

ONDAS CEREBRAIS INCOERENTES

(Adaptado de DISPENZA, J. **Como se tornar sobrenatural**. São Paulo: Citadel, 2020.)

Por causa de uma redução nas atividades cognitivas durante momentos de sincronização cerebral total, pensamentos negativos de pessimismo, vitimização, ansiedade e preocupação excessiva tendem a desacelerar e, consequentemente, ocorre um estado de completo relaxamento e bem-estar. Com o tempo, as conexões neurais dos pensamentos negativos vão se dissolvendo.

Visualização Holográfica se destaca como uma excelente ferramenta para promover a sincronização hemisférica cerebral, pois a redução da frequência das ondas cerebrais provocada pela conexão com a experiência interna induz o cérebro à coerência.

6. Controle

Considere sua mente como um dispositivo que possui uma tecnologia de ponta com ferramentas e recursos infinitos; uma tecnologia que não existe nem mesmo nos mais modernos aparelhos eletrônicos – sua mente pode criar, moldar, arquitetar, construir, viajar no espaço e no tempo, produzir emoções, reproduzir sensações físicas, determinar comportamentos, curar o seu corpo, afetar o funcionamento do seu sistema nervoso autônomo, alterar o seu DNA, comunicar-se com outras dimensões, comunicar-se com o Criador e muito mais.

Quando você não tem conhecimento sobre os poderes da sua mente e não os direciona de maneira deliberada, ainda assim, sua mente está sempre em ação, operando de modo automático, fazendo com que você, mesmo que de maneira inconsciente, sabote a realização dos seus próprios sonhos e experimente situações indesejadas. Contudo, todas as funções incríveis da sua mente podem ser ativadas, controladas e manipuladas por meio de um "controle remoto" invisível que é a sua própria consciência.

Com a prática da Visualização Holográfica, em estado relaxamento, você acessa o poder de controlar sua mente, programando-a para agir em conformidade com seus interesses, para que seus pensamentos, sentimentos e comportamentos se alinhem, tirando-o do "piloto automático" da mediocridade. Por meio das imagens mentais, você sugestiona sua mente, programando-a e moldando-a para modificar seu corpo e para desenvolver as habilidades necessárias à realização dos seus objetivos.

7. Sentidos Mentais

A Visualização Holográfica é uma experiência multissensorial, pois por meio dela você pode acessar imagens mentais adicionadas de informações sensoriais dos cinco sentidos físicos associadas às suas memórias visuais, olfativas, auditivas, táteis e gustativas. Todas as suas lembranças do passado ou projeções do futuro são amplificadas quando relacionadas aos sentidos físicos.

A sua mente tem a fabulosa capacidade de reproduzir as percepções dos sentidos físicos somente por meio dos pensamentos. Basicamente, para cada sentido físico há um sentido mental correspondente, que é acionado pelos pensamentos e pelas imagens mentais que os representam.

Como a visão é apenas um dos cinco sentidos, se você deixa de utilizar os outros quatro na prática da visualização, significa que você estará usando apenas 20% das ferramentas da mente para cocriar seu sonho. Mas quando agrega as informações de todos os cinco sentidos, você consegue quintuplicar seus resultados, acessando 100% da sua capacidade mental! Visualizar com os cinco sentidos significa resultados cinco vezes mais eficazes do que apenas com a visão!

Além disso, como nem a mente, nem o corpo (tampouco o Universo) distinguem realidade imaginária e realidade física, quando todos os cinco sentidos são incorporados à visualização, fica muito mais fácil para você "enganar" seu cérebro, fazendo-o pensar e reagir como se seu desejo imaginado já fosse realidade material.

Entenda que a prática da visualização, apesar de divertidíssima, não é uma brincadeira; quando você visualiza a vida dos seus sonhos e o seu sucesso, está se conectando às infinitas possibilidades da Matriz Holográfica®, e Ela sempre responderá aos seus pensamentos e sentimentos, portanto não economize imaginação, sentimentos e sensações ao visualizar seus sonhos. Use todos os cinco sentidos para isso e potencialize seu poder de cocriador!

8. Psicofísica

A Psicofísica é um ramo da Psicologia desenvolvido pelo médico alemão Gustav Theodor Fechner que consiste, basicamente, no estudo científico da relação entre os processos mentais de visualização e os estímulos físicos sensoriais, isto é, a relação entre a mente e o corpo ou entre o psicológico e o físico. Curiosamente, dr. Fechner se interessou pelo estudo da visualização mental quando ele foi acometido de cegueira física em 1939.

De acordo com a Psicofísica, as imagens mentais ativam as mesmas zonas do cérebro e os mesmos circuitos neurais que uma atividade física real, o que provoca impulsos elétricos que ativam os músculos. Dessa forma, a visualização consiste numa ferramenta para oferecer instruções de movimento ao corpo, em uma incrível demonstração de que a energia dos pensamentos tem o poder de afetar a matéria.

Por isso, as técnicas de visualização são largamente usadas no treinamento e aperfeiçoamento de atletas olímpicos, os quais usam o treino mental para ensaiar jogadas e movimentos de modo a criar memórias musculares necessárias para a excelência no desempenho físico do movimento ensaiado na imaginação durante uma competição importante. Com base no mesmo princípio psicofísico, a visualização também é usada como recurso na recuperação de pessoas que perderam a sensibilidade e movimento de alguma região do corpo em decorrência de acidentes ou enfermidades que causaram lesões neurológicas.

Então, se a visualização é um recurso que aperfeiçoa atletas de alta performance levando-os ao podium e que é capaz de fazer pessoas paraplégicas voltarem a andar, pode imaginar o que ela pode fazer por você, "pessoa normal", que deseja sucesso em todas as áreas da vida?

Quando você ensaia mentalmente como seria agir como seu Novo Eu, não só cria e fortalece os circuitos neurais correspondentes, como cria antecipadamente as memórias musculares referentes às tarefas desempenhadas pela sua versão mais bem-sucedida, feliz, próspera, saudável e amada.

9. Emoção

Nossas memórias a respeito dos eventos emocionalmente significativos que experimentamos durante toda a vida são registradas de maneira não verbal, na forma de imagens mentais. Numa analogia, usando a linguagem da informática, nossas memórias não são arquivos de extensão ".pdf", ".doc" ou outro formato de texto, mas sim arquivos ". jpeg" ou ".png".

Faça um teste: lembre-se de um evento emocionalmente impactante da sua vida – um constrangimento da adolescência, um evento triste que você vivenciou, um dia muito feliz da sua infância, o nascimento do seu filho, o dia do seu casamento etc.

Lembrou?

Independentemente de ser uma memória positiva ou negativa, quando você pensa no evento, o que vem à sua mente: um texto ou uma imagem? Uma imagem, não é?

Isso prova de modo empírico algo que é cientificamente comprovado: emoções são representadas por imagens! Por essa razão, é muito mais eficaz comunicar seus desejos ao seu cérebro e corpo usando imagens do que tentar expressá-los com palavras.

O mais interessante é que da mesma forma que suas memórias emocionais geraram arquivos em formato de imagem, quando você, intencionalmente, visualiza uma imagem mental, também produz emoções. Trata-se de um processo que ocorre em mão dupla: emoções geram imagens e imagens geram emoções.

Ao praticar a Visualização Holográfica e imaginar uma cena impactante que represente seu sucesso e seu sonho realizado, as mesmas emoções são evocadas como se a cena estivesse acontecendo na realidade física.

Basicamente, isso acontece porque, conforme os estudos do neurocientista Joel Pearson,[11] as mesmas atividades neurais do córtex visual estão presentes tanto na resposta emocional a estímulos externos (realidade física) como a estímulos internos (realidade emocional).

Na prática, isso significa que se você estiver vivenciando em sua realidade atual situações desagradáveis que evoquem emoções e sentimentos negativos de preocupação, angústia, escassez, medo, vergonha ou raiva, você pode usar a sua imaginação para, através da visualização, acessar imagens mentais representativas da sua realidade ideal e, assim, alterar seu estado emocional e elevar sua Frequência Vibracional® para sintonizar a materialização dos seus desejos.

Essa faculdade mental e neurovisual é a resposta para uma pergunta que os alunos iniciantes sempre me fazem: *"Elainne, como posso sentir prosperidade se minha realidade atual é de escassez e pobreza?"*. Para transcender os sentimentos negativos de uma realidade momentânea de escassez, a melhor estratégia é modular as emoções de prosperidade e abundância por meio das imagens mentais com a prática da Visualização Holográfica.

10. Cognição (Aprendizado)

"Cognição" é uma palavra de origem latina que significa "conhecer algo". Na prática, corresponde à habilidade mental e intelectual de processar informações recebidas e transformá-las em conhecimento, algo que fazemos constantemente, seja de maneira voluntária ou inconsciente.

No ambiente físico externo existem várias maneiras de se desenvolver a cognição e aprender algo novo, como assistir uma aula, ler um livro ou exercitar uma determinada tarefa ou habilidade. Contudo, o processo de cognição também ocorre através da imaginação, com o uso da Visualização Holográfica para ensaiar mentalmente a prática de nova uma ação.

Com a prática do ensaio mental, os pensamentos representados em imagens e cenas estimulam a região do cérebro responsável pela atividade imaginada e, com a repetição, ocorrem mudanças físicas na área sensorial do cérebro correlacionada através da criação de redes neurais e mapas cerebrais.

---

11 PEARSON, J.; et. al. Mental imagery: functional mechanisms and clinical applications. **Trends in Cognitive Sciences**, n. 19, v. 10, out 2015, p. 590-602. Disponível em: 10.1016/j.tics.2015.08.003. Acesso em: 24 out. 2023.

Em um experimento[12] realizado por Alvaro Pascual-Leone, neurocientista da Universidade de Harvard, pessoas que nunca tinham tocado piano na vida foram instruídas a visualizar e treinar mentalmente, por duas horas durante cinco dias, a prática de um exercício simples para iniciantes. Sem mover um dedinho sequer, essas pessoas produziram mudanças físicas em seus cérebros, novas redes neurais referentes à habilidade treinada na imaginação.

Isso significa que se a sua realidade de sucesso ou a realização do seu sonho inclui a execução de alguma habilidade ou tarefa específica, você pode usar a visualização e o treino mental com imagens para se prepapar mental e neurologicamente para a execução física da tarefa. E se, além de ensaiar mentalmente a execução, você ainda for capaz de associar emoções ao seu treino mental, você potencializa seus resultados.

11. Alinhamento dos chakras

Os chakras são os centros energéticos do corpo, são como órgãos invisíveis constituídos não de células físicas, mas de pura luz, energia, consciência e informação. O sistema de chakras é composto de inúmeros centros energéticos, entre os quais se destacam sete deles, considerados como os chakras principais, que estão distribuídos verticalmente ao londo do meridiano central que vai da base da coluna ao topo da cabeça. Cada um deles está associado ao funcionamento adequado de glândulas, órgãos e sistemas do corpo físico.

Quando os chakras estão desalinhados, causando um bloqueio no fluxo de energia vital pelo corpo, começam a se manifestar enfermidades tanto físicas quanto psicológicas. Contudo, quando estão devidamente alinhados, a energia vital flui com liberdade pelo corpo, promovendo saúde, bem-estar e equilíbrio físico e mental, além da nutrição e expansão do campo eletromagnético pessoal.

Existem várias formas de promover o alinhamento dos chakras: prática de atividades físicas, especialmente ioga, uso de cristais, pedras, cromoterapia etc. Entre todas as formas de promover esse equilíbrio, uma das mais interessantes é aquela feita sem nenhuma manipulação material, mas por meio da consciência, do pensamento, isto é, por meio da Visualização Holográfica.

---

[12] PASCUAL-LEONE, A.; et. al. Modulation of muscle responses evoked by transcranial magnetic stimulation during the acquisition of new fine motor skills. **Journal of Neurophysiology**, n. 74, v. 3, set. 1995, p. 1037-1045. Disponível em: 10.1152/jn.1995.74.3.1037. Acesso em: 24 out. 2023.

Como você sabe, onde você coloca sua atenção, você direciona a energia, por isso, sua mente possui a faculdade de regular o fluxo energético do seu corpo pelo direcionamento da sua atenção através do pensamento, especialmente quando representado por imagens.

Se você tem interesse em aprender mais sobre chakras, não só os sete chakras físicos principais, como também os chakras extrafísicos que eu chamo de Cosmos Chakras Estelares, eu o convido a conhecer meu treinamento "22 Cosmos Chakras Estelares", no qual ensino a fazer o desbloqueio energético, a ativação quântica e o alinhamento multidimensional dos seus chakras para você cocriar seus sonhos! Para mais informações sobre esse treinamento, por favor, acesse meu site: https://elainneourives.com.br.

12. Alteração de autoimagem

Autoimagem é a imagem interna que as pessoas têm de si mesmas, é a maneira com a qual elas se enxergam, que é determinada pelas "lentes" das crenças que possuem na mente inconsciente, que podem ser crenças positivas e empoderadoras ou crenças negativas e limitantes. A autoimagem é a raiz dos pensamentos, sentimentos e comportamentos, isto é, da personalidade.

Basicamente, se você ainda não vive a realidade plena de amor, saúde, paz, alegria, sucesso e prosperidade que deseja conscientemente, é porque sua autoimagem inconsciente não é de uma pessoa que merece viver essa realidade plena. Em outras palavras, o limite do seu sucesso é determinado pela sua autoimagem, de modo que a chave da transformação que busca consiste na alteração da sua autoimagem, uma vez que desejos conscientes só se realizam quando devidamente alinhados com as convicções internas.

Para conseguir modificar sua autoimagem, você precisa, de alguma maneira, usar seus desejos racionais e sua mente consciente para, gradualmente, "convencer" sua mente inconsciente a incorporar sua nova personalidade de sucesso. Você pode passar anos (ou décadas) tentando fazer isso com terapias convencionais, entretanto, com a ativação de suas faculdades neurovisuais através da prática consistente da Visualização Holográfica na qual você consiga vivenciar antecipadamente todos os sentimentos, sensações e comportamentos do seu Novo Eu, é perfeitamente possível alterar sua autoimagem de maneira rápida e definitiva.

No Capítulo 7 – Visualização Psicocibernética, eu explico essa questão da autoimagem com mais detalhes.

13. Alteração de eventos e memórias

Como vimos, a sua mente tem a faculdade de viajar no tempo; aqui, vamos abordar especificamente a viagem para o passado. O mais incrível é que essa viagem pode ser feita não só para "assistir" uma cena do passado novamente, mas para atuar nela e modificá-la.

Falar em "viagem no tempo" pode soar estranho e parecer coisa de filme de ficção científica, mas se observar, é algo que você faz diariamente, mesmo sem ter a menor consciência, isso porque as faculdades da mente existem e são inerentes a todos os seres humanos, independentemente de você saber como usá-las em conformidade com seus propósitos ou não.

Se acha que "pensar em um evento do passado não significa viajar no tempo" e que o passado é algo estático e inalterável, então assim será para você: o que passou, passou e não há nada que se possa fazer.

Contudo, se consegue transcender a linearidade do tempo, os limites da realidade cartesiana e os limites das suas próprias crenças, então, você pode usar a Visualização Holográfica para voltar no tempo com o objetivo de alterar eventos e memórias.

Para entender como isso funciona na prática, considere o seguinte exemplo: uma pessoa cuja mãe faleceu há mais de 20 anos, com a consciência mais amadurecida que tem hoje, arrepende-se de certos comportamentos e discussões; pensa que "se pudesse voltar no tempo", seria mais gentil, carinhosa e amorosa com a mãe.

De fato, essa pessoa não pode voltar no tempo fisicamente, mas o pode por meio da Visualização Holográfica para, então, reviver as experiência e refazer as cenas, modificando suas falas e atitudes de maneira a demonstrar todo o amor e gratidão que gostaria de ter expressado quando a mãe estava fisicamente presente. Fazendo isso, é possível "editar" o passado, de modo a reconfigurar as memórias e apaziguar o coração.

Além disso, na perspectiva das Constelações Familiares, o campo morfogenético familiar é afetado positivamente, contribuindo para a harmonização de todo o sistema familiar no passado, presente e futuro.

14. Autossugestão

Autossugestão é o processo de comunicação que ocorre entre a mente consciente e a mente inconsciente. Esse processo ocorre constantemente – quer você saiba ou não, seus pensamentos, sentimentos, palavras e imagens mentais estão a todo momento mandando mensagens para sua mente inconsciente. Contudo, quando você está ciente desse processo, pode manipulá-lo e direcioná-lo com a intenção de instruir ou programar sua mente inconsciente a fim de que ela mude sua perspectiva e comportamento para que você consiga alcançar os resultados que deseja.

Para nossa mente inconsciente, "uma imagem vale mais que mil palavras", pois como a linguagem do inconsciente é não verbal, a comunicação, transferência de informação e reprogramação é feita por meio de imagens, símbolos e arquétipos. Por isso, quando você, através da visualização, cria na sua mente as imagens e cenas do seu eu do futuro e do seu sonho realizado, essas imagens, especialmente quando são emocionalmente carregadas, funcionam como um meio de sugestionamento que você faz à sua mente inconsciente.

A mente inconsciente não "entende" a diferença entre realidade e fantasia, por isso, as imagens e cenas da sua visualização funcionam como um meio poderosíssimo de autossugestão, uma vez que você pode influenciar sua mente inconsciente, fazendo-a "acreditar" que você já é/faz/tem o que deseja.

E, quando sua mente inconsciente acredita que você já é/faz/tem o que deseja, sua Frequência Vibracional® se eleva para que você possa sintonizar os potenciais desejados na Matriz Holográfica e manifestá-los em sua realidade física.

A autossugestão é, inclusive, o 3º Princípio da Riqueza listado por Napoleon Hill em seu clássico livro *Quem pensa enriquece*. Resumidamente, para Hill, autossugestão é uma espécie de lavagem cerebral intencional pela qual você impregna sua mente inconsciente com pensamentos, sentimentos, palavras e, sobretudo, imagens relacionadas ao sucesso que você deseja.

Eu explico mais detalhes sobre a autossugestão no Capítulo 11 – Treino Autógeno.

15. Mecanismo Automático de Busca de Soluções

Nossa mente inconsciente opera como um "programa" automático de busca por respostas e soluções que tem por objetivo resolver problemas e satisfazer as demandas da mente consciente. Em outras palavras, quando você, conscientemente, faz uma pergunta ou estabelece um objetivo, o mecanismo automático da mente inconsciente vai providenciar os meios para que você alcance determinado fim.

Se você já tiver conseguido limpar suas crenças limitantes, todas as vezes que você focar seu pensamento em um determinado resultado que deseja alcançar, direcionando sua atenção efetivamente para o resultado final, sem querer predeterminar os meios pelos quais ele será alcançado, sua mente inconsciente vai trabalhar intensamente para encontrar uma maneira de realizá-lo.

O melhor modo de fazer a ativação intencional dessa faculdade mental maravilhosa é por meio da visualização do resultado ou solução que você deseja; quando você experimenta antecipadamente através da sua imaginação um determinado fim, sua mente trabalhará para providenciar os meios de chegar até ele.

Esse é um dos principais motivos pelos quais eu o conduzo a fazer aformações (perguntas poderosas) durante a prática das técnicas de Visualização Holográfica – quando você está no auge da cena do seu sonho realizado e pergunta *"por que eu mereço isso?"*, você coloca em ação o seu mecanismo de busca de meios para a realização dos fins desejados.

Entretanto, um detalhe importantíssimo é que o mecanismo automático de busca só é ativado adequadamente na ausência de sentimentos como resistência, controle, preocupação, medo, dúvida, angústia, ansiedade, desespero ou pressa. O mecanismo é automático, por isso não pode ser "forçado" a trabalhar; você precisa simplesmente deixá-lo trabalhar e não atrapalhar com sua ansiedade, além de, obviamente, executar as ações necessárias.

16. Coerência Harmônica

A Coerência Harmônica é uma técnica que eu desenvolvi a partir dos conhecimentos que obtive com todas as formações que fiz no Instituto HeartMath. O objetivo é promover a comunicação adequada entre o cérebro e o coração tanto para a regulação do corpo físico e administração do estresse quanto para acessar a inteligência e sabedoria do coração para possibilitar a autorregulação emocional e, assim, expandir seu potencial de cocriador.

Em estado de Coerência Harmônica, coração e cérebro operam harmoniosamente, ou seja, pensamentos e sentimentos se alinham, promovendo o equilíbrio integral da mente, corpo e espírito através da distribuição e movimentação adequadas do fluxo de energia vital.

Em outras palavras, em Coerência Harmônica, a energia elétrica dos seus pensamentos se alinha com a energia magnética dos seus sentimentos, combinação que nutre e amplifica seu campo eletromagnético.

O estado de Coerência Harmônica é acessado a partir da sua mente fantástica, através da qual você direciona sua atenção para sua respiração e ritmo cardíaco, comandando a intenção da harmonização de pensamentos e sentimentos. Quando você entra em Coerência Harmônica durante a prática da sua Visualização Holográfica, fica mais fácil ativar a neuroplasticidade para a criação dos circuitos neurais do seu Novo Eu, bem como facilita a indução de emoções positivas para potencializar a técnica.

17. Concentração

A concentração é faculdade mental por meio da qual somos capazes de focar nossa atenção em um determinado pensamento, objeto ou tarefa em detrimento de outros. Essa faculdade é fundamental para desempenharmos adequadamente atividades em todas as áreas da nossa vida – profissional, pessoal, social, familiar, escolar/acadêmica etc. A concentração é uma habilidade que, como qualquer outra, precisa ser praticada para se desenvolver.

Ao praticar a visualização, o seu cérebro sai da frequência Beta e entra nas frequências Alfa ou Theta, o que possibilita parar de prestar atenção nas informações vindas da realidade externa, das percepções do corpo e dos pensamentos habituais para se concentrar na realidade interna, ou seja, nas imagens e cenas criadas pela mente durante a prática da técnica.

Quando você está totalmente concentrado em sua Visualização Holográfica, seu corpo fica completamente relaxado, em total ausência de atividade nos centros motores. Além disso, quando o córtex visual está em atividade interna, o lobo frontal "desliga" a percepção de tempo linear, e os lobos temporais "desligam" os circuitos relacionados à sua percepção de identidade para amplificar sua concentração na experiência interna da imaginação.

18. Criatividade

A mente é criativa por natureza – todos nós possuímos um "mecanismo criativo" pelo qual a mente inconsciente é capaz de satisfazer as demandas da mente consciente. O mecanismo criativo é ativado todas as vezes que pensamos em nossos desejos, sonhos e objetivos, isto é, quando pensamos numa determinada realidade que ainda não existe na matéria. Automaticamente, nossa mente produz mais pensamentos e ideias, novos padrões de raciocínio que se expressam por meio das imagens mentais, as quais, por sua vez, provocam respostas fisiológicas, fazendo-nos sentir a realidade vivenciada na imaginação como se fosse fisicamente real.

Veja como o mecanismo criativo que gera imagens mentais a partir dos seus pensamentos é automático: pense num ventilador de teto; então, substitua as pás por melancias! Parece absurdo não, é? Mas, sua mente consegue pensar e criar esse objeto inusitado porque você tem memórias dos conceitos de ventilador, teto, pás e melancias, então, mesmo que esse objeto não exista na realidade física, você consegue projetá-lo na sua mente.

Da mesma forma, quando você pensa em si mesmo vivendo feliz numa linda cobertura dúplex com vista para o mar (só um exemplo, você pode substituir a cobertura pelo que você quiser!), seu mecanismo criativo automaticamente gera a imagem, pois apesar de ser uma realidade que você ainda não pode experimentar na matéria, sua mente junta os conceitos "você", "cobertura" e "vista para o mar" para criar na imaginação a realidade pensada.

É assim que você pode usar a faculdade neurovisual da criatividade a seu favor, pois sua mente produz uma composição dos conceitos que você tem memorizados para criar na imaginação as cenas correspondentes ao que você pensa. Se apenas lendo este livro você já percebe a atuação do mecanismo criativo da geração de imagens representativas dos seus pensamentos, imagina a "viagem" que pode fazer ao ativar o mecanismo criativo em estado de relaxamento e concentração durante a prática da Visualização Holográfica!

19. Correção de Comportamentos Automáticos

Todos nós temos comportamentos automáticos que correspondem àquelas atitudes que já repetimos tantas e tantas vezes ao ponto de ficarem impregnadas na mente inconsciente como programas que são executados em "piloto automático", sem passar pelo filtro da mente consciente de modo que parece que o corpo (re)age sozinho, como se tivesse vontade própria.

Os comportamentos automáticos podem ser bons ou ruins para nós mesmos ou para o mundo e as pessoas à nossa volta, como por exemplo dirigir, dançar, tricotar, digitar, escovar os dentes, dar uma resposta grosseira, dar um tapa num filho que se comportou de maneira inadequada ou mostrar o dedo do meio para alguém no trânsito.

Se você consegue identificar que tem um comportamento automático prejudicial para si mesmo e para seus relacionamentos, já é o primeiro passo para conseguir desprogramá-lo, uma vez que a identificação significa trazer à luz da consciência um conteúdo inconsciente.

A partir da identificação é preciso, então, se dedicar para desativar os circuitos neurais correspondentes e, ao mesmo tempo, criar, ativar e fortalecer os novos circuitos neurais relacionados ao novo comportamento que você deseja programar em substituição ao antigo (por exemplo, substituir o programa "mostrar o dedo do meio para pessoas que me cortam no trânsito" por "abençoar pessoas estranhas que eu julgo que dirigem mal").

Claro, suas incríveis faculdades neurovisuais podem ajudá-lo nesse processo por meio da Visualização Holográfica da prática do novo comportamento desejado. Quando você ensaia na sua imaginação como gostaria de se comportar, ao mesmo tempo que desativa a programação vigente, você reconfigura seu cérebro, sua mente e seu corpo para se adequarem à execução da nova programação.

20. Comunicação Arquetípica

Os arquétipos são formas, modelos ou padrões de personalidades (conjunto de pensamentos, sentimentos e comportamentos) com os quais entramos em sintonia em determinados momentos da vida e os expressamos através de nossa própria personalidade. Existem inúmeras categorias de arquétipos, os quais são estudados pelas mais diversas doutrinas filosóficas, esotéricas, religiosas e psicológicas e, curiosamente, guardam entre si um incrível sincretismo.

Por exemplo, no Xamanismo, os arquétipos são os animais de poder; no Zodíaco, são os signos; na Doutrina Védica, são as divindades hindus; nas religiões de matriz africana, são os orixás; no Tarot, são os arcanos maiores; na Geometria Sagrada, são as formas primordiais; na Psicologia de Jung, são as personalidades e assim por diante.

O conhecimento dos arquétipos é muito importante porque a linguagem do Universo e da mente inconsciente é essencialmente simbólica ou arquetípica; muito além das palavras da linguagem verbal, a informação contida nos arquétipos se comunica diretamente com a mente inconsciente, afetando seu corpo físico e a realidade que se apresenta para você.

Isso quer dizer que se você está se dedicando para alterar crenças limitantes e programar crenças empoderadoras para conseguir cocriar seus sonhos, é fundamental que adicione à sua prática de Visualização Holográfica algumas imagens arquetípicas estratégicas que servirão de base para a transformação que você busca.

Você pode se submeter às informações arquetípicas através da contemplação direta de objetos, símbolos e imagens físicas (partícula) dos arquétipos relacionados à realização dos seus sonhos, contudo, você pode obter o mesmo efeito ao contemplar os arquétipos na sua imaginação (onda), usando suas faculdades neurovisuais aplicadas à prática da Visualização Holográfica.

No Capítulo 13 – Origem e conceito de arquétipo, eu explico mais detalhadamente tudo sobre o poder dos arquétipos e como você pode ativá-los.

21. Desprogramação de vícios, manias e fobias

Vícios, manias e fobias nada mais são que padrões automatizados associados a crenças, sentimentos e comportamentos profundamente arraigados na mente inconsciente, de modo que aquilo é um mero hábito vivenciado como uma necessidade, como um comportamento que parece totalmente incontrolável.

Apesar de alguns comportamentos compulsivos serem inofensivos e até engraçados como, por exemplo, a mania de organizar objetos de maneira simétrica, outros podem ser muito prejudiciais, constrangedores e comprometedores do bem-estar, da segurança e da saúde física, emocional e mental.

Para entender como é possível desprogramar um vício, mania ou fobia, é preciso primeiro compreender como eles foram criados: por meio do acionamento repetido e insistente de uma determinada rede neural que tornou o comportamento automático, isto é, inconsciente. Sendo assim, a desprogramação consiste em realizar a desativação dessa rede neural e, simultaneamente, a ativação de uma nova rede neural correspondente ao novo padrão, também de maneira repetida e insistente.

A desprogramação de dependências e comportamentos obsessivos-compulsivos é uma belíssima faculdade neurovisual, uma vez que você pode direcionar sua vontade e pensamento para experimentar holograficamente como seria sua vida se você fosse totalmente livre de um determinado hábito nocivo e, ao fazer isso repetidas vezes, você reconfigura a circuitaria do seu cérebro para se adequar ao novo padrão, o que acabará por, de fato, se apresentar na realidade física.

22. Memórias

Memórias e emoções se relacionam intimamente numa via de mão dupla: emoções produzem memórias e memórias gatilham emoções. Por um lado, todas as experiências emocionalmente significativas que você teve na vida, boas ou ruins, até mesmo aquelas que não são conscientemente lembradas, estão registradas no cérebro e no corpo na qualidade de memória. Por outro lado, memórias, quando solicitadas e trazidas à mente no momento presente na forma de imagens mentais, operam como um gatilho que produz no corpo as mesmas emoções sentidas quando o evento, de fato, ocorreu.

Faça um teste: feche os olhos, respire fundo, traga à mente a lembrança do dia mais feliz da sua vida, reviva a cena em sua imaginação, relembrando os detalhes, as sensações, os diálogos e, então, observe como você se sente. Certamente, você pode observar que a alegria que você sentiu neste evento volta a circular no seu corpo como se ele estivesse acontecendo agora. O mesmo acontece com relação às memórias de experiências traumáticas, mas não é necessário fazer o teste, afinal, você não quer reviver uma dor, não é?

Curiosamente, da mesma maneira que o eventos vividos na realidade física geram emoções e memórias, os eventos vividos na realidade imaginária também, o que configura mais uma fabulosa faculdade neurovisual (complementar à faculdade da emoção já explicada) que você pode usar a seu favor através da prática das técnicas de Visualização Holográfica.

Ao arquitetar na sua mente as imagens que representam seu sonho realizado, quando você vivencia as cenas na sua imaginação e sente as emoções de alegria, gratidão e entusiasmo correspondentes, você registra a experiência no seu cérebro na forma de uma memória. Com a repetição, fica cada vez mais fácil acessar essa memória e entrar no fabuloso mundo dos seus sonhos, de modo que a experiência se torna cada vez mais emocionalmente intensa e real.

Quando a experiência imaginária se torna tão real quanto qualquer outra experiência fisicamente vivenciada, novos circuitos neurais são criados para propulsionar sua mudança de atitude e, ao mesmo tempo, sua Frequência Vibracional® se eleva devido as emoções de alta frequência decorrentes da memória da experiência, deixando-o cada vez mais perto de ser/ter/fazer tudo que você deseja.

23. Mobilização energética

Quando começamos a estudar Física Quântica, uma das primeiras coisas que aprendemos é que a consciência do observador tem o poder de provocar o colapso da função de onda, isto é, fazer com que ondas de pura energia se manifestem na forma de partículas materiais. Em palavras simples, a energia do pensamento direcionado através da atenção focada afeta a matéria.

E não pense que isso é algo que só acontece nos laboratórios de alta tecnologia onde os físicos fazem suas pesquisas; isso acontece a cada segundo da sua existência, de dentro da sua mente para seu corpo e para sua realidade externa.

Quando você não tem consciência de que seu pensamento mobiliza sua energia e cria sua realidade, ainda assim você é um cocriador, mas um cocriador inconsciente que acaba por se sentir vítima dos efeitos causados por si mesmo. Contudo, quando entende como esse processo funciona, você se torna um cocriador consciente que causa os efeitos que deseja vivenciar.

Essa mobilização energética através da consciência do observador se apresenta como uma faculdade neurovisual, uma vez que durante a prática da visualização, ao focar toda sua atenção na experiência interna que ocorre na sua imaginação, automaticamente, você mobiliza sua energia para colapsar a função de onda da sua realidade holográfica na sua realidade física.

24. Mudanças epigenéticas

Até poucas décadas atrás, numa perspectiva determinista, tinha-se como certo que a maioria das doenças era consequência da herança genética da pessoa e que não havia muito o que pudesse ser feito para evitar a manifestação de determinadas condições. Então surgiu a Epigenética, o mais recente ramo da Biologia, que tem por objeto de estudo a alteração da expressão genética em decorrência de estímulos oriundos do ambiente externo ao núcleo das células.

Em outras palavras, conforme a Epigenética, uma pessoa pode até ter uma herança genética que a torne predisposta a desenvolver um determinado tipo de câncer ou doença cardíaca, por exemplo, mas são as substâncias químicas que circulam no seu corpo que vão estimular a ativação ou desativação dos seus genes, de modo que a manifestação da doença não é compulsória.

Acontece que a química do seu corpo está diretamente relacionada com suas emoções predominantes – quando predominam as emoções elevadas, predomina a química do bem-estar e, dessa forma, os genes das doenças são desativados, ao passo que os genes da saúde são ativados.

Especialmente no caso de quem está cocriando cura e saúde, a Visualização Holográfica, como ferramenta de elevação da Frequência Vibracional® pelo cultivo das emoções elevadas decorrentes das cenas vivenciadas na imaginação, tem o poder de operar muito além da mera programação mental, afetando de modo positivo toda a sua programação biológica e genética.

25. Planejamento

O planejamento, que é uma das capacidades cognitivas que compõem as funções executivas da nossa mente, sediadas no córtex pré-frontal do cérebro, consiste no processo de organizar mentalmente as informações a respeito de um evento futuro, estabelecendo as tarefas e etapas que precisam ser executadas para que o evento, de fato, aconteça.

Em outras palavras, o planejamento, enquanto função executiva da mente, é uma ferramenta para realizar objetivos e metas através da habilidade de pensar estrategicamente sobre o futuro, criar um plano de ação, estabelecer prioridades, listar e ordenar as tarefas que precisam ser feitas, antecipar-se a possíveis obstáculos, enfim, determinar mentalmente um passo a passo para manter o foco e agir para concretizar planos.

Uma ótima maneira de potencializar a função executiva do planejamento, é ativá-la em associação com as faculdades neurovisuais acessadas na Visualização Holográfica, na qual você pode experimentar, antecipadamente, o resultado que deseja, bem como ensaiar a execução das tarefas necessárias para alcançá-lo, de modo a programar sua mente e seu corpo para a realização do objetivo planejado, além de se alinhar energeticamente com o futuro potencial desejado.

26. Redução da Frequência das Ondas Cerebrais

Ao praticar a Visualização Holográfica, você, naturalmente, reduz a frequência das suas ondas cerebrais para silenciar o pensamento analítico, desacelerando a atividade analisadora do neocórtex para sair do estado de alerta, conectar-se com sua experiência interna e acessar um estado de relaxamento criativo, o que torna sua experiência vívida e nítida como se fosse realmente uma experiência fisicamente real.

Por possibilitarem a desconexão com os problemas da realidade externa e a conexão com o mundo dos sonhos da realidade interna, as frequências Alfa e Theta são as frequências da cocriação da realidade, uma vez que a neutralização da racionalidade aumenta o poder de programar e sugestionar a mente inconsciente, a qual, por sua vez, faz a conexão com a Mente Cósmica para sintonizar a frequência do seu sonho na Matriz Holográfica®.

No Capítulo 4 – Frequências das ondas cerebrais e visualização, eu expliquei minuciosamente quais são os tipos de ondas cerebrais e como elas afetam seu poder de cocriador da realidade.

27. Regulação hormonal

Quando você ativa suas faculdades neurovisuais por meio da prática da Visualização Holográfica, a energia dos seus pensamentos e emoções decorrentes da sua experiência imaginária afetam o seu corpo físico positivamente, promovendo uma alteração hormonal.

Como você já sabe, os hormônios têm relação direta com as emoções, as quais, por sua vez, estão relacionadas com a Frequência Vibracional® que você emite e determina seu potencial de cocriador da realidade.

Quando em estado de estresse, decorrente das preocupações e angústias causadas pelos problemas da realidade externa, a produção hormonal fica desregulada, havendo um excesso de hormônios da sobrevivência, o que causa alto consumo de energia vital e, consequentemente, resta pouca ou nenhuma energia para manter o equilíbrio e saúde do corpo físico, bem como para ser usada na criação de uma nova realidade.

Todas as vezes que você pensa nos seus problemas, nas suas dores do passado ou nas suas preocupações com o futuro, seu pensamento afeta seu estado emocional negativamente com a liberação dos hormônios do estresse.

Por outro lado, quando você pensa no seu sonho realizado e sente as emoções positivas relacionadas a ele enquanto o vivencia antecipadamente na sua imaginação, os seus pensamentos traduzidos nas imagens mentais enviam sinais químicos para o corpo, o qual reage com a liberação dos hormônios do bem-estar.

Por isso, a prática consistente da Visualização Holográfica leva à regulação hormonal, fazendo com que os pensamentos da mente e os sentimentos do corpo entrem em alinhamento, funcionando juntos e harmonicamente para produzir um estado de ser coerente que, além de promover o equilíbrio e saúde, elevam a sua Frequência Vibracional®, modificando a assinatura eletromagnética emitida para o Universo.

28. Relaxamento (ativação do sistema nervoso parassimpático)

O sistema nervoso autônomo (SNA) se subdivide em dois sistemas complementares: sistema nervoso simpático (SNS), responsável pelas atividades excitatórias de recrutamento de energia típicas do estado de estresse, e sistema nervoso parassimpático (SNP), responsável pelas atividades inibitórias que levam à preservação da energia, relaxamento, regeneração e manutenção da homeostase. Resumidamente, enquanto o SNS consome energia, o SNP conserva energia; em uma analogia, enquanto o SNS é o acelerador do corpo, o SNP é o freio.

Nosso coração possui conexão com esses dois ramos do SNA, de modo que a alternância nas atividades dos dois sistemas afeta o ritmo cardíaco e influencia diretamente no nosso estado emocional. Assim, quando há alternância equilibrada entre as atividades do SNA, o corpo entra em um estado de Coerência Harmônica no qual coração e cérebro trabalham juntos, com sentimentos e pensamentos alinhados.

Quando você pratica a Visualização Holográfica e se encontra totalmente abduzido em sua experiência interna, seu SNS está inoperante, pois você não está em alerta, preocupado com a sobrevivência na realidade externa. Na verdade, a experiência interna só é possível porque quando você direciona sua atenção para o mundo interno, o SNP ativa suas funções inibitórias fazendo seu corpo entrar num estado de relaxamento.

Esse estado de relaxamento é o que possibilita o acesso ao modo criativo e à programação da mente inconsciente pelas sugestões contidas nas cenas do sonho realizado que você experimenta no seu Ensaio Holográfico.

29. Resolução de conflitos e problemas

Talvez você não saiba, mas sua mente é especialista em resolver problemas, pois tanto o neocórtex possui a função executiva de analisar situações e encontrar soluções, como também sua mente inconsciente possui um mecanismo automático de busca por respostas. Contudo, nem todas as pessoas conseguem colocar essa habilidade em ação pelo simples fato de que são habituadas a pensar (e remoer) o problema em si e não a solução.

Normalmente, quando você tem um problema, foca nas consequências negativas da questão, o que gera pensamentos e sentimentos negativos, que geram mais estresse, produzem vitimização, reclamação e impedem o acesso à criatividade e intuição necessárias para encontrar a solução.

O que a maioria das pessoas não sabe é que para resolver um problema é preciso desapegar do problema, parar de pensar nele e em tudo de ruim que pode acontecer por causa dele; é preciso pensar somente na solução, direcionando toda atenção e energia para o cenário ideal da resolução.

De olhos abertos, em conexão com a realidade externa, o problema pode parecer não ter solução, mas se você fechar os olhos e usar a sua imaginação para experimentar antecipadamente como seria sua vida se o problema estivesse solucionado, você ativa os mecanismos automáticos de busca de respostas da sua mente, bem como eleva sua Frequência Vibracional[®] para sintonizar a realidade potencial em que o problema não mais existe.

O segredo está em ativar suas faculdades neurovisuais para ensaiar holograficamente como seria viver sem o problema em questão, mas sem pensar em "como" ele será solucionado, apenas experimentando a paz interior, o alívio e a gratidão pela situação já resolvida. Você não deve pretender determinar o "como", pois para qualquer problema, mesmo quando sua mente racional limitada diz "não tem jeito", existem infinitas possibilidades de solução.

30. Ser antes de Ter

Se a famosa "Lei da Atração", a qual eu prefiro denominar de Lei da Vibração, precisasse ser definida numa única frase ou slogan, a máxima "ser para ter" cumpriria muito bem este papel, pois ela é a base da cocriação da realidade.

"Ser para ter" significa que para "ter" alguma (seu sonho realizado), você precisa primeiramente "ser" a pessoa que está no exato estado de correspondência vibracional para receber.

Uma das perguntas mais frequentes que recebo de cocriadores iniciantes é *"Elainne, como é possível ser antes de ter?"*.

Normalmente, as pessoas questionam como podem ser ricas se não têm dinheiro nem para comer adequadamente; como podem ser saudáveis se estão doentes e com dor; como podem se sentir apaixonados e amados se estão sozinhos e carentes etc.

Essas são perguntas sinceras e muito justas que fazem total sentido numa realidade pautada na causalidade newtoniana na qual você precisa primeiro receber algo para, então, se sentir feliz e grato por ter esse "algo".

Contudo, a cocriação da realidade pressupõe justamente o contrário: primeiro você deve se sentir feliz e grato, depois você recebe, isto é, primeiro vem o "ser", depois vem o "ter".

Quando a realidade externa não oferece condições muito animadoras, a solução para executar o "ser antes de ter" está em usar a imaginação e todas as faculdades neurovisuais ativadas na prática da Visualização Holográfica na qual você pode ensaiar ser, ter, fazer, sentir, falar e pensar tudo que desejar. E ao ser quem deseja ser antecipadamente na sua imaginação, sentindo gratidão e alegria pela realização do seu sonho, você altera sua configuração neurológica e sua Frequência Vibracional®, abrindo as portas para o novo chegar na sua vida.

31. Servomecanismo

"Servomecanismo" é um termo do vocabulário da Engenharia que se refere a sistemas automáticos de realimentação de movimentos de máquinas e equipamentos que operam a partir de um comando do condutor para potencializar o esforço ou pressão exercida para obtenção de um resultado.

Um exemplo simples e prático de servomecanismo é o sistema de freios de um veículo, através do qual, com uma discreta pressão no pedal, o condutor consegue frear um caminhão de 5 toneladas. Se não houvesse o servomecanismo dos freios hidráulicos que potencializam a pressão exercida no pedal, não seria possível parar o veículo.

Curiosamente, conforme as pesquisas do dr. Maxwell Maltz, nossa mente inconsciente também é um servomecanismo que tem a função de realizar nossos objetivos e atingir nossas metas com o mínimo de esforço. Nesse sentido, os pensamentos e as vontades da mente consciente são apenas os gatilhos que disparam a operação do mecanismo automático do inconsciente, de modo que quando a mente consciente escolhe um "alvo", o servomecanismo da mente inconsciente trabalha para buscar os meios de atingi-lo.

Desde que não haja crenças limitantes causando resistência ou a limitação consciente dos meios de realização, quando pensamos nos resultados que desejamos, traduzimos esses pensamentos em imagens e cenas na Visualização Holográfica e sentimos que já está feito e já é real, instantaneamente, ativamos o servomecanismo que, então, mostrará as respostas na forma de novas ideias, novas linhas de raciocínio, intuição e impulso para agir.

No Capítulo 7 – Visualização Psicocibernética, eu explico as pesquisas do dr. Maltz e aprofundo nesse tema do servomecanismo da mente inconsciente, estabelecendo a relação com a visualização.

32. Biokinesis

A partir daqui, essa e as próximas faculdades neurovisuais que vou apresentar são consideradas como faculdades avançadas, as quais embora sejam inerentes à mente humana, dificilmente se expressam com espontaneidade, sendo necessário muito treino, persistência e dedicação para ativá-las e delas se beneficiar.

Biokinesis (ou biocinese) consiste no uso do poder da mente e da energia do pensamento direcionado para provocar alterações na matéria do corpo físico, isto é, a Biokinesis é a capacidade de manipular psiquicamente a anatomia, a fisiologia e os processos internos do corpo, incluindo as moléculas do DNA e a própria estrutura e expressão genética.

A Biokinesis pode ser colocada em prática através da meditação, auto-hipnose, áudios binaurais com mensagens subliminares e, claro, Visualização Holográfica. O fundamento da Biokinesis é que as descargas elétricas do pensamento produzem energia cinética capaz de afetar e alterar as moléculas físicas do DNA, reconfigurando a expressão dos genes conforme a intenção estabelecida. Em poucas palavras, a Biokinesis permite uma (re)programação genética.

Até pouco tempo, a ciência pensava que os genes eram imutáveis e que cerca de 90% do nosso DNA era inútil, chamado de "DNA lixo". Contudo, com a chegada da Epigenética, a nova compreensão é que 100% dos genes são usados, mas não todos ao mesmo tempo e, assim, 90% dos genes inativos que eram considerados "lixo" só estão "desligados", mas podem ser ativados em determinados momentos.

Conforme a Epigenética, cada um dos genes que forma nosso DNA podem ser "ligados" ou "desligados" de acordo com as instruções químicas recebidas do ambiente das células, as quais têm relação direta com as emoções que a pessoa sente, base da bioquímica hormonal.

Inconscientemente, estamos dando instruções aos nossos genes o tempo todo, a vida toda, mas a novidade que a Epigenética trouxe é que essas instruções podem ser dadas de maneira consciente, com um propósito determinado.

Basicamente, a Biokinesis é uma incrível expressão do grande poder que a mente tem sobre a matéria, neste caso sobre nosso corpo e nossa biologia. O Segredo para obtenção de resultados é a crença, é a fé que não duvida nem questiona, agregada à emoção e ao sentimento de certeza, confiança e gratidão.

33. Comunicação Interdimensional

Bem no meio do cérebro está a nossa fabulosa glândula pineal, a qual, entre outras funções, opera como uma antena e aparelho transdutor que envia e recebe mensagens de outras dimensões, traduzindo-as em imagens mentais.

A glândula pineal, em praticamente todas as doutrinas e filosofias esotéricas, é tida como a ponte que conecta o mundo material com o mundo espiritual, permitindo o intercâmbio de informações.

Por ser a responsável por possibilitar a comunicação com consciências de outras dimensões, a glândula pineal é conhecida como o "órgão da mediunidade". A mediunidade ou comunicação interdimensional é, portanto, um potencial inerente a todas as pessoas e, de fato, a todo momento estamos trocando informações com outras dimensões, quer tenhamos consciência disso ou não.

A visualização se apresenta como uma excelente ferramenta de desenvolvimento da habilidade da comunicação interdimensional, uma vez que, durante a prática, você alcança o estado de relaxamento e redução da frequência das ondas cerebrais propícios à ativação da glândula pineal para que ela possa tanto captar como transmitir informações entre dimensões.

34. Download de informações

No primeiro filme da trilogia *Matrix* tem uma cena em que as personagens Neo e Trinity estão do alto de um prédio lutando contra os agentes Smith, daí o Neo percebe que lá na laje tem um helicóptero e pergunta se a Trinity sabe pilotar e ela responde "ainda não". Então, ela contata o operador e solicita o download da informação de como pilotar a aeronave, em instantes ela recebe a informação e é capaz de pilotar com total habilidade.

Já pensou se você pudesse solicitar e receber downloads de informações? E se pudesse baixar informações não só de conteúdos técnicos, mas também de crenças empoderadoras e sentimentos positivos? E se você também tivesse um "operador" capaz de enviar informações e orientações a partir de outra dimensão?

O fato é que isso é totalmente possível! E nós temos sim um "operador" que está 24 horas disponível para oferecer suporte à vida nesta dimensão – esse operador é o Criador de Tudo que É e nós podemos lhe pedir que nos desinstale e instale todos os programas que desejarmos.

Usando as técnicas de visualização, especialmente a Visualização 10D (ensinada no Capítulo 16 – Teoria das Cordas e Visualização 10D), na qual você é conduzido a subir para a décima dimensão, você é capaz de estabelecer uma comunicação direta com o Criador para pedir a Ele que baixe na sua mente as informações necessárias para que você possa cocriar junto com Ele a realidade que deseja.

Quando, na prática da visualização, você alcança a frequência de ondas cerebrais Theta, consegue acessar o "sistema operacional" da sua mente inconsciente de modo que ela se abre para receber as informações diretamente da Mente Supraconsciente do Criador.

Por exemplo, você já sabe que para conseguir cocriar abundância financeira, primeiramente você precisa se sentir abundante, não é? Se você tiver dificuldade de antecipar esse sentimento, pode subir à dimensão do Criador e pedir: *"Divino Criador, por favor, desinstale as crenças de escassez e faça em mim o download da consciência da abundância"*. Simples assim! A única condição é que você não ofereça resistência e não duvide que um programa é desinstalado e um novo programa é instalado, isto é, que você tenha fé que o Criador é o seu "operador".

35. Telepatia

Já aconteceu de você pensar em alguém e pouco tempo depois a pessoa mandar uma mensagem ou ligar? Já aconteceu de você mandar uma mensagem ou ligar para alguém e pessoa dizer que estava pensando em você? Já aconteceu de você estar em uma conversa interessante com alguém e simplesmente conseguir completar, mentalmente, as frases da pessoa, antes de ela falar? Para os céticos, isso se chama "coincidência", mas na verdade são exemplos da telepatia em ação.

A telepatia é habilidade de uma consciência se comunicar com outra para transmitir palavras, pensamentos, emoções ou imagens sem usar os sentidos físicos, independentemente da distância. Essa comunicação pode ocorrer, inclusive, entre uma consciência humana e um animal não humano, uma planta, um objeto, um imóvel, um lugar etc.

Nem sempre é possível dizer, verbalmente e olho no olho, as coisas que precisamos ou queremos dizer a alguém em nosso mundo material, seja porque perdemos contato com a pessoa, porque nos sentimos constrangidos ou porque a pessoa não está mais encarnada.

Nesses casos, a telepatia adicionada à Visualização Holográfica permite a conexão entre as consciências, identidades e "eus" Superiores envolvidos para que as mensagens sejam transmitidas através dos campos mórficos, de modo que conversas longas e profundas de perdão, de conciliação, de fechamento de ciclos ou de harmonização de relacionamentos podem ser realizadas de maneira telepática, e a experiência pode, inclusive, ser tão real e nítida quanto uma experiência física.

No Capítulo 20 – 40 técnicas de visualização divididas por pilares para cocriar todos os seus sonhos, no item 6, você encontra um roteiro de Visualização Holográfica para comunicação telepática.

36. Visão remota

A visão remota, que certamente é uma das mais avançadas faculdades mentais, consiste na habilidade de, mentalmente, perceber informações visuais de um ponto geográfico remoto espacial e/ou temporalmente inacessíveis por qualquer meio sensorial físico.

Como a telepatia, a visão remota é uma habilidade identificada pela humanidade há milênios, sendo referenciada na obra clássica de Patanjali, "Yoga Sutras" (400 a.C.), como o primeiro dos poderes psíquicos adquiridos pelo estudioso e praticante dedicado do ioga.

A visão remota se tornou mais popularmente conhecida quando chegou ao conhecimento do público que ela foi usada como ferramenta de espionagem militar na década de 1970, durante a Guerra Fria. Sabe-se que os EUA e a então União Soviética espionavam um ao outro usando os serviços de "visualizadores remotos", com o objetivo específico de coletar informações de inteligência de importância militar.

Segundo o prof. Hélio Couto, a visão remota é capacidade de viajar no *continuum* espaço-tempo, nesta dimensão ou entre dimensões para acessar qualquer informação do Universo e interagir com outros seres. Conforme o prof. Hélio explica, a visão remota se fundamenta pela existência de uma única Consciência que permeia tudo que existe e que, quando conectamos nossas consciências individuais com Ela, acessamos as infinitas possibilidades, a partir das quais podemos sintonizar a realidade desejada.

Capítulo 7
Visualização Psicocibernética

Inspirado pela palavra de origem grega cibernética (*kubernetes*, Κυβερνήτης), que significa "piloto" ou "timoneiro", o médico estadunidense Maxwell Maltz criou o conceito de Psicocibernética para se referir à metodologia que desenvolveu para promover o autoaperfeiçoamento mental e emocional com vista à realização de objetivos pessoais. Em poucas palavras, a Psicocibernética do dr. Maltz propõe que você se torne o "piloto" ou "timoneiro" dos seus pensamentos e sentimentos e, consequentemente, da sua própria vida e destino.

Dr. Maltz era cirurgião plástico especializado em cirurgia facial. Após realizar inúmeras cirurgias de reconstrução estética, ele percebeu que a maioria de seus pacientes continuava com sentimentos de infelicidade, tristeza, depressão e baixa autoestima mesmo depois de receberem uma cirurgia impecável que os deixava com a aparência desejada.

Com essa observação, o dr. Maltz compreendeu que a autoimagem da pessoa não era atualizada após a cirurgia. Aqueles pacientes que tinham deformidades ou cicatrizes faciais, que passaram uma vida se sentindo inferiores, feios, inseguros e envergonhados de si mesmos, quando tinha esse "defeito" corrigido cirurgicamente, continuavam com os mesmos pensamentos e sentimentos de inferioridade, isto é, a imagem externa mudava, mas a autoimagem interna não acompanhava a mudança.

Foi assim que ele descobriu que as transformações pessoais internas que as pessoas tanto buscam não decorrem de mudanças na imagem externa, mas, sim, na mudança da percepção que as pessoas têm de si mesmas, o que ele chamou de autoimagem.

O dr. Maltz concluiu que o que determina como uma pessoa pensa e sente quanto a si mesma não é sua imagem externa ou as condições dessa realidade, mas as crenças que têm instaladas na mente inconsciente. Sendo assim, o caminho para a autotransformação que leva à elevação da autoestima, da autoconfiança, da satisfação pessoal e da felicidade não é, necessariamente, uma mudança estética externa, mas uma mudança interna.

Em outras palavras, quem busca a autotransformação, antes de pensar em fazer cirurgias estéticas para corrigir as deformidades do corpo ou do rosto, deve investir em fazer uma "cirurgia emocional" para regenerar e curar suas distorções de autoimagem. Da mesma forma, quem busca riqueza, antes de tentar ficar milionário ganhando na Mega-Sena, deve também fazer uma cirurgia interna para construir uma mentalidade – uma autoimagem – de riqueza.

> *A autoimagem é a essência da personalidade e do comportamento humano. Mude a autoimagem, e ambos serão transformados.*
> MAXWELL MALTZ

Essa descoberta revolucionou a vida do dr. Maltz, que já passava dos 60 anos e estava prestes a se aposentar quando decidiu "mudar de ramo", abandonando sua carreira de cirurgião plástico para se dedicar à cura da autoimagem e ensinar as pessoas a alcançar o sucesso, a realização pessoal e a felicidade que desejavam.

Inspiradíssimo, em 1960 ele publicou suas "sacadas" sobre a importância da autoimagem no best-seller *Psicocibernética*.[13] O argumento central do dr. Maltz é que nossa felicidade, satisfação e sucesso em qualquer pilar da vida são determinados pela nossa autoimagem, que corresponde às nossas crenças, aquilo que pensamos de nós mesmos e de nossas capacidades, e o segredo para alcançar o sucesso é agir na estrutura da autoimagem para reprogramar as crenças.

A partir desse argumento, que é perfeitamente compatível com os princípios da cocriação da realidade, compreendemos que, para a mudança ocorrer, não basta querer conscientemente e pensar positivo. A mudança externa só ocorrerá quando houver uma mudança interna – a mudança na autoimagem, a qual corresponde à sua verdade subjetiva inconsciente.

---

[13] MALTZ, M. **Psicocibernética**. Porto Alegre: Citadel, 2023. *E-book*.

Havendo uma incongruência entre a vontade consciente de mudar que uma pessoa tem e a sua autoimagem, esta prevalecerá e, assim, nenhuma mudança ocorrerá, e a pessoa continuará sendo quem é, vivendo frustrada a mesma realidade de sempre. Para que o mecanismo criativo que possibilita a mudança seja ativado, é preciso que o desejo consciente esteja alinhado com a autoimagem, com as convicções inconscientes da pessoa.

Por exemplo, alguém que deseja conscientemente um relacionamento amoroso saudável, respeitoso e feliz, mas tem uma autoimagem de não merecimento e baixa autoestima produzida por crenças de rejeição e abandono que foram instaladas na infância, por mais que pense positivo, infelizmente, não vai encontrar a alma gêmea até que modifique a mente inconsciente para torná-la compatível com seu desejo consciente.

A Mente Inconsciente

Como o dr. Maltz explica, a mente inconsciente trabalha como um mecanismo criativo automático com natureza teleológica, ou seja, a mente inconsciente possui um "departamento" cujo "trabalho" é servir à mente consciente, encontrando os meios necessários para a realização dos objetivos conscientemente estabelecidos. Contudo, para que esse mecanismo criativo possa operar de modo adequado, é indispensável que haja um alinhamento entre o desejo consciente e a autoimagem contida na mente inconsciente.

Em outras palavras, o dr. Maltz, em conformidade com os princípios da cocriação da realidade que conhecemos, afirma que a mente inconsciente tem como função inerente à sua própria natureza resolver os problemas da mente consciente e realizar os seus desejos, mas há uma condição: ela precisa estar livre de crenças limitantes.

Veja como o autor articula esta ideia:

> **Aprenda a confiar em que seu mecanismo criativo cumprirá o papel dele; não o bloqueie por meio de preocupação exagerada, ansiedade em saber se ele irá funcionar, ou ainda tentativas de forçá-lo com um empenho consciente exacerbado. Deixe-o trabalhar em vez de forçá-lo a isso. Essa confiança é necessária, pois o mecanismo criativo opera abaixo do nível da consciência, e você jamais saberá o que se passa abaixo da superfície. Além disso, é da natureza dele**

> operar espontaneamente, de acordo com a necessidade presente. Portanto, você não terá garantias antecipadas. Ele começa a operar à medida que você age e que, por meio de ações, faz demandas. Não espere provas para começar a agir. Aja confiante de que o mecanismo de sucesso fará o resto.[14]

Repare como, ainda na década de 1960, o dr. Maltz já tinha decodificado todo o mecanismo da reprogramação mental e da cocriação da realidade, afirmando que quando desejamos uma solução ou mudança em alguma situação, devemos sempre focar o resultado desejado, sem tentar prever os meios pelos quais ele se concretizará.

Além disso, ele ensina que não devemos esperar que algo novo aconteça, que a mudança se apresente para, então, agirmos e nos comportarmos de uma nova maneira, mas que devemos antecipar nossos comportamentos como se o resultado desejado já estivesse manifestado – somente assim o resultado pretendido efetivamente se manifestará.

Ele explica ainda que sentimentos como medo, ansiedade, pressa, dúvida e preocupação "travam" o processo de criação, bloqueiam o mecanismo automático de busca por respostas da mente inconsciente de modo que o "combustível" para a materialização de uma mudança, solução ou resultado consiste na confiança que devemos ter no próprio mecanismo.

Se o dr. Maltz falasse a língua da cocriação, certamente teria tido que se você tem um sonho para realizar, deverá primeiro remover toda ansiedade e confiar em que ele vai se realizar. E se você deseja ser um Novo Eu, não pode ficar esperando que algo mágico aconteça; deve começar imediatamente a agir como se já fosse essa nova pessoa, ou seja, o autor confirma o axioma fundamental da cocriação da realidade: **ser para ter**.

Conforme o dr. Maltz explica, a mente inconsciente é um **servomecanismo** voltado a atingir metas. Todas as vezes que usamos a mente consciente e racional para pensar, projetar, escolher ou desejar algo que queremos ser, ter ou fazer, automaticamente ativamos o servomecanismo da mente inconsciente, que busca os meios para realizar.

Caso a mente inconsciente não esteja "poluída" com crenças limitantes que se expressam na forma de resistência, o servomecanismo entra em

---
14 MATLZ, M. op. cit.

ação para produzir novas ideias e novos jeitos de pensar que, por sua vez, criam imagens mentais que são gatilho para respostas fisiológicas como se aquilo imaginado fosse fisicamente real.

É através desse processo de visualização que a Psicocibernética atua para promover as transformações na autoimagem da pessoa. O dr. Maltz descobriu que a **visualização** é precisamente a técnica mais poderosa do mundo para manifestar as soluções e resultados desejados!

Vamos entender como ela funciona agora!

Autoimagem

Como expliquei anteriormente, a sua autoimagem é determinada pelas crenças da sua mente inconsciente e define a forma como você se vê, determinando aquilo que você pensa que é capaz ou merecedor de ter, ser e fazer. Essencialmente, sua autoimagem estabelece o conjunto de pensamentos, sentimentos e comportamentos padrões e automáticos que definem quem você é, regulando todos os aspectos da sua vida.

Isso significa que mesmo quando seus desejos conscientes sejam de prosperidade e sucesso, se sua autoimagem for de escassez, fracasso, medo, depressão, vitimização e insegurança, o servomecanismo da mente inconsciente, que opera de maneira imparcial, vai trabalhar para entregar esses resultados manifestados internamente nos seus pensamentos, sentimentos e estado de ser, bem como externamente na sua realidade.

Em outras palavras, quando uma pessoa se vê como uma fracassada e acredita que nada em sua vida dá certo, mesmo que se esforce muito, estude, trabalhe e até tenha boas ideias e lhe apareçam boas oportunidades, o servomecanismo da mente inconsciente vai encontrar um caminho para o fracasso, para que nada dê certo, conduzindo a pessoa para encontros e circunstâncias cujos desfechos sejam uma expressão e confirmação da sua autoimagem de fracasso.

Por outro lado, quando a pessoa já tem ou consegue reprogramar uma autoimagem de sucesso, prosperidade, felicidade e autoconfiança, o servomecanismo da mente inconsciente, totalmente imparcial, trabalhará para entregar os resultados positivos correspondentes. Com uma autoimagem de sucesso, a pessoa facilmente manifesta oportunidades, encontros e circunstâncias confirmadoras e potencializadoras – tudo flui, tudo dá certo!

Portanto, na perspectiva da cocriação da realidade, sua autoimagem define, em última instância, sua Frequência Vibracional® e a amplitude do seu poder de cocriador. Sendo assim, se você anda "cocriando ao contrário" e está experimentando uma realidade desagradável, precisa agir para reprogramar a sua autoimagem.

Felizmente, embora a sede da autoimagem seja a mente inconsciente, ela pode ser alterada pela vontade e intenção da mente consciente, de modo que é perfeitamente possível alterar a sua autoimagem, basta que você tenha dedicação e disciplina na busca por autoconhecimento e autoaperfeiçoamento.

Pense na sua mente inconsciente como um músculo que pode ser ativado, trabalhado e modelado através de treino regular e disciplinado até que esteja totalmente reconfigurado para expressar a autoimagem de sucesso que você deseja.

E como você treina sua mente inconsciente para alterar sua autoimagem? Através da prática da visualização! Sua mente inconsciente ignora suas palavras e pensamentos racionais, mas as visualizações disparam sentimentos e sensações que dialogam diretamente com a mente inconsciente, acessando seu "sistema operacional" para reprogramar sua autoimagem.

PRÁTICA RÁPIDA PARA CRIAÇÃO DA AUTOIMAGEM

Visualize-se no futuro! Reflita sobre as seguintes perguntas, entrando no seu holograma, sentindo como se já fosse real:

Como são as roupas que você está vestindo?
Como você articula?
Como é a sua postura?
Como é o seu cabelo?
Como é o seu semblante?
Como é o seu comportamento?
Como é o seu calçado?
Como são as suas joias?
Qual é o seu perfume preferido?
Qual é o seu Eu Sou que ancora essa imagem?

EXERCÍCIO PARA CULTIVAR UMA AUTOIMAGEM DE SUCESSO

Relaxe de olhos fechados e evoque a lembrança de um evento em que você tenha experimentado o sucesso.
Reviva e sinta a cena em riqueza de detalhes.
Quando estiver no auge da emoção decorrente da lembrança do evento, mude o foco para um evento futuro no qual você deseja ter sucesso, mentalizando o resultado que está buscando, comece com uma suposição: E se fosse real?
A partir daí, crie a imagem mental do seu sucesso, dê forma e adicione detalhes até atingir um estado emocional em que você sente os sentimentos que carregaria se, de fato, seu sucesso já estivesse materializado.
Desfrute do seu sucesso pelo tempo que desejar!

EXERCÍCIO PARA ATIVAR A IMAGINAÇÃO CRIATIVA

Dedique-se por pelo menos trinta minutos por dia para IMAGINAR/VISUALIZAR sua realidade ideal. Imagine quais serão seus sentimentos, palavras e ações perfeitamente apropriadas, condizentes com essa realidade.

EXERCÍCIO DE RELAXAMENTO PARA ELIMINAR A RESISTÊNCIA

Diariamente, durante trinta minutos, sentado ou deitado em uma posição confortável, feche os olhos, leve sua atenção para cada parte do seu corpo e "escaneie" os pontos de resistência em seus músculos e, ao identificá-los, comande o relaxamento. Em seguida, deixe-se levar pela espiral do relaxamento até o "vazio", o Ponto Zero, onde não há mais corpo, pensamentos nem ambiente externo.

Capítulo 8
O Ensaio Mental de Joe Dispenza

Joe Dispenza denomina a visualização criativa de *Ensaio Mental* e explica que prefere essa expressão porque a proposta é ir além das técnicas de visualização praticadas pelo senso comum e executar, verdadeiramente, um "ensaio mental" para o futuro, para o Novo Eu e para a nova realidade. A ideia é não só visualizar, mas experimentar antecipadamente na realidade imaginária aquilo que se deseja ver materializado na realidade física.

Em seu livro *Como se tornar sobrenatural*,[15] Dispenza oferece uma análise completa do mecanismo da visualização, ou melhor, do Ensaio Mental com explicações rigorosamente fundamentadas nas Neurociências, na Epigenética e na Física Quântica.

Como veremos a seguir, o Ensaio Mental tem potencial para produzir resultados extremamente significativos porque quando criamos e nutrimos uma experiência imaginária de maneira regular e persistente, nosso corpo, cérebro, bioquímica e campo eletromagnético são modificados para se adequarem à nova realidade que desejamos manifestar.

Neuroplasticidade e o Ensaio Mental

O Ensaio Mental não é uma mera reprogramação mental com atuação limitada à mudança nos pensamentos, mas, sim, uma ferramenta que possibilita uma reprogramação biológica, ou seja, não é apenas a sua mente que muda; a própria estrutura do cérebro também se altera, dando origem a novas redes neurais por meio da neuroplasticidade.

Como eu expliquei antes, a mente e o corpo não conseguem diferenciar as experiências que acontecem na realidade externa (realidade material ou física)

---

[15] DISPENZA, J. **Como se tornar sobrenatural**: pessoas comuns realizando o extraordinário. Porto Alegre: Citadel, 2020.

das que acontecem na realidade interna (pensamento ou imaginação), o que significa que, em ambos os tipos de experiências, havendo um impacto emocional, são liberadas substâncias químicas e são acionadas certas conexões neurais.

Em outras palavras, o Ensaio Mental permite que você "engane" seu cérebro e seu corpo ao simular e sentir as emoções das experiências que deseja ter no futuro da sua realidade física como se fossem reais no presente da realidade.

Inevitavelmente, quando direcionamos nossa atenção para sustentar uma sequência de pensamentos, imagens e sentimentos repetidos por meio da nossa maravilhosa imaginação, nossa biologia responde e se altera, adaptando-se ao contexto emocional decorrente da experiência vivenciada na realidade interna. Com isso, a consciência de que algo aconteceu fica impressa nas suas redes neurais e na sua memória antes que de fato aconteça na realidade externa, criando o que Dispenza chama de "memórias do futuro".

Explicando em palavras mais simples: todas as experiências que você repetidamente ensaia viver por meio da sua imaginação têm o poder de ativar o mecanismo da neuroplasticidade para criar novos circuitos neurais, mudar sua biologia, mudar quem você é e, em última instância, mudar a sua realidade externa.

Com a repetição diária de uma experiência vivenciada na imaginação, nosso cérebro cria o "equipamento" neurológico correspondente à experiência imaginada, que é como um novo "programa" cerebral que vai nos permitir ter novos padrões de pensamentos e comportamentos, novos hábitos e novas escolhas que, gradualmente, promovem o alinhamento dos nossos padrões inconscientes com nossos desejos conscientes.

Uma mente livre de crenças limitantes e bem treinada é extremamente poderosa e capaz de realizar grandes feitos, verdadeiros "milagres" como costumam falar as pessoas que ignoram os potenciais da própria mente. O fato é que da mesma maneira que "sem querer", isto é, inconscientemente, você programou o seu cérebro, sua mente, seu corpo e toda a sua biologia para o fracasso, escassez ou doença, também pode, agora conscientemente, escolher treinar a sua mente e modificar sua biologia para o sucesso, prosperidade e saúde.

A ciência por trás da cocriação da realidade com o Ensaio Mental

Todas as vezes que você tem novas experiências (físicas ou imaginárias) e memoriza novas informações, o seu cérebro cria novas conexões neurais e, com isso, as moléculas de DNA contidas no núcleo de cada neurônio que forma essas novas conexões são instantaneamente sinalizadas, promovendo uma mudança na expressão genética – uma mudança literalmente física no cérebro.

Nas Neurociências, a mente é entendida como o "cérebro em ação", e é por isso que quando você modifica a estrutura do seu cérebro, também modifica a sua mente e vice-versa. É dessa forma que o Ensaio Mental promove a criação de um Novo Eu, pois ao adicionar novas informações do cérebro através das suas experiências imaginárias e ao revisitar e solicitar essas informações regularmente por meio da repetição da prática do seu Ensaio, seu cérebro se transforma, produzindo um novo "hardware" neurológico, que são as novas conexões neurais e um novo "software" mental, que são as novas formas de pensar, de perceber a si mesmo e de interagir com o mundo.

A neuroplasticidade é regida pela Lei da Repetição ou Princípio de Hebb, segundo a qual neurônios que disparam juntos repetida e regularmente tendem a permanecer juntos, fortalecendo as conexões entre eles. Isso significa que quando você pratica o seu Ensaio Mental todos os dias, focando em pensar, visualizar e sentir as novas informações – as informações do seu sonho – a partir no novo hardware (conexões neurais), é criado um novo software (nova programação mental).

Nesse sentido, quanto mais você pratica a sua Visualização Holográfica entrando na pele do seu Novo Eu e vivenciando sua nova realidade na sua imaginação – mesmo que não veja evidências externas de mudanças imediatas –, mais estará provocando mudanças internas, instalando uma nova programação mental, neurológica e bioquímica.

Assim, é só uma questão de tempo até que as mudanças internas comecem a se expressar externamente, motivo pelo qual você deve manter a sua fé, a sua certeza de que seu sonho está a caminho, sem desanimar nem pensar em desistir, pois o segredo da cocriação está na paciência, confiança e persistência.

O seu pensamento imagético antecipa suas experiências na sua imaginação, preparando seu corpo para elas. Se você reparar, esse processo acontece com bastante frequência. Por exemplo, quando você está planejando uma viagem incrível para um lugar a que nunca foi, somente o fato de pensar e imaginar as coisas que você vai ver, fazer, comer e experimentar cria um estado emocional antecipado positivo de alegria, contentamento e entusiasmo.

A visualização, os pensamentos e os sentimentos de um evento futuro muito desejado enriquecem o seu cérebro, fortalecendo as conexões neurais relacionadas às experiências antes mesmo que elas aconteçam na realidade física. Assim, quanto mais você visualiza, pensa e sente sobre o seu futuro como se ele já estivesse acontecendo no presente, mais seus neurônios serão ativados e conectados. Se você se imaginar vivendo a sua realidade dos sonhos todos os dias, gradualmente, a sua mente e o seu corpo vão se alterando de tal forma que vai parecer que a experiência já aconteceu!

Sabendo disso, peço que você pare por um momento e reflita:

- *Em que você passa o dia pensando?*
- *O que você tem ensaiado mentalmente?*
- *Suas atitudes refletem esses pensamentos?*
- *O que predomina: pensamentos sobre o futuro de sucesso que você deseja ou pensamentos de medo e ansiedade a respeito dos desafios que está vivenciando no momento?*

Se seus pensamentos predominantes são de medo, tristeza, raiva, vitimização e ansiedade, você precisa praticar a auto-observação para modificá-los! Se você ensaia mentalmente para se preparar para situações de escassez, fracasso e doença, também precisa mudar isso!

Se deseja cocriar um grande sonho, precisa manter os pensamentos, sentimentos e ações compatíveis com seu Novo Eu não só na imaginação, e sim a todo momento. Se você for capaz de manter fora da prática do Ensaio Mental o mesmo estado de ser que acessa durante a meditação, então é só uma questão de tempo até a manifestação do seu sonho!

Epigenética

A Epigenética é a ciência que estuda como a expressão dos genes pode ser alterada por meio de mudanças no ambiente químico no qual as células estão inseridas, no caso, o nosso próprio corpo. As substâncias químicas produzidas pelo corpo penetram as células e chegam ao núcleo – onde estão as moléculas de DNA – e sinalizam os genes, que respondem a essa química.

Muito resumidamente, eu explico: quando a química predominante é referente aos hormônios do estresse, os genes das doenças e disfunções são ativados; quando a química predominante é referente aos hormônios do bem-estar, os genes da saúde e funcionalidade são ativados.

Ao explicar esse mecanismo de ativação dos genes, a Epigenética comprova que nós não somos vítimas da genética hereditária; na verdade, podemos manipular a expressão dos nossos genes ao modificar conscientemente nossas emoções e, assim, modificar as informações bioquímicas que sinalizam os genes.

Os cientistas da Epigenética explicam que cada gene pode se expressar em até 35 mil diferentes combinações, ou seja, praticamente infinitas possibilidades, levando em conta que temos aproximadamente 25 mil genes. Acontece que quando sustentamos os mesmos padrões de pensamentos e sentimentos em longo prazo – por décadas ou uma vida inteira para algumas pessoas –, a expressão dos genes se torna muito limitada, fazendo com que a pessoa seja continuamente o mesmo Velho Eu de sempre.

Entretanto, quando fazemos o Ensaio Mental e experimentamos viver na pele do Novo Eu, sentindo todas as emoções positivas decorrentes do sonho realizado, criamos um novo ambiente químico para nossas células, e os genes são sinalizados para se expressarem de uma nova maneira, ocorrendo o que se chama de **mudança epigenética**.

Quando os genes se expressam de uma nova maneira, saudável e compatível com a realização de seus desejos, o seu corpo começa a se familiarizar com a sensação de saúde, sucesso, harmonia e prosperidade. É assim que o Novo Eu é criado a partir das mudanças epigenéticas que ocorrem nos genes contidos nas moléculas de DNA. Incrível, não é?

A importância da Neuroplasticidade

Eu modifiquei a minha mente e o meu cérebro, ressignifiquei crenças, mudei o padrão dos meus pensamentos, o teor das minhas emoções e meu mindset como um todo. Eu passei a me aceitar, a me amar profundamente, a aceitar a minha história e a focar a vida que eu sonhava e visualizava, parei de focar aquilo que eu lamentava. Fiz o alinhamento em todos os sentidos para mudar de vez aquela realidade, e você também pode fazer isso!

Possuímos essa habilidade de mudança naturalmente. No curso Holo Cocriação®, eu ensino de maneira aprofundada que você pode reconfigurar, decodificar, reprogramar e desprogramar a sua mente. Nós temos o poder de mudar os pensamentos e reprogramar a mente porque ela é plástica. Existe a neuroplasticidade, plasticidade vibracional no cérebro que, a todo momento, permite que algo que mude dentro altere também a realidade de fora.

Essa é a base da ciência da mente, e o que eu ensino para milhares de pessoas em todo o mundo. Todos nós podemos criar novas estruturas e redes neurais, podemos reconfigurar o cérebro e resetar tudo, basta saber como.

O melhor exemplo é a analogia de um computador. A sua mente é um HD. Nela existem milhares de programas e aplicativos, que no caso são seus sentimentos e crenças como culpa, escassez, vitimização, depressão, vingança, ódio, raiva, e tudo aquilo que você acredita, pensa, considera e sente como verdade. E o pior, todos esses aplicativos/emoções geram uma imagem na mente, tonando-se uma visualização inconsciente.

A Neurociência mostra que é possível trocar tudo isso e reinstalar novos programas mais avançados e sofisticados. Você pode resetar com técnicas avançadas de reconfiguração por meio da neuroplasticidade. É isso que eu ensino no Holo Cocriação®.

Existem muitas provas científicas que confirmam a mudança da estrutura neural. Você pode criar, sim, novas conexões neurais na sua mente a todo momento. Para obter um novo caminho neural, segundo a Neurociência, só precisa insistir em um pensamento e focar corretamente por um período específico.

E a repetição do hábito todos os dias faz você aumentar aquela informação, aquela rede neural, então o processo fica cada vez mais curto e rápido. Quando você foca, as conexões ficam mais resistentes, e elas são ativadas o tempo todo. Quanto mais ativas, mais fortes. O dilema é o teor desse pensamento, porque tudo o que você focar fortalece a conexão.

Essas conexões podem ser ativadas para um comportamento de vitimização, de reclamação, de falência, de pobreza. E isso o mantém em uma vibração e imagem negativa, uma conexão neural que fez um caminho negativo. E mais acontecimentos ruins tendem a se materializar na sua vida.

Vou explicar melhor. Todos os dias você pensa em pobreza. Todos os dias você se vitimiza. Todos os dias você está lá com sentimento de falta. *Não consigo pagar as contas. Minha vida é um horror.* Você tem uma conexão neural que a todo momento é alimentada por esse tipo de pensamento.

Essa conexão neural criou um comportamento de como o seu corpo age. E é disso que nós estamos falando. Se você não usar mais aquele pensamento negativo que todos os dias é ativado, está permitindo apagar essas conexões neurais. É por isso que a ciência fala sobre os tais vinte e um dias para criar um hábito, entende?

Mas nem tudo é má notícia: as novas conexões também podem levar a um caminho de alegria, satisfação, gratidão, amor.

Você só pode mudar sua vida quando mudar os comandos neurais usados pela mente para processar todo o lixo que você fala, pensa, sente, que você repete. O seu cérebro tem milhões de neurônios acostumados a receber tudo isso, todas essas informações o tempo todo. A sua mente tem uma programação de hábitos e crenças que precisa ser destruída.

A Técnica Hertz® – principal técnica desenvolvida por mim e que integra o treinamento Holo Cocriação® – faz isso. Quando você muda internamente e reprograma a emoção que causou o estrago, automaticamente muda o externo e tudo ao seu redor, ou seja, muda as conexões neurais, o campo neuroplástico do cérebro e toda a percepção da vida e da realidade.

Tudo pode ser alterado por meio do poder dos pensamentos, das emoções e da capacidade imaginativa. Isso é simplesmente incrível e comprova, mais uma vez, que tudo é energia, que tudo é vibração e que, no nosso cérebro, é assim que funciona. Ele é assim também. Por isso que ele é neuroplástico e pode ser modificado o tempo todo.

Você ativa as conexões no cérebro com o poder da sua consciência, com pensamentos, emoções e imagens repetidas por um período específico. A Neurociência ainda nos ensina que você precisa de vinte e um dias, que foi o tempo que os cientistas chegaram após vários testes, mantendo um pensamento específico com uma atitude e um comportamento idênticos.

Por isso que a Técnica Hertz® também trabalha com esse período dos vinte e um dias. Alguns estudos mais atuais provam que precisamos de noventa dias para estabelecer uma informação automática completa, para que você possa ter realmente uma nova vida. Então, você pode alimentar um novo pensamento promissor para cocriar a vida que você sempre desejou.

Vou dar um exemplo aqui para reforçar a informação. Você estava lá *Ah, porque eu não consigo, porque nada dá certo comigo, porque minha vida é um caos*. Mas agora entendeu que tem de mudar a programação e passa a falar *Eu sou um sucesso, tudo dá certo na minha vida* todos os dias, vinte e um dias falando, afirmando, sentindo e visualizando isso para você. É disso que eu estou falando.

Nós estamos criando essas conexões porque o cérebro é bioplástico e capaz de se plasmar com essa nova informação de que passamos a falar repetidas vezes. Então, na nossa mente, esses hologramas e imagens passam pelo cérebro como realidade criadora. Só precisamos dar o foco correto, o desejo perfeito e ter um sonho intencionado.

Capítulo 9
Como entrar em sintonia com o seu Eu do Futuro

O seu Eu do Futuro também é conhecido como o seu "Eu quântico", seu "Eu superior" ou "sua parte mais sábia". Na verdade, é você em outra dimensão, com condição de comunicar-se consigo mesmo para o orientar sobre a maior e melhor experiência que poderia vivenciar entre todas as infinitas possibilidades. Faz sentido?

Esse Eu do Futuro comunica-se com você por meio de intuições e insights. Uma das maneiras mais fáceis e efetivas de você entrar em contato com ele é quando você está prestes a dormir. Isso acontece porque quando o cérebro está quase adormecendo, aquele momento em que está quase pegando no sono, é também quando as ondas cerebrais baixam. Nesse instante, é possível ter a sua melhor comunicação com o seu duplo quântico, também conhecido como o seu Eu Holográfico.

O seu Eu do Futuro conhece as consequências de todas as suas possíveis escolhas. Ele sabe exatamente qual será a melhor decisão para experimentar um caminho de dor ou um caminho de amor.

E basta você direcionar algumas perguntas para ele antes de ir dormir que, ao acordar, essa comunicação terá sido estabelecida entre vocês. Isso eu ensino mais aprofundado no meu livro *DNA da Cocriação*.[16]

A existência do Eu do Futuro está cientificamente comprovada por meio da teoria das aberturas temporais, do efeito não local, do poder do emaranhamento quântico, além de ser atestado por grandes cientistas, físicos e pesquisadores de renome como, por exemplo, Jean-Pierre Garnier Malet.

---

16 OURIVES, E. **DNA da Cocriação**: sintonize o seu novo eu. São Paulo: Gente, 2020.

Nada disso, entretanto, fará sentido se você não colocar em prática o que tem aprendido até aqui. De nada adiantará toda essa teoria, esses conteúdos e aprendizados se você não assumir a postura de aplicar, na prática, o que está descobrindo.

Isso precisa ficar muito claro: não importa o quanto você pense positivo, se não colocar em prática o que está dentro de você, nada vai mudar. O seu comportamento também é energia e, embora todas as pessoas tenham o poder para alterar a própria vida, as programações de crenças limitantes são sabotadores profundos capazes de desencadear um processo de procrastinação tão grande que, por mais que essas pessoas tenham consciência do que precisa ser feito, elas não farão nada.

Eu imagino que você também já saiba que, sempre que está pensando, as suas redes neurais estão sendo ativadas, e basta uma determinada palavra (que já foi impregnada em sua rede neural) para disparar um significado preestabelecido pelo seu inconsciente.

Haverá palavras positivas, assim como haverá frases positivas, como, por exemplo: "eu amo você, eu apoio você, pode contar comigo, eu acredito em você...". No entanto, haverá também as palavras e as frases negativas que, por já estarem em suas redes neurais, vão disparar um gatilho conforme o significado já inserido na mente inconsciente. Seja no aspecto negativo ou positivo, o que você deve entender é que seu cérebro fica viciado nesse tipo de química em que cada gatilho gera uma sensação que reforça a rede neural.

Quanto mais o seu cérebro ficar viciado nessa química, maior será a sensação que reforçará esse caminho neural, portanto, maior será o desafio para você conseguir colocar em prática um comportamento que seja antagônico à programação que está armazenada dentro de você.

Como resolver isso?

A primeira coisa que você deve entender, definitivamente, é que qualquer ser humano é capaz de conseguir alterar o seu caminho neural, modificando a sua Frequência Vibracional® e gerando assim, no Universo, uma nova assinatura vibracional, com um código de barras completamente diferente daquele com que estava acostumado – e isso poderá acontecer com todo mundo!

Só existe uma pessoa que não vai conseguir, sabe qual é?

É aquela que desistiu de tentar. Se ela desistiu de tentar é porque não colocou em prática tudo o que está aprendendo. Portanto, se você já sabe que a função do cérebro reptiliano é protegê-lo de imagens, padrões e comportamentos que ele reconhece como um sistema diferente da sua programação comum; se você já tem ciência de que o seu cérebro vai tentar expulsar essa nova imagem, como proteção, você precisa alterar a representação interna que tem de si mesmo para alcançar a vida dos seus sonhos.

Por isso, o primeiro exercício que preparei com tanta dedicação e carinho para você cocriar o seu novo código de assinatura vibracional e ser capaz de cocriar qualquer coisa que deseja foi pensado para você aprender a sintonizar-se com o seu Eu do Futuro.

Imagine como seria a sua vida se você tivesse certeza de que cada uma das escolhas que faz diz respeito à melhor escolha que você poderia fazer para experimentar a melhor versão da vida dos seus sonhos.

Os exercícios que vou ensinar exigirão que você coloque em prática cada uma das atividades a seguir para que, de uma vez por todas, você seja capaz de não apenas entender que existe um duplo quântico com que pode comunicar-se, mas, principalmente, para você vivenciar no seu dia a dia os efeitos dessa comunicação.

Para entrar em sintonia com o seu Eu do Futuro, a primeira coisa que precisa fazer é definir uma imagem muito clara de qual é o seu sonho e qual é a sua autoimagem. Antes de definir o seu sonho, todavia, é necessário que você tenha plena clareza de qual imagem representa a sua nova versão.

A seguir vou apresentar dois exercícios que o ajudarão a definir esta imagem com clareza para facilitar a sintonização com o seu Eu do Futuro.

Eu sei que você já tem uma imagem de si, mas a minha proposta é exatamente fazer você criar uma nova imagem como modo de enganar o seu inconsciente, pois a imagem que você guardou de si mesmo muito provavelmente ainda apresenta traços de uma vibração que gira em torno de escassez, vergonha, fracasso ou outra vibração similar. Se sua autoimagem não estiver alinhada com o seu "Eu Sou", aquilo que você quer não terá forças para se materializar.

A sua mente cria por meio de uma imagem e são as imagens que geram a frequência, então, se você não alterar a imagem que tem de si mesmo, o Universo não conseguirá entregar o que você deseja, ele vai continuar entregando atores, atrizes e cenários que estarão em alinhamento vibracional com a sua imagem antiga.

Você está preparado para sintonizar-se com o seu Eu do Futuro? Então pegue uma folha em branco e uma caneta e prepare-se para iniciar uma nova jornada para dentro de si.

A primeira coisa que deve responder, portanto, e anotar a resposta é: **qual é a representação interna que você tem de si mesmo?**

Para ajudá-lo a identificar essa representação, vou passar um quadro com perguntas que o ajudarão a registrar qual é essa autoimagem até o momento presente, permitindo-lhe diferenciá-la da sua nova imagem de versão ideal. Lembre-se de anotar suas respostas em um caderno.

EXERCÍCIO 1 — COMO DEFINIR A SUA AUTOIMAGEM

AUTOIMAGEM ANTIGA	AUTOIMAGEM ATUAL
Pergunta Quais pensamentos giravam em torno de quem você era?	**Pergunta** Quais serão seus novos pensamentos alinhados ao seu "Eu Sou" e à sua melhor versão do "Eu Futuro"?
Exemplo: Será que eu me acho gordo? Será que eu me acho muito magro? Será que eu me acho muito feio? Será que eu me acho muito burro?	**Exemplo de novos pensamentos:** É engraçado como, a cada dia, me reconheço como alguém mais atraente. É interessante como a minha autoestima melhora a cada dia. Eu adoro o quanto eu reconheço que, a cada instante, eu tenho tido ideias mais interessantes e atitudes mais inteligentes.
Resposta: (Em um caderno, descreva quais eram os pensamentos que você tinha da sua imagem antiga.)	**Resposta:** (Em um caderno, descreva quais são os pensamentos que você terá a partir da sua nova imagem.)

AUTOIMAGEM ANTIGA	AUTOIMAGEM ATUAL
Pergunta Quais os tipos de roupas faziam parte da sua autoimagem antiga? **Resposta:**	**Pergunta** Quais os tipos de roupas vão fazer parte da sua nova autoimagem? **Resposta:**

AUTOIMAGEM ANTIGA	AUTOIMAGEM ATUAL
Pergunta Quais os sentimentos prevaleciam quando você visualizava a si mesmo? **Exemplo:** Será que eu me sinto fracassado? Será que eu me sinto sozinho? Será que eu me sinto carente, impotente, com medo ou estressado? **Resposta:**	**Pergunta** Quais sentimentos devem prevalecer na sua autoimagem do Eu do Futuro? **Exemplo:** Eu sinto que tudo é possível. Eu sei que todos somos um e que a centelha divina está dentro de mim. Como é bom saber que, a cada dia, eu me sinto mais confiante, mais corajoso e feliz com o que o Universo tem para me mostrar de belo. **Resposta:**
Pergunta Qual ambiente representa a visualização da sua autoimagem antiga? **Exemplo:** Será que você se via sentado, procrastinando na sua cama? Será que você se visualizava agachado no chão, no canto, encostado em uma parede? Será que você sempre se via em um ambiente escuro? **Resposta:**	**Pergunta** Qual ambiente vai representar a visualização da nova versão da sua autoimagem? **Exemplo:** Aqui não é necessário que você visualize um cenário, embora possa fazê-lo, o mais importante é você visualizar as cores que envolvem tanto as suas roupas, quanto os lugares em que você se encontra. As cores, os sons, o cheiro... quanto mais sentidos conseguir utilizar na sua visualização, mais força ela tem para criar um caminho neural dentro de você. **Resposta:**

AUTOIMAGEM ANTIGA	AUTOIMAGEM ATUAL
Pergunta Quais as atitudes prevaleciam na imagem do seu eu antigo? **Exemplo:** Quando eu peço para você visualizar a sua autoimagem antiga é importante que você modifique a ação antiga que tinha para uma nova. Vou dar outros exemplos: se você fuma, é preciso trocar o cigarro por um novo hábito saudável. Se antigamente você se visualizava comendo um doce atrás do outro, agora vai ter a imagem de você fazendo uma caminhada, um esporte, uma atividade física, alguma ação que inverta o processo dessa programação. **Resposta:**	**Pergunta** Quais as atitudes devem prevalecer na sua nova autoimagem? **Resposta:**

A partir do momento que você tiver definido, com clareza, qual é a sua nova autoimagem, essa imagem funcionará como um arquétipo de uma nova representação interna que estará em completa congruência com o que você deseja.

Nesse primeiro exercício, o seu objetivo foi reconhecer a sua autoimagem antiga e definir a sua nova autoimagem com convicção e firmeza para que sempre que o seu cérebro quiser expulsar a imagem do seu Novo Eu você tenha condições de manter a imagem que está em harmonia com a sua nova cocriação.

Então, quando eu perguntar qual é a sua autoimagem, você tem de estar treinado mentalmente para ter essa nova representação interna de si mesmo!

Ao responder as perguntas do exercício anterior, você conseguiu definir não apenas quais são os novos pensamentos, sentimentos e ações que vão estar guardados dentro de você de uma maneira muito clara, mas, sobretudo, a sua expressão facial, a sua vestimenta, as cores que simbolizam a sua nova versão, o cheiro, o som e, principalmente, a vibração que essa nova imagem vai gerar na sua vida.

> **EXERCÍCIO 2** A IMPORTÂNCIA DE CONSTRUIR
> A FOTO MENTAL DA SUA AUTOIMAGEM
>
> Imagine que, ao definir a versão da sua nova autoimagem, alguém está tirando uma foto de você e, a partir disso, responda:
>
> **Exercício**
> Como seria a sua nova autoimagem em um porta-retratos? É a imagem dessa foto que você tem de deixar claramente fixada dentro de você. Essa será a sua nova versão!
>
> **Resposta:**
> (Em um caderno, escreva a sua resposta.)

Ensaio Mental para Sintonizar Novos Potenciais

O Ensaio Mental, conforme ensinado por Joe Dispenza, é uma meditação/visualização conduzida muito poderosa que possibilita a sintonização de novos potenciais para cocriar os seus sonhos e manifestar a nova realidade que você tanto deseja. Veja como praticar:

PREPARAÇÃO

- Com papel e caneta em mãos, siga o exemplo da figura a seguir para elaborar o "mapa do seu futuro".

INTENÇÃO CLARA + EMOÇÕES ELEVADAS = NOVA ENERGIA

INTENÇÃO
(Pensamentos)

1. Trabalhar de qualquer lugar no mundo
2. Ganhar o mesmo ou mais
3. Contratos de trabalho de seis meses a um ano
4. Amar o que eu faço
5. Ser meu chefe e liderar minha equipe

EMOÇÃO ELEVADA
(Sentimentos)

1. Empoderado
2. Apaixonado pela vida
3. Livre
4. Grato

- No meio da folha, escreva bem grande e em letra maiúscula a primeira letra do seu sonho – no exemplo apresentado, T se refere ao desejo de um trabalho novo, mas se seu desejo é uma casa ou carro, coloque C; se seu desejo é cocriar sua alma gêmea, coloque A e assim por diante.
- Em torno da letra do seu sonho, faça o desenho de uma nuvem com traço duplo, que simboliza o campo eletromagnético do seu desejo, e acrescente tracinhos ou setinhas ao redor da figura para simbolizar a energia do campo.
- Do lado esquerdo da figura, escreva suas intenções (energia elétrica dos pensamentos). Suas intenções consistem em especificações do seu sonho – no caso do carro, por exemplo, você deve colocar marca, modelo, cor etc.; no caso da alma gêmea, você coloca os atributos da pessoa ideal e assim por diante.
- Do lado direito, escreva suas emoções (energia magnética dos sentimentos), isto é, como você se sentiria se o seu sonho já fosse realidade material agora.

Na condução do Ensaio Mental, será solicitado que você pense na letra que representa seus sonhos, pensar nas suas intenções e sentir as emoções correspondentes, então faça esse registro com atenção. É fundamental que você sinta efetivamente as emoções elevadas pulsando no seu coração e no seu corpo inteiro – o sucesso da técnica depende disso!

Com uma só prática de Ensaio Mental, você pode sintonizar **dois** potenciais, focando dois sonhos distintos! Basta elaborar dois mapas diferentes, um para cada sonho, seguindo o mesmo modelo apresentado anteriormente. Por conta disso, o roteiro abaixo é para a sintonização de dois potenciais. Caso você escolha sintonizar apenas um, basta excluir da sua gravação a parte do script que se refere ao segundo sonho. Lembre-se de gravar o seu roteiro falando bem devagar, as reticências no script indicam que você deve fazer uma pausa de pelos menos três segundos; as pausas maiores estão explicitamente indicadas.

Lembre-se de que além de praticar o Ensaio Mental diariamente, você deve praticar a auto-observação e se disciplinar para, durante todo o dia, manter sua vibração elevada, trazendo sempre a imagem do seu sonho no pensamento e coração, focando também incorporar as características e comportamentos do seu Novo Eu.

ROTEIRO

Sente-se com a coluna ereta...
Feche os olhos...
Relaxe o corpo....
Relaxe...

Agora...
Tome consciência... do espaço... atrás... do seu peito... no espaço...
Sinta... o volume de espaço... que o centro... do seu peito... ocupa... no espaço...
Coloque sua atenção... no centro... do seu peito... no espaço...
Tome consciência... do volume e de espaço... além... dos seus ombros...
Em volta... do seu tronco... no espaço...

Agora...
Coloque sua atenção... no espaço... que sua... garganta... ocupa... no espaço...
Sinta... o volume de espaço... que sua garganta... ocupa... no espaço...
Com sua atenção... no centro da sua garganta e... do seu pescoço... no espaço...
Sinta... o volume de espaço... em volta... do seu pescoço... além da sua garganta... no espaço...

Agora...
Eleve sua consciência... para o espaço que... a parte de trás da... sua cabeça... ocupa... no espaço...
Coloque sua atenção... do volume de espaço... que a parte de trás da sua cabeça... ocupa... no espaço...
Com sua atenção... no espaço... na parte de trás da... sua cabeça... no espaço...
Tome consciência... do volume de espaço... além... da sua cabeça... no espaço...

Agora...
Mova sua atenção... para o espaço... que o centro... da sua cabeça... ocupa... no espaço...
Sinta... o volume de espaço... que o centro... da sua cabeça... ocupa... no espaço...
Com sua atenção... no espaço... no centro da sua cabeça... no espaço...
Sinta... a energia do espaço... além... da sua cabeça... e

▶▶

▶▶

Sinta... o volume de espaço... em volta da sua cabeça... no espaço...

Agora...
É hora de mover sua consciência...
De alguém para... ninguém...
De alguma coisa para... nada...
De algum lugar para... lugar nenhum...
De algum tempo pra... tempo nenhum...
Do espaço e tempo para... além do espaço e do tempo...
E se tornar uma consciência...
No campo infinito de... todas as possibilidades...
E investir sua energia no desconhecido...
Quanto mais você investe sua atenção no desconhecido...
Mais você atrai possibilidades para você... em sua vida...
Para cocriar... através do seu pensamento...
Você precisa se tornar um pensamento...
Mantenha-se presente!

[6 minutos de silêncio]

Agora...
Qual é o primeiro potencial... que já existe no campo quântico e... que você deseja sintonizar?
É hora de mudar sua energia...
E acessar um novo estado de ser...
Transmitindo uma nova assinatura eletromagnética para o campo...
Uma intenção clara... e uma emoção elevada...
Afetam a matéria...
Vamos lá...
Mude sua energia...
Abra seu coração...
E permita que seu corpo responda a uma nova mente...
Tudo que você transmitir para o campo... será o seu destino...
Quanto mais você permanecer nesse estado de ser...
Mais você atrairá a sua nova realidade para você...
Ensine ao seu corpo... emocionalmente... como seria...
Viver seu futuro... agora...

[30 segundos de silêncio]

▶▶

Vamos lá...
Sinta...
E permita que seu corpo responda a uma nova mente...

[1 minuto de silêncio]

A partir desse novo estado de ser...
Viva a sua nova vida...
Que escolhas você fará?
Que comportamentos você terá?
Quais são as experiências que você vai ter?
E como você se sente?

Vamos lá...
Viva seu futuro... agora...

[1 minuto de silêncio]

Lembre-se: onde você coloca sua atenção, é onde você coloca sua energia...
Invista sua atenção no seu futuro...
Invista sua energia nas possibilidades...
O observador transforma o potencial em matéria...

Agora...
Entregue sua cocriação à Mente Superior...
Permita que Ela organize para você...
Pois tudo que você experimenta no reino além do espaço e do tempo...
E acolhe emocionalmente...
Deve se manifestar nesta realidade de... espaço e tempo...
É uma Lei!

Por um momento...
Desdobre-se como consciência...
No campo infinito... de todas as possibilidades...
Retorne para o reino além do espaço e do tempo...
Torne-se ninguém...
Nada...
Em lugar nenhum...
Em tempo nenhum...

[1 minuto de silêncio]

Agora...
Qual é o segundo potencial... que já existe no campo quântico... que você deseja sintonizar...
É hora de mudar sua energia...
E acessar um novo estado de ser...
Transmitindo uma nova assinatura eletromagnética para o campo...
E tudo que você transmitir para o campo... será o seu destino...
Vamos lá...
Abra seu coração...
Ensine ao seu corpo... emocionalmente... como seria...
Viver seu futuro... agora...
E permita que seu corpo se eleve a uma nova mente...
Uma intenção clara... e uma emoção elevada...
Afetam a matéria...
Quanto mais você permanecer nesse estado de ser...
Mais você atrai a sua nova realidade para você...

Agora...
A partir desse novo estado de ser...
Viva seu futuro agora...
Como você age?
Que escolhas você faz?
Que experiências você tem?
Como você se sente?
Invista sua energia no seu futuro...
E seu corpo será atraído para essa realidade...

Vamos lá...
Como você vive?
Como você ama?
Como você anda?
Experimente seu Novo Eu...
Quando você muda sua energia, você muda a sua vida...

[1 minuto de silêncio]

Agora...
Entregue sua cocriação... ao campo de todas as possibilidades...

COMO ENTRAR EM SINTONIA COM O SEU EU DO FUTURO

▶▶
Permita que a Mente Superior organize tudo para você...
Solte...
Confie no desconhecido...
Tudo que você experimenta no reino além do espaço e do tempo...
E acolhe emocionalmente...
Deve se manifestar neste espaço e tempo...
É a Lei!

Agora...
Coloque sua mão esquerda sobre seu coração...
Abençoe seu corpo... que ele responda a uma nova mente...
Abençoe sua vida... com uma nova energia...
Que ela seja um reflexo da sua mente...
Abençoe seu futuro... que ele seja cheio de aventuras...
Abençoe seu futuro... que ele se transforme em sabedoria...
Abençoe sua alma... que brilha dentro de você...
Abençoe o Divino dentro de você...
Que Ele se mova em você...
Que Ele se mova através de você...
Que Ele se mova em torno de você...
Que Ele lhe mostre evidências que Ele é real... na sua vida...
E se o pensamento emite o sinal...
E o pensamento atrai o evento...
Por um momento...
Abra seu coração...
E agradeça por sua nova vida...
A assinatura emocional da gratidão significa...
Que você acredita que já aconteceu...
E quanto mais você permanece em gratidão...
Mais você se torna o ímã para seu novo destino...
Pois a gratidão é o estágio final do recebimento...

Traga sua consciência de volta para...
Um novo corpo...
Um novo tempo...
Uma nova vida...
E quando estiver pronto...
Abra seus olhos e... se levante de sua meditação...
Como se suas preces já tivessem sido atendidas...

Capítulo 10
Imagética cinética e mental

Imagética é o termo que os cientistas e psicólogos usam para se referir àquilo que conhecemos popularmente como **visualização**. A imagética é uma habilidade inerente à mente humana que nos permite evocar pensamentos e visualizar mentalmente as imagens e cenas que os ilustram. É por causa dessa habilidade fabulosa que somos capazes de recordar o passado ou planejar o futuro, acessando as informações armazenadas em nossa memória e moldando-as através de processos cognitivos.

O estudo da imagética não é nenhuma novidade, há mais de dois mil anos, Aristóteles, por exemplo, já entendia que as imagens mentais nos permitem pensar em algo ou alguém que não estamos vendo com nossos olhos físicos no momento. Ao longo de toda a Antiguidade e Idade Média, a imagética foi um tema bastante popular entre filósofos e místicos, mas foi apenas no século XIX que a imagética começou a ser abordada cientificamente, graças às pesquisas do cientista alemão Gustav Theodor Fechner.

Dr. Fechner é considerado o pai da Psicofísica, ramificação da Psicologia que estuda a relação entre os processos mentais de visualização e os estímulos físicos sensoriais, evidenciando a intricada relação entre mente e corpo. As descobertas do dr. Fechner culminaram no que hoje conhecemos como Lei de Fechner, um dos pilares da imagética aplicada na Psicologia do Esporte, como veremos mais adiante.

A partir do trabalho do dr. Fechner, as pesquisas continuaram e uma das principais conclusões a que chegaram os cientistas é que a habilidade de visualizar imagens mentais está intimamente associada às memórias não verbais, que são aquelas relacionadas a sensações, sentimentos e emoções.

Nesse sentido, as memórias mais vívidas as quais podemos recorrer à lembrança e criar imagens muito facilmente são aquelas que são sensorial e emocionalmente mais relevantes, impactantes ou significativas. Isso quer dizer que conseguimos nos lembrar, pensar e visualizar uma memória porque temos sensações e sentimentos associados àquelas imagens.

É por isso que, por exemplo, você não consegue visualizar o que almoçou ou que roupa vestiu há apenas dez ou quinze dias – você não lembra e, consequentemente, não visualiza porque são situações corriqueiras do dia a dia que não o impactaram emocionalmente.

Contudo, você lembra de memórias muitos mais antigas, fatos que aconteceram há trinta, quarenta, cinquenta anos ou mais, como uma vergonha que passou no colégio, o seu primeiro beijo ou o dia do nascimento do seu filho – você lembra justamente porque esses eventos foram emocionalmente impactantes e, portanto, criaram memórias muito vívidas e de fácil acesso pela visualização.

Curiosamente, essa relação entre memórias, sentimentos e sensações é recíproca, isto é, opera em mão dupla: tanto os sentimentos e sensações relacionados às nossas memórias produzem imagens mentais como a criação intencional de imagens mentais que produzem sentimentos e sensações. Esse mecanismo é a base da aplicação da imagética para cocriação da realidade, pois, na prática da visualização, usamos as imagens mentais para moldar nossos sentimentos e, assim, elevar nossa Frequência Vibracional®.

O premiado psicólogo e neurocientista estadunidense Stephen Kosslyn confirmou em suas pesquisas[17] a íntima conexão entre a imagética e as percepções sensoriais que nos possibilita recriar e reviver mentalmente experiências do passado, transportando-as sensorial e emocionalmente para o presente.

De acordo com o dr. Kosslyn, podemos usar as técnicas de visualização para dois objetivos elementares: o primeiro é trazer à lembrança as nossas memórias de dor do passado com a finalidade de revivê-las e ressignificá-las emocionalmente para reconfigurar nosso estado de ser, e o segundo é projetar o futuro que desejamos vivenciar com a inclusão da ativação sensorial e o cultivo do estado emocional de alta frequência correspondente.

Em poucas palavras, a visualização nos permite "viajar no tempo", seja para harmonizar o passado e alterar nossos registros emocionais traumáticos, seja para projetar e experimentar o futuro que desejamos viver. Viajando para o passado ou para o futuro, a visualização gera efeitos concretos na realidade material presente.

---

[17] KOSSLYN, S. M. Mental images and the brain. **Cognitive Neuropsychology**, n. 3-4, v. 22, maio 2022, p. 333-347. Disponível em: https://doi.org/10.1080/02643290442000130. Acesso em: 19 out. 2023.

Várias outras pesquisas clássicas[18] indicam que a habilidade imagética é válida para todos, algo inerente à própria natureza humana; contudo, a precisão e eficácia da capacidade de imaginar e experimentar mentalmente as informações dos sentidos físicos normalmente variam de pessoa para pessoa.

Levando em conta essas variações da habilidade imagética, foram identificados vários tipos de habilidades imagéticas, sendo que os dois principais são:

- **Imagética mental ou visual (visualização externa)**: tipo de visualização que ocorre em terceira pessoa, na perspectiva de um observador externo, isto é, a pessoa vê a si mesma praticando determinada ação na posição de espectadora, como quem assiste a um filme passivamente.
- **Imagética kinética ou cinestésica (visualização interna)**: tipo de visualização que ocorre em primeira pessoa, isto é, a pessoa ativamente atua como protagonista e vivencia as imagens e cenas visualizadas, sentindo as sensações que de fato sentiria (ou espera sentir) na situação real. Na cocriação da realidade, a imagética cinética é o que eu chamo de "entrar na pele do Novo Eu"!

Aplicação da Imagética no esporte

A imagética é amplamente usada nos esportes como uma ferramenta valiosa de aperfeiçoamento de performance, melhoria de desempenho e de resultados. Cada vez mais treinadores e atletas de elite incluem em suas rotinas sessões com psicólogos ou coaches especializados no desenvolvimento

---

[18] STETSON, R. H. Types of imagination. **Psychological Review**, v. 3, n. 4, p. 398-411, 1896. Disponível em: https://philpapers.org/rec/STET01-4. Acesso em: 3 ago. 2023.
COLVIN, S. The nature of the mental image. **Psychological Review**, v. 15, n. 3, p. 158-159, 1908. Disponível em: https://doi.org/10.1037/h0068608. Acesso em: 3 ago. 2023.
BETTS, G. H. **The distribution and functions of mental imagery**. Nova York: Teachers College, 1909. Disponível em: https://wellcomecollection.org/works/g88x94wj. Acesso em: 3 ago. 2023.
ANGELL, J. R. Methods for the determination of mental imagery. **The Psychological Monographs**, v. 13, n. 1, p. 61-108, 1910. Disponível em: https://doi.org/10.1037/h0093050. Acesso em: 3 ago. 2023.
SCHAUB, A. V. On the intensity of images. **American Journal of Psychology**, v. 22, n. 3, p. 346-368, 1911. Disponível em: https://doi.org/10.2307/1413146. Acesso em: 3 ago. 2023.
FERNALD, M. R. The diagnosis of mental imagery. **The Psychological Monographs**, v. 14, n. 1, p. i-169, 1912. Disponível em: https://doi.org/10.1037/h0093065. Acesso em: 3 ago. 2023.

mental e emocional. Na agenda dos superatletas, a prática da visualização se tornou um compromisso indispensável na preparação para a vitória.

No caso do treinamento de atletas, a prática de imagética promove os seguintes benefícios:

- Aceleração do aprendizado de novas habilidades;
- Aperfeiçoamento das habilidades motoras e psicológicas;
- Aumento da autoconfiança, foco e concentração;
- Aumento da capacidade de prever estratégias em relação às ações de seus adversários;
- Correção de vícios ou maus hábitos comportamentais na execução de movimentos e jogadas;
- Desenvolvimento de inteligência emocional para lidar com as situações de tensão, ansiedade e estresse antes, durante e depois das competições;
- Desenvolvimento e aplicação de estratégias de competição pelo treino mental de jogadas, passes, dribles, saltos, movimentos etc.;
- Mais rapidez na recuperação do desgaste físico e energético; na regeneração de lesões e na recuperação de cirurgias;
- Melhoria no condicionamento físico em geral, programando o corpo para agir de determinada maneira.

A prática da imagética promove todos esses benefícios porque ela favorece diretamente a criação de novas memórias e novas redes neurais pelas quais a pessoa experimenta uma situação em sua imaginação antes que ela aconteça na realidade física.

Além, disso as pesquisas na área da Psicologia do Esporte e Fisioterapia já evidenciaram que existe uma relação psiconeuromuscular por meio da qual a mente se conecta com o corpo durante a visualização, fazendo com que os músculos recebam as informações do movimento imaginado como se estivesse sendo fisicamente executado.

Essencialmente, a imagética faz com que os músculos respondam à mente! Os pensamentos e as imagens mentais a respeito de uma determinada ação, movimento ou atividade produz efeitos motores, isto é, afeta o sistema muscular. Isso acontece porque os pensamentos e imagens estimulam o sistema nervoso por meio de impulsos elétricos que afetam diretamente o corpo físico e criam memórias musculares antecipadas.

Com isso em mente, podemos afirmar que a imagética transcende o uso das imagens mentais em seu mero aspecto cognitivo de possibilitar o planejamento abstrato de uma situação futura, permitindo, na verdade, uma reprogramação neurológica, fisiológica e biológica para a obtenção do resultado desejado.

A atividade elétrica dos neurônios foi registrada e o envio de estímulos para os músculos durante a prática da visualização foi verificada e mensurada pelos pesquisadores, confirmando, com rigor científico, a existência de uma incrível conexão mente-corpo e dos efeitos práticos e materiais das técnicas de visualização.

Margaret Washburn, psicóloga estadunidense, publicou uma pesquisa[19] em 1916 que ficou conhecida como Teoria Motora, em que descreve como a prática mental de uma ação (visualização) ativa respostas musculares similares às respostas que se apresentam durante a real prática física da uma ação.

Décadas depois, já em 1983, foi publicada uma meta-análise[20] que comparou o rendimento de atletas que praticavam e atletas que não praticavam a visualização. A conclusão do estudo indicou que os atletas que além de treinar fisicamente também treinavam mentalmente apresentavam uma superioridade bastante significativa em suas performances e resultados.

Em outra pesquisa científica,[21] 366 atletas de diversas modalidades esportivas que nunca tinham recebido qualquer tipo de acompanhamento de psicólogos ou coaches para melhorar o desempenho nas competições foram convidados a fazer um treino mental, visualizando suas performances ideais. Umas das conclusões dessa pesquisa foi que os indivíduos que além de atletas também eram estudantes de Educação Física e, portanto, tinham conhecimentos sobre anatomia e fisiologia, tinham mais facilidade em visualizar e obtinham melhores resultados que os outros que não tinham esse tipo de conhecimento.

A explicação para isso é que os atletas estudantes de Educação Física tinham mais "matéria-prima" na memória para criar suas imagens mentais, isto é, tinham um maior repertório de informações armazenadas nas memórias relacionadas à anatomia e fisiologia dos músculos e, por isso, tinham mais facilidade para criar imagens e realizar seus treinos mentais. Visualizando melhor, consequentemente obtinham resultados melhores na prática física.

---

19 WASHBURN, M. F. **Movement and mental imagery**: outlines of a motor theory of the complexer mental processes. Boston; Nova York: Houghton Mifflin, 1916.

20 FELTZ, D. L; LANDERS, D. M. The effects of mental practice on motor skill learning and performance: a meta-analysis. **Journal of Sport Psychology**, v. 5, n. 1, p. 25-57, 1983.

21 CARVALHAL, I. M.; COSTA, G.; RAPOSO J. V. A imagética kinetica e mental em praticantes de desportos colectivos e individuais. **Estudos de Psicologia**, v. 18, n. 1. Disponível em: https://doi.org/10.1590/S0103-166X2001000100006. Acesso em: 3 ago. 2023.

Adaptando essa informação preciosa para nosso mundo da cocriação de sonhos, entendemos que para que você possa fazer uma boa prática de Visualização Holográfica, deve abastecer o repertório da sua memória com imagens e cenas associadas ao sonho que você está criando. Assim, sua visualização será mais nítida, mais vívida, mais real e, consequentemente, seus resultados serão mais rápidos e significativos. Resumindo, quanto mais íntimo você for do seu sonho, quanto mais souber sobre ele, mais fluida e impactante será a prática da visualização – e quanto mais fácil for de visualizar, mais fácil é para manifestar!

Olhe para a sua vida agora e reflita: você está satisfeito com o que conquistou/aonde chegou? Já alcançou o que realmente gostaria de viver, ou sente que está preso em uma repetição da mesma história?

Tenha em mente que a vida não é assim e você não precisa se conformar em viver nas mãos do acaso, acreditando que um dia, quem sabe, a sua vida mude. Você pode planejar o seu futuro agora e concretizar cada detalhe dos seus planos exatamente como quiser visualizar.

Seu cérebro está fora de forma? Assim como o restante do seu corpo, se ele não for estimulado, não será capaz de desenvolver novas sinapses para direcionar seu futuro na direção correta.

Para simplificar, é como se ele estivesse "enferrujado" e condicionado a viver o mesmo padrão, fazendo com que você não consiga mudar e sair do lugar. É por isso que muitas vezes "parece tão difícil" alcançar um objetivo; a dificuldade pode estar na sua mente.

Se até aqui você está se identificando com o que estou dizendo, lembre-se de que há como reverter esse processo, mas para isso é necessário fortalecer suas conexões neuronais o quanto antes para treinar o seu cérebro para o sucesso.

É exatamente por ter a condição da neuroplasticidade que seu cérebro é capaz de se moldar ao que você quiser e, portanto, pode ser condicionado para que todos os seus planos sejam bem-sucedidos. Isso significa que seu cérebro é literalmente "treinável", assim como fazemos com os músculos em uma academia. Eu chamo esse processo de **neurofitness**.

Para entender melhor, vamos pensar nos atletas. Como vimos, muitos deles utilizam a prática de visualização para ter um rendimento de alta performance.

O piloto Ayrton Senna, por exemplo, costumava ir ao autódromo e fazia o percurso de toda a corrida a pé na pista, observando tudo à sua volta. Depois, ia para o hotel e refazia mentalmente o percurso, visualizando-se dentro do carro.

Nessas projeções holográficas, ele se via fazendo curvas e aplicando estratégias para realizar a prova perfeita. O resultado? Não preciso nem dizer que Ayrton barbarizava nas provas e sempre surpreendia! Além dele, Michael Phelps, Usain Bolt, Jack Niklaus e muitos outros nomes do esporte mundial usam do mesmo recurso para aumentar o rendimento e alcançar grandes resultados.

E você pode fazer o mesmo em sua vida e planejar em detalhes o que quer para o seu futuro e, dessa vez, realmente cocriar seus sonhos.

Eu sei o que você deve estar pensando agora: *Legal tudo isso, mas qual o segredo?* Fácil, o segredo se resume a duas palavras: **visualização consciente**. Essa é a chave para tornar reais suas projeções de futuro de maneira acelerada e definitiva. Aí está a resposta de por que algumas pessoas parecem viver em uma "onda de sorte sem fim". Na verdade, elas aprenderam a materializar o que veem em suas mentes para a realidade.

Mas, reforçando o que eu já ensinei aqui, para planejar suas realizações antes mesmo que aconteçam, é necessário saber fazer a conexão entre visualizar e sentir. Não basta apenas ver o que você deseja, é necessário também sentir a emoção que a sua imaginação vai trazer quando projetar em sua mente o desejo.

E BINGO! Essa é a grande sacada!

Como você pode se beneficiar com a Imagética dos Atletas

Se você não é um atleta profissional provavelmente pode estar se perguntando a respeito da utilidade desse conhecimento sobre a imagética mental e cinética aplicada ao esporte e como ela poderia ter relevância na sua vida e na cocriação dos seus sonhos.

Como sempre, tudo é muito simples: da mesma maneira que um atleta de elite usa a visualização para melhorar sua performance e conquistar medalhas e troféus, você pode usar as mesmas técnicas para também melhorar sua performance na vida e conquistar o sucesso que deseja.

A Psicologia do Esporte se dedica a estudar a relação entre mente e corpo, como os pensamentos afetam a performance dos atletas e quais são as técnicas que ajudam os atletas a aumentar a autoconfiança, a motivação, a sensação de bem-estar e melhorar o desempenho. Se os atletas podem usar essas técnicas e obter importantes benefícios, certamente você, que não é atleta profissional, também pode usá-las para cocriar os seus sonhos e ter uma vida incrível!

Veja a seguir duas técnicas de visualização usadas pelos psicólogos do esporte no treinamento de atletas de alta performance, mas que você também pode incorporar para obter alta performance como cocriador consciente.

Exercício de Visualização LSRT

A sigla LSRT se refere à expressão em inglês para *Layered Stimulus Response Training*, traduzida livremente como "treino de resposta a estímulos por camadas". O Exercício LSRT, que foi criado pela pesquisadora e professora de psicologia do esporte Jennifer Cumming em 2013 para atletas de eSports,[22] conduz o praticante a fazer uma visualização de imagens estruturadas em "camadas" com o objetivo de melhorar a habilidade mental de gerar imagens e interagir com elas.

A proposta do Exercício LSRT é treinar a prática da visualização começando com uma imagem mental simples à qual, gradualmente, o praticante vai adicionando informações em camadas de nitidez, profundidade e nível de detalhamento e realidade. Por ser um exercício de treino, ele é ideal para quem é iniciante na prática da visualização e deseja despertar e aprimorar a habilidade.

As "camadas" do Exercício LSRT são três:

1. **Camada de estímulo**: na primeira camada da visualização, o praticante deve focar visualizar o cenário de suas imagens, fazendo uma *visualização mental*, isto é, em terceira pessoa. No caso dos atletas, esse cenário seria, por exemplo, o local de uma competição; mas na cocriação de sonhos é simplesmente o cenário onde seu sonho acontece – sua casa nova, sua empresa funcionando a todo vapor, o quartinho do seu bebê, a igreja onde você está se casando etc. Na primeira camada, a recomendação é examinar os detalhes do cenário como quem olha atentamente para uma foto.

2. **Camada de resposta**: na segunda camada de visualização, o praticante já passa para a *visualização cinética*, isto é, em primeira pessoa, entrando na cena, entrando na pele de seu Eu Holográfico. Nesta camada da visualização, o objetivo é cultivar mentalmente as percepções sensoriais, motoras e cinéticas correspondentes às respostas que são ou serão experimentadas na experiência física. No caso dos atletas, a camada de resposta consiste em perceber as alterações fisiológicas que são experimentadas quando ocorre a exposição ao mesmo estímulo na

---

[22] CUMMING, J.; QUINTON, M. L. Developing ability in esport athletes using layered stimulus response training. **Journal of Imagery Research in Sport and Physical Activity**, v. 18, n. 1, 2023, p. 20220024. Disponível em: https://doi.org/10.1515/jirspa-2022-0024. Acesso em: 3 ago. 2023.

experiência física, por exemplo, tensão muscular, aumento da frequência cardíaca, alterações posturais, movimentos com os braços, pernas, quadris etc. Na cocriação de sonhos, a camada de resposta corresponde à percepção sensorial do cenário do sonho realizado, incluindo informações dos cinco sentidos, juntamente com as experiências motoras e cinéticas, que são os movimentos e tarefas realizados dentro do cenário do sonho e que indicam que o sonho já está realizado, como dirigir o carro novo, atender um cliente na loja nova, ter um jantar romântico com a alma gêmea, trocar a fraldinha do bebê etc.

3. **Camada de significado**: a terceira camada da visualização também é praticada em primeira pessoa. Agora, o praticante deve despertar, perceber e cultivar as emoções positivas decorrentes das camadas anteriores de estímulo e resposta, ou seja, o foco são as emoções sentidas em decorrência de estar no cenário do seu objetivo realizado, sentindo seu objetivo realizado e executando os movimentos referentes ao seu objetivo realizado. No caso dos atletas, podem surgir emoções como excitação, entusiasmo e autoconfiança decorrentes da experiência mental de executar um movimento com máxima precisão, de fazer uma jogada perfeita, de marcar pontos, de erguer um troféu ou de subir ao pódio para receber uma medalha; na cocriação de sonhos, emoções como alegria, prosperidade e gratidão são gatilhadas pela vivência imaginária do sonho realizado.

Conforme propõe a dra. Cumming, as três camadas de visualização devem ser trabalhadas, em um primeiro momento, separadamente, tendo uma função de "treino do treino mental". Entre o exercício de uma camada e outra, a pessoa deve avaliar o nível de facilidade ou dificuldade de execução, de modo a identificar qual das camadas ela faz com facilidade e qual precisa ser trabalhada com mais dedicação para que a experiência imaginária seja o mais realista possível.

No contexto da cocriação dos sonhos, o Exercício LSRT pode ser considerado uma excelente ferramenta não só de treino como efetivamente de prática da Visualização Holográfica. O passo a passo em camadas é especialmente útil para quem está cocriando algo que nunca experimentou na realidade física, bem como para quem percebe que ainda tem dificuldade em visualizar, em perceber as informações sensoriais e/ou sentir as emoções.

Com o método das camadas do LSRT – cenário, sentidos e emoções –, você consegue transitar de uma visualização simples em terceira pessoa para uma experiência holográfica em primeira pessoa altamente imersiva e impactante, que vai elevar a sua Frequência Vibracional®, facilitar e acelerar a cocriação do seu sonho!

Método PETTLEP

O Método PETTLEP[23] para condução da prática da imagética mental e cinética foi criado em 2001 pelos pesquisadores Paul Holmes e David Collins. PETTLEP é um acrônimo em inglês para "**P**hysical, **E**nvironment, **T**ask, **T**iming, **L**earning, **E**motion, **P**erspective", palavras traduzidas livremente como "físico, ambiente, tarefa, tempo, aprendizado, emoção e perspectiva". O método consiste em uma lista de sete etapas que devem ser seguidas para se obter sucesso e resultados significativos com a prática da visualização.

O método se baseia na compreensão de que durante a atividade mental da imaginação e visualização, diferentes estruturas cerebrais são ativadas. Por isso, o método combina os elementos necessários para ativar essas estruturas e tornar a experiência imagética a mais realista possível.

Inicialmente desenvolvido para ser aplicado no treinamento mental de atletas de alta performance, o PETTLEP propõe um modelo de visualização que ressalta a conexão existente entre os movimentos imaginários e os movimentos físicos decorrentes do fato de que existem áreas do cérebro que são compartilhadas e ativadas tanto durante os movimentos físicos como nos movimentos imaginários.

A esse mecanismo os pesquisadores deram o nome de "equivalência funcional", no sentido de que o cérebro processa de maneira equivalente as informações de movimentos físicos e imaginários. Portanto, a ideia é que com a prática da visualização seguindo o método, na medida em que o praticante treine para que haja uma maior semelhança entre a imagem visualizada e o movimento físico propriamente dito, maior será a equivalência funcional.

Veja na tabela a seguir o que significa cada uma das palavras e etapas do Método PETTLEP:

---

[23] COLLINS, D. J.; HOLMES, P. S. The PETTLEP The PETTLEP approach to motor imagery: a functional equivalence model for sport psychologists. **Journal of Applied Sport Phycology**, v. 13, n. 1, 2001, p. 60-83, 1999. Disponível em: https://www.tandfonline.com/doi/abs/10.1080/10413200109339004. Acesso em: 3 ago. 2023.

	INGLÊS	PORTUGUÊS	APLICAÇÃO NA VISUALIZAÇÃO
P	*Physical*	Físico	Visualização das características físicas relevantes (Ex.: O que a pessoa está vestindo, como está seu corpo etc.).
E	*Environment*	Ambiente	Visualização do ambiente onde a cena acontece.
T	*Task*	Tarefa	Visualização e treino mental das tarefas e ações a serem executadas, da habilidade que se pretende desenvolver.
T	*Timing*	Tempo	Treino mental das tarefas em tempo real, incluindo a dimensão da velocidade e a possibilidade de acionar o comando mental "câmera lenta" para enfatizar e aperfeiçoar aspectos mais difíceis de determinada habilidade.
L	*Learning*	Aprendizado	A prática da visualização e as imagens e cenas criadas devem ser progressivas, sempre levando em consideração o "próximo nível", conforme o domínio de uma habilidade é conquistado.
E	*Emotion*	Emoção	Durante a prática da visualização, é necessário prestar atenção nas emoções; perguntar-se *o que estou sentindo?* e, efetivamente, permitir-se sentir em sua experiência imaginária as mesmas emoções que sentiria ou sentirá na experiência física.
P	*Perspective*	Perspectiva	Normalmente, a perspectiva de primeira pessoa é mais eficaz e produtiva, mas dependendo da tarefa a ser executada, pode ser interessante alternar para a terceira pessoa. Apesar de, em regra, haver um estímulo para que as visualizações sejam realizadas em primeira pessoa, a variação eventual para a terceira pessoa pode tornar a experiência mais enriquecedora e realista.

A recomendação dos criadores do método é que os atletas realizem todos os dias uma prática de visualização o mais detalhada possível, integrando todos os elementos do método, mas que também acessem as imagens e sensações como flashes em vários momentos do dia, nos treinos e mesmo no meio de uma competição, visualizando por alguns segundos o movimento que será executado ou o objetivo a ser alcançado, como, por exemplo visualizando um gol marcado antes da cobrança de um pênalti ou uma cesta marcada em um arremesso de lance livre no basquete.

Os criadores do método também recomendam que o praticante inclua em sua prática a variação de perspectiva, no sentido tanto de visualizar a cena em terceira pessoa (imagética mental), como também visualizar em primeira pessoa (imagética cinética). Embora a imagética mental seja considerada uma técnica boa para iniciantes, ela deve ser incluída na prática, mesmo dos praticantes mais experientes, pois a variação de perspectiva enriquece a experiência de visualização.

Claro, podemos aproveitar 100% desse conhecimento na cocriação da realidade para potencializar suas visualizações para a cocriação de qualquer sonho, em qualquer área da vida. Inclusive, podemos até adicionar mais elementos conforme nossa necessidade de imersão, como a percepção de temperatura, clima, os comentários de outras pessoas, os cheiros, os sabores e outras percepções sensoriais que não foram diretamente mencionadas pelos criadores do Método PETTLEP.

Abaixo, veja como você pode usar o Método PETTLEP para a cocriação do seu sonho. Tomarei como exemplo a cocriação do sonho de ser mãe, mas, naturalmente, esse é só um modelo, você pode editar, personalizar e adequar o conteúdo para a realização de qualquer sonho em qualquer área da sua vida:

P	Physical (Físico)	Veja-se com seios fartos, cheios de leite; usando uma linda camisola de amamentação; talvez usando uma cinta pós-parto.
E	Environment (Ambiente)	Veja-se no quartinho do seu bebê, observe os detalhes, os móveis, as roupinhas, os pacotes de fralda etc.
T	Task (Tarefa)	Imagine-se executando as tarefas relacionadas aos cuidados com seu bebê – trocando a fralda, dando banho, vestindo uma roupa, penteando o cabelinho etc.
T	Timing (Tempo)	Perceba a cena em tempo real, no momento presente. Sinta o momento.
L	Learning (Aprendizado)	Avance para o próximo nível – veja-se na festinha de 1 ano do seu bebê ou veja-se mãe de uma criança já maiorzinha, indo à escolinha.
E	Emotion (Emoção)	Permita-se sentir as emoções de alegria, amor infinito, gratidão e realização proporcionadas pela maternidade.
P	Perspective (Perspectiva)	Varie sua perspectiva, experimentando a cena, agindo em primeira pessoa, e também como observadora de si mesma.

Capítulo 11
Treino Autógeno

O Treino Autógeno é um treinamento para reorientação psicofisiológica criado na década de 1930 pelo médico psiquiatra alemão Johannes Heinrich Schultz. O método consiste em promover a ativação dos mecanismos naturais de autorregulação do aparelho corpo-mente por meio do sistema nervoso parassimpático, o ramo do sistema nervoso central responsável pelas funções inibitórias de relaxamento e regeneração.

De modo geral, o Treino Autógeno consiste na aplicação de comandos mentais para promover a estimulação do corpo físico, treinando-o para obedecer às ordens dadas pela mente e para aprender a neutralizar o estresse e possibilitar o relaxamento mesmo em momentos de pressão.

Com a prática do Treino Autógeno, é possível usar o poder da mente para manipular o sistema nervoso autônomo, feito tido como impossível para a medicina mecanicista que considera as atividades desse sistema como absolutamente involuntárias.

O Treino Autógeno tem a capacidade de ativar e regular as funções e atividades do sistema nervoso parassimpático no sentido de equilibrar, por exemplo, a respiração, a pressão arterial, os batimentos cardíacos e a temperatura corporal, além de ativar também as funções de relaxamento, regeneração e autocura.

Comprovadamente, o Treino Autógeno de Schultz promove os seguintes benefícios: autoconhecimento, relaxamento, tranquilidade, foco, autopercepção, desenvolvimento harmônico da personalidade, adaptação criativa às adversidades e neutralização de experiências traumáticas.

Especificamente na área da Psicologia Clínica, o Treino Autógeno é uma ferramenta muito eficaz no tratamento de depressão, ansiedade, síndrome do pânico, manias, compulsões, fobias e estresse e, especialmente, o transtorno de estresse pós-traumático, pois ele potencializa o equilíbrio bioquímico do organismo.

Na área do desenvolvimento pessoal e profissional, o Treino Autógeno é aplicado no treinamento de atletas de alta performance, astronautas, grandes empresários e qualquer pessoa que deseje expandir seus potenciais em qualquer pilar da vida.

Na cocriação da realidade, o Treino Autógeno como ferramenta de redução do estresse, de equilíbrio corpo-mente e de reorientação emocional, inevitavelmente, também funciona como um instrumento de elevação da Frequência Vibracional®. Além disso, o Treino Autógeno também trabalha com a Visualização Holográfica voltada para a cocriação do Novo Eu e de uma nova realidade.

Os três princípios básicos do Treino Autógeno

O mecanismo de ação do Treino Autógeno é baseado em três princípios básicos:

PRINCÍPIO DA HOMEOSTASE E DA AUTORREGULAÇÃO

O Treino Autógeno promove o restabelecimento da homeostase, que é o nome que se dá ao equilíbrio dinâmico das funções de entrada, metabolização e excreção do organismo. O Treino Autógeno promove a autorregulação porque ativa e equilibra os mecanismos fisiológicos automáticos responsáveis pela resposta a estímulos de estresse e, por isso, favorece o equilíbrio das funções biológicas, psicológicas e comportamentais de maneira integrada.

PRINCÍPIO DA AUTOGÊNESE

O Treino Autógeno ativa a "autogênese", que etimologicamente significa "gênese espontânea" e se refere à capacidade natural do corpo de produzir seus próprios recursos bioquímicos, isto é, o corpo se torna a sua própria farmácia, produzindo as substâncias necessárias para auto-organização, restabelecimento da homeostase e regeneração, além de facilitar o foco no ambiente interno por meio da percepção integrada de imagens mentais e experiências emocionais.

PRINCÍPIO ASCI

ASCI é a sigla em inglês para "Altered State of Consciuosness Induction", traduzida como "Indução de Estado Alterado de Consciência".

O Treino Autógeno também opera sob esse princípio porque promove um leve estado alterado de consciência em decorrência da sincronização dos hemisférios cerebrais.

Dessa forma, o Treino Autógeno facilita a reprogramação da mente inconsciente (sistema nervoso autônomo) para a mudança de hábitos, resolução de conflitos internos, equilíbrio físico, mental e emocional, o que naturalmente promove a elevação da Frequência Vibracional®.

Treino Autógeno na prática

O Treino Autógeno é uma ferramenta de autoaplicação, isto é, você não precisa que um terapeuta ou outra pessoa conduza a aplicação para você. Com disciplina e consistência, você pode praticá-lo por conta própria, memorizando as sequências ou gravando um áudio com sua própria voz conduzindo o roteiro.

A prática do Treino Autógeno é realizada por meio de três etapas ou níveis de exercícios.

NÍVEL I (NÍVEL BÁSICO) - EXERCÍCIOS DE RELAXAMENTO

> OBJETIVOS:
> - autoindução do relaxamento para promover um estado geral de bem-estar físico e mental;
> - trabalhar a comunicação mente-corpo;
> - regular os batimentos cardíacos e o ritmo respiratório.

O nível básico é composto de uma série de exercícios muito simples que têm por objetivo promover relaxamento profundo e despertar a comunicação mente-corpo. No nível básico, o praticante acessa um leve estado de auto-hipnose e experimenta uma sequência de indução de percepções sensoriais muito agradáveis como calor, frescor e peso. O estado de relaxamento alcançado favorece a regulação dos batimentos cardíacos e da respiração para promover o bem-estar físico e mental.

NÍVEL II - EXERCÍCIOS DE AUTOSSUGESTÃO

> OBJETIVOS:
> - autossugestão para resolução de problemas;
> - reprogramação da mente inconsciente;
> - regeneração, equilíbrio e cura do corpo físico;
> - mudanças de hábitos;
> - cocriação do Novo Eu.

Após a prática dos exercícios de relaxamento do nível básico, a pessoa se encontra em um estado físico e mental extremamente propício e auspicioso para se autossugestionar e afetar a programação de sua mente inconsciente. Por isso, o nível II do Treino Autógeno consiste em aproveitar o estado de introspecção decorrente da auto-hipnose para fazer autossugestões por meio de afirmações positivas que expressem um objetivo ou sonho realizado.

O nível II do Treino Autógeno é especialmente indicado para:

- Resolução de problemas pessoais específicos em qualquer área da vida.
- Mudança de hábitos.
- Emagrecimento.
- Eliminação de vícios.
- Superação da medos.
- Redução do estresse.
- Melhora do sono.
- Regulação da pressão arterial.
- Cura de dores de cabeça tensionais e de problemas gastrointestinais.

Para aplicar o nível II, o praticante deve elaborar suas autossugestões previamente ao estruturar uma frase afirmativa, curta e motivadora que expresse seu problema resolvido, seu novo hábito saudável ou seu objetivo a ser realizado como sendo realidade no agora, por isso é preciso usar os verbos no tempo presente.

Quando estamos em estado de relaxamento e introspecção, naturalmente a frequência das ondas cerebrais diminui e, com isso, neutraliza-se os pensamentos aleatórios e resistência, de modo que é possível programar a mente inconsciente mentalizando ou verbalizando as frases de autossugestão.

Com a repetição consistente da prática, a mente inconsciente começa a aceitar as afirmações de autossugestão como verdadeiras e sua programação se altera, tornando-se compatível com a manifestação do Novo Eu e nova realidade desejadas.

Veja alguns exemplos afirmações positivas que funcionam como frases autossugestivas:

- Para problemas de insônia: *Eu durmo bem todas as noites e acordo revigorado.*
- Para emagrecer: *Eu consigo emagrecer com muita facilidade.*
- Para encontrar a alma gêmea: *Eu estou disponível para amar e ser amado.*
- Para prosperidade financeira: *O dinheiro vem a mim de formas inesperadas.*

NÍVEL III - NÍVEL SUPERIOR

> **OBJETIVOS:**
> - autoconhecimento;
> - autotransformação;
> - desenvolvimento pessoal;
> - realização de metas;
> - cocriação de sonhos.

Denominado de nível superior, o nível III vai além do relaxamento e propõe o emprego da visualização para aprofundar o estado de introspecção, desenvolver o autoconhecimento e focar a cocriação de sonhos e metas. O dr. Schultz não usou essa expressão, mas nós podemos perfeitamente chamar o nível III do Treino Autógeno de "nível da cocriação"!

A prática do nível III deve ser feita na sequência imediata da prática do nível I ou dos níveis I e II. Neste sentido, praticar o nível I é indispensável para acessar o relaxamento inicial e a prática do nível II é opcional – quem desejar pode fazer os exercícios do nível I e "pular" direto para o nível III.

Os exercícios do nível III são um pouco mais complexos, e sua sequência é dividida em sete fases que combinam imagens mentais com percepções sensoriais imaginárias, envolvendo a visualização de cores, objetos, cenários e imagens e cenas dos seus objetivos, metas, sonhos e realidade desejada.

Orientações para a prática do Treino Autógeno

- Posição: sentado ou deitado de barriga para cima.
- Se não quiser se preocupar em decorar a sequência dos exercícios, grave a condução com a sua própria voz, tendo o cuidado de falar devagar e deixar momentos de silêncio entre um exercício e outro.
- Repita os exercícios até que você consiga **sentir** o que está sendo proposto. Nas primeiras vezes, pode ser que você não sinta nada, mas tenha paciência e repita consistentemente até conseguir!
- Se você fizer a prática deitado, pode acabar adormecendo; mas mesmo se fizer sentado, pode acontecer de cochilar, pois o relaxamento é realmente muito profundo. Se isso acontecer, não se preocupe, pois é normal, especialmente nas primeiras vezes. Gradualmente, treine-se para permanecer completamente relaxado, porém acordado e consciente.
- A prática dos níveis I e II do Treino Autógeno não tem contraindicações – qualquer pessoa pode praticar, independentemente de idade e condição de saúde.
- A prática dos exercícios do nível III é **contraindicada** para crianças menores de 5 anos. Para pessoas com doenças cardíacas, epilepsia, esquizofrenia ou outras doenças mentais, emocionais e psicóticas, a prática dos exercícios do nível III é contraindicada sem consultar previamente um médico para a devida avaliação.
- É absolutamente contraindicado suspender, por conta própria, total ou parcialmente, qualquer tratamento médico em decorrência da prática dos exercícios do Treino Autógeno.

Script completo dos 3 níveis do Treino Autógeno

NÍVEL I

Sente-se ou deite-se confortavelmente, feche os olhos e faça algumas respirações lentas.
Mentalmente ou em voz baixa, diga a si mesmo: Estou completamente calmo e relaxado.

▶▶

Concentre sua atenção para sentir o peso do seu corpo.
Mentalmente ou em voz baixa, diga a si mesmo:
"Meus pés estão muito pesados."
"Minhas pernas estão muito pesadas."
"Minhas coxas estão muito pesadas."
"Meu quadril está muito pesado."
"Meu tronco está muito pesado."
"Meus ombros estão muito pesados."
"Meus braços estão muito pesados."
"Minhas mãos e meus dedos estão muito pesados."
"Meu pescoço e minha cabeça estão muito pesados."
"Estou completamente calmo e relaxado."

Concentre sua atenção para sentir o calor do seu corpo.
Mentalmente ou em voz baixa, diga a si mesmo:
"Meus pés estão quentes."
"Minhas pernas estão quentes."
"Minhas coxas estão quentes."
"Meu quadril está quente."
"Meu tronco está quente."
"Meus ombros estão quentes."
"Meus braços estão quentes."
"Minhas mãos e meus dedos estão quentes."
"Meu pescoço e minha cabeça estão quentes."
"Estou completamente calmo e relaxado."

Agora, concentre sua atenção no seu coração.
Mentalmente ou em voz baixa, diga a si mesmo 6 vezes:
"Meus batimentos cardíacos estão calmos e regulados..."
"Estou completamente calmo e relaxado."

Agora, concentre sua atenção na sua respiração.
Mentalmente ou em voz baixa, diga a si mesmo 6 vezes:
"Minha respiração está calma e regulada."
"Estou completamente calmo e relaxado."

Agora, concentre sua atenção na sua barriga.
Mentalmente ou em voz baixa, diga a si mesmo 6 vezes:

TREINO AUTÓGENO

▶▶
"Meu abdome está quente."
"Estou completamente calmo e relaxado."

Agora, concentre sua atenção na sua testa.
Mentalmente ou em voz baixa, diga a si mesmo 6 vezes:
"Minha testa está agradavelmente fria."
"Estou completamente calmo e relaxado."

Desfrute da sensação de relaxamento, calor e peso.
Quando estiver pronto, mentalmente ou em voz baixa, diga a si mesmo:
"Braços firmes, respire profundamente, olhos abertos."

[1 minuto de silêncio]

NÍVEL II

Agora, respire fundo mais uma vez.
E repita sua frase de autossugestão várias vezes, durante 4 minutos,
sentindo que a afirmação contida nela é real

[pausa de 4 minutos para repetir a frase como se fosse um mantra].

Agora, repouse em silêncio por 4 minutos.

[pausa de 4 minutos].

Mais uma vez, repita sua frase por 4 minutos.

[pausa de 4 minutos para repetir a frase como se fosse um mantra].

Mentalmente ou em voz baixa, diga a si mesmo:
"Braços firmes, respire profundamente, olhos abertos."

NÍVEL III

Volte a fechar os olhos e respire fundo mais uma vez.
Repita mentalmente: uma cor começa a aparecer em minha mente.
Perceba a cor.
Repita mentalmente: esta é a minha cor!
Contemple a sua cor por 4 minutos.

[pausa de 4 minutos de silêncio].

Então, comande: "a cor desaparece gradualmente."
Veja a cor desaparecendo.
Braços firmes, respire profundamente, olhos abertos.

Volte a fechar os olhos e respire fundo mais uma vez.
Comande que sua mente lhe mostre o objeto de sua preferência.
Repita mentalmente:
"Na mente eu vejo (seu objeto)
Este objeto é..."
Como é seu objeto?
O que é?
Qual o formato? O peso? A cor? A textura?
Analise e experiencie seu objeto
Então diga mentalmente ou em voz alta:
"Meu objeto desaparece agora"
E veja a imagem desaparecendo
Braços firmes, respire profundamente, olhos abertos.

Volte a fechar os olhos e respire fundo mais uma vez.
Peça que sua mente lhe mostre a imagem de um sentimento positivo que você deseja cultivar.
"Mente, me mostre a imagem da gratidão."
Veja e sinta a gratidão.

"Mente me mostre a imagem da autoconfiança."
Veja e sinta a autoconfiança.

[1 minuto de silêncio]

"Mente me mostre a imagem do amor."
Veja e sinta o amor.

[1 minuto de silêncio]

Então, veja a imagem desaparecendo.
Braços firmes, respire profundamente, olhos abertos.
Volte a fechar os olhos e respire fundo mais uma vez.
Veja se formar à sua frente um grande espelho.
Neste espelho você se vê como gostaria de ser...
Como você gostaria de ser?
Repita mentalmente: Eu me vejo neste espelho como uma pessoa (rica, magra, saudável, amada, bem-sucedida etc.)!
Permita-se sentir como é estar na pele do seu Novo Eu...
Desfrute do seu Novo Eu...

[1 minuto de silêncio]

Então, veja a imagem desaparecendo.
Braços firmes, respire profundamente, olhos abertos.

Volte a fechar os olhos e respire fundo mais uma vez.
Repita mentalmente:
Mente, me mostre a imagem de uma praia!
Eu me vejo caminhando pela praia, sentindo a textura da areia e o calor do Sol!
Eu me sinto muito calmo e relaxado!
Eu caminho passo a passo e vou entrando no mar!
Eu estou caminhando no fundo do mar agora!
Caso você se sinta desconfortável no fundo do mar, visualize-se carregando uma varinha mágica com a qual você cria uma bolha de proteção à sua volta.
Contemple o fundo do mar.

[1 minuto de silêncio]

Então, diga: "eu saio do fundo mar agora e regresso passo a passo à praia".
Braços firmes, respire profundamente, olhos abertos.
Volte a fechar os olhos e respire fundo mais uma vez.

Repita mentalmente:
Mente, me mostre uma linda montanha!
Eu me vejo subindo uma montanha!
Eu sinto cada passo que dou ao subir a montanha!
Eu me sinto confiante de que chegarei ao topo!
Eu me vejo no alto da montanha!
No alto da montanha, eu me sinto livre!
No alto da montanha, eu me sinto feliz!
No alto da montanha, eu me sinto seguro!
O que mais você sente? Sucesso, segurança, empoderamento...
Contemple a vista e sinta a liberdade.

[1 minuto de silêncio]

Então, diga: "eu desço passo a passo à base da montanha".
Braços firmes, respire profundamente, olhos abertos.

Volte a fechar os olhos e respire fundo mais uma vez.
Repita mentalmente:
Mente, me mostre meu apartamento dos sonhos! [só um exemplo, adapte o roteiro para qualquer sonho!]
Eu me vejo dentro do meu novo apartamento!
Eu me vejo na varanda, contemplando a vista!
Eu sinto o vento nos meus cabelos!
Experimente seu sonho realizado através da sua poderosa imaginação.
Desfrute do seu sonho, ele é real.

[1 minuto de silêncio]

Então, veja a imagem desaparecendo.
Braços firmes, respire profundamente, olhos abertos.

Capítulo 12
Autoterapia com imagens que cocriam instantaneamente

A autoterapia com imagens que cocriam instantaneamente é baseada no livro *Imagens que curam*[24] do médico psiquiatra estadunidense Gerald Epstein, que foi publicado há mais de vinte anos e até hoje ainda consiste num guia completo para a terapia com imagens, isto é, a visualização aplicada à cura de doenças físicas, mentais e emocionais, e à promoção e manutenção do bem-estar e da saúde em geral.

Segundo o dr. Epstein, suas técnicas de canalização de energia de cura são capazes de fazer de qualquer pessoa seu próprio curador. Estudando as relações entre a mente e o corpo, ele compreendeu que a mente exerce uma enorme influência no bem-estar físico da pessoa, determinando um estado de saúde ou de doença. Através da criação de imagens mentais por meio da visualização, é possível usar a mente para curar o corpo. Todos nós temos à nossa disposição a fabulosa "medicina da imaginação".

A visualização de imagens mentais é uma espécie de "sonho acordado", algo que parece um sonho, mas é uma viagem direcionada, controlada e consciente, uma experiência interior profunda e impactante. Basicamente, as imagens mentais são o resultado do processamento mental de pensamentos oriundos da linguagem não verbal, isto é, das figuras ou símbolos.

Nossos pensamentos são processados de várias maneiras, entre as quais a mais familiar é o pensamento lógico e verbal, que, desde o XVII, graças a

---

[24] EPSTEIN, G. **Imagens que curam**: práticas de visualização para a saúde física e mental. São Paulo: Editora Ágora, 2009.

René Descartes, é considerado mais relevante e, teoricamente, mais confiável, por ser a base do pensamento científico.

Contudo, também existem formas intuitivas, simbólicas, não verbais, não lógicas e não científicas de pensamento que operam constantemente em nossas mentes, em paralelo com o pensamento lógico, como é o caso do pensamento processado por imagens.

Enquanto usamos o pensamento lógico e verbal para nos comunicarmos com as outras pessoas e com a realidade externa em geral, usamos o pensamento não lógico das imagens mentais para nos comunicarmos com nossa realidade interna subjetiva. A compreensão é a de que enquanto a realidade externa e objetiva é formada por palavras, a realidade interna é formada por imagens.

Apesar de sermos educados desde pequenos para nos comunicarmos com a linguagem das palavras e, de certa forma, sermos habituados com ela, tomar consciência e praticar a linguagem das imagens demanda apenas um pouco de treino, pois é algo natural para nossas mentes e, inclusive, a linguagem das imagens é considerada como anterior à linguagem verbal, por isso, só precisamos dar-lhe atenção e a habilidade da visualização emergirá espontaneamente.

Embora a ciência ocidental ainda relute em permanecer no paradigma cartesiano da separação e da dualidade, na concepção de que a mente (energia) não interfere no corpo (matéria), a linguagem das imagens, por ter o poder de ativar reações e mudanças fisiológicas, evidencia incontestavelmente a total conexão entre mente e corpo.

Já sabemos que pensamentos negativos e emoções de baixa frequência estão intimamente ligados à manifestação de doenças e disfunções, bem como pensamentos e sentimentos positivos como alegria, amor e gratidão, ativam o sistema imunológico, promovendo a regeneração do corpo e manutenção da saúde física, mental e emocional.

O uso das imagens mentais através das técnicas de visualização, quando bem direcionado, é capaz de desprogramar pensamentos e sentimentos negativos e substitui-los por positivos, de modo que qualquer pessoa pode acessar a autonomia e o empoderamento da autocura.

Elementos fundamentais das imagens mentais e da visualização

Imaginar, criar imagens mentais e visualizar é um processo simples através do qual encontramos uma figura ou forma mental que corresponda à uma determinada realidade que desejamos manifestar.

Muitas vezes usamos as palavras "real" e "imaginário" como opostas ou antônimas, mas, na verdade, tanto aquilo que existe nas nossas criações mentais quanto aquilo que existe no mundo material são formas de realidade, uma vez que ambas possuem energia, diferenciando apenas com relação à massa ou substância física, que não está presente na realidade imaginária.

O fisicamente real e o mentalmente real são os extremos polares da realidade, por isso comunicam-se e estão interligados de modo que, apesar de ser mais comum as pessoas terem sua realidade interna determinada pela externa, é absolutamente possível que a realidade interna determine a realidade externa.

Basicamente, isso é o que define a habilidade de cocriar: quando você não permite mais que as circunstâncias daquilo que é fisicamente real determine sua realidade interna (pensamentos, sentimentos e emoções) e você assume o controle invertendo o fluxo, fazendo com que a sua realidade subjetiva determine a realidade objetiva, ou seja, você molda a matéria a partir da energia da sua realidade mental e emocional.

As imagens mentais que você acessa pelas técnicas de visualização são tão reais quanto as imagens da realidade objetiva e têm o poder de afetar seu corpo, bem como as circunstâncias externas da sua vida. Para usar as imagens mentais de modo a provocar a interferência da sua realidade interna, subjetiva e não material na sua realidade material, de acordo com o dr. Epstein, você deve observar quatro elementos fundamentais:

1. INTENÇÃO

A intenção, entendida como a ação mental voluntária que direciona nosso foco, é um componente fundamental da visualização. As suas intenções expressam ativamente a canalização de sua energia para a realização de um projeto ou desejo de grande magnitude ou mesmo de ações triviais como coçar o pé ou ir à cozinha beber um copo d'água, de modo que a sua intenção é a ação mental que precede tudo aquilo que você deseja ser, ter ou fazer.

Assim, ao se dispor a fazer um exercício de visualização, o primeiro passo é determinar uma intenção, isto é, o objetivo que deseja alcançar com a prática da técnica. Por exemplo, consolidar um osso fraturado, morar numa casa nova, encontrar um novo parceiro/a, passar num concurso, bater uma meta profissional, fazer uma viagem etc.

A intenção opera como uma instrução interna que vai programar seus pensamentos, sentimentos e comportamentos, como também suas células e moléculas, para que se alinhem com seu objetivo. Firmar uma intenção antes de praticar uma visualização potencializa o efeito positivo das imagens mentais, uma vez que lhe proporciona clareza sobre o que você quer.

A intenção também está intimamente relacionada com a vontade, que é a manifestação da energia vital aplicada para que você possa, diariamente, fazer escolhas e agir. Nesse sentido, a intenção funciona como uma instrução ou ordem dada à vontade, que permite direcioná-la para dentro, de modo que você possa ter domínio consciente sobre sua vida.

Normalmente, você orienta a sua vontade para agir na realidade externa, mas nos exercícios de visualização é preciso estabelecer uma intenção que direcione a sua vontade para agir em sua realidade interna, atuando tanto no corpo físico quanto na mente e nas emoções, promovendo as mudanças necessárias no nível fisiológico e também no nível sutil da Frequência Vibracional®.

2. TRANQUILIDADE

O segundo elemento que determina o sucesso do poder cocriador das imagens é a tranquilidade, externa e interna. Com relação à tranquilidade externa, para fazer as técnicas de visualização é preciso escolher um momento e um lugar adequados para que você consiga se dedicar à tarefa de se concentrar em sua realidade interna.

Claro, especialmente se você mora numa grande cidade, neutralizar totalmente os ruídos externos pode ser impossível, então a ideia é escolher o melhor local e horário, mas se por acaso houver barulho de trânsito, vizinhos, obras ou outro tipo, a ideia é você se trabalhar para não se incomodar, gastando sua energia sentindo raiva do barulho, pois isso vai inibir a criação das imagens mentais.

Com relação à tranquilidade interna, o objetivo é alcançar um estado de relaxamento do corpo e da mente, soltando e aquietando os músculos e diminuindo o fluxo de pensamentos aleatórios. Por isso, normalmente os exercícios de visualização começam com a orientação para respirar profundamente e relaxar o corpo.

3. LIMPEZA

A limpeza, terceiro elemento fundamental do uso das imagens mentais, é um dos primeiros e mais importantes passos para o sucesso da visualização. Num primeiro nível, a limpeza se refere à higiene do seu corpo e do seu ambiente (casa, carro, local de trabalho etc.), pois, de maneira geral, a limpeza física promove uma sensação de alívio e de bem-estar.

É impressionante como tomar um bom banho, estar com os cabelos e unhas limpos, usando roupas limpas, com a barba feita ou com a depilação em dia provoca uma poderosa sensação de bem-estar. Da mesma forma, contemplar seu ambiente limpo e organizado também é extremamente prazeroso.

Normalmente, sujeira é associada a doenças, a estados emocionais negativos e a todo tipo de escassez. Se você observar, regiões com esgotos a céu aberto e com índice significativo de poluição do ar, da terra e da água tendem a ser locais propícios à proliferação das doenças e da pobreza. Comumente, também, as pessoas com depressão mais severa tendem a se descuidar de sua aparência física, higiene pessoal e organização do ambiente.

Assim, se você deseja cocriar uma nova realidade usando as técnicas de visualização, é fundamental cuidar bem de si e do seu ambiente. Só isso já provoca uma mudança significativa na sua autoimagem e no seu estado emocional.

O outro nível da limpeza é a higiene interna: é ainda mais importante que você cuide da limpeza do seu ambiente interno, usando a auto-observação para reprogramar pensamentos e sentimentos negativos de baixa vibração, bem como ficar atento sobre quão limpas são suas relações com as outras pessoas.

Todas as emoções, pensamentos e sentimentos negativos, bem como eventuais "deslizes" morais e éticos são registrados e influenciam seu corpo, sua mente e sua realidade.

A ideia é que enquanto você estiver fazendo uso das técnicas de visualização (e quando não estiver também), você deve fazer um jejum muito rigoroso de reclamação, vitimização, julgamento, crítica, praguejamento, bate-boca, fofoca, egoísmo, acusação etc. E, por outro lado, ocupar-se com pensamentos, sentimentos e comportamentos de gratidão, perdão, alegria, amor, compaixão e benevolência.

Para encontrar a cura e a transformação que você busca, é indispensável fazer uma verdadeira faxina. A limpeza geral, externa e interna, é o pressuposto para a abertura dos olhos da mente e para o sucesso das técnicas de visualização. Usando as imagens mentais, é possível se livrar se sentimentos negativos e projetar luz sobre padrões autodestrutivos.

4. TRANSFORMAÇÃO

Tanto a Física Quântica quanto as doutrinas esotéricas milenares afirmam que a nossa percepção linear do tempo não é nada mais que um fluxo contínuo de mudanças.

Conforme a Medicina Tradicional Chinesa, as doenças do corpo físico decorrem de um bloqueio no fluxo de energia, isto é, um bloqueio ao movimento natural da energia do corpo, o que, em outras palavras, significa que existe uma resistência à natureza contingente, mutável e fluida da vida.

Basicamente, ao negar a natureza mutável do mundo, apegando-se a algo que se quer manter como permanente, problemas de todos os tipos são criados e, assim, as doenças físicas e as realidades desfavoráveis são criadas e mantidas.

Contudo, o alívio, a cura e a mudança que você busca estão relacionadas com o famoso "soltar" – coisas, pessoas, lugares, ideias, mágoas, controle, desespero, ansiedades e preocupações.

O "soltar" tem o poder de colocá-lo no fluxo, no movimento da vida, pois ao soltar, você interrompe qualquer processo de identificação com experiências e circunstâncias limitantes e começa a ter uma profunda sensação de bem-estar e liberdade.

O efeito benéfico das imagens mentais e visualizações depende totalmente do "soltar" e de se permitir a fluidez, afinal, se você está fazendo uma técnica assim, é porque você deseja uma mudança, então não faz sentido se manter apegado a seu status quo.

Quando você se propõe a dar asas à sua imaginação através das visualizações, o afastamento temporário do pensamento verbal contribui significativamente para que você aceite o fluxo das coisas.

Quando a imaginação e a linguagem imagética têm tanta importância quanto a linguagem verbal, abrem-se os caminhos para a mudança e para a renovação.

Rompida a identificação com as dores do passado e preocupações do futuro, você pode simplesmente apreciar uma sucessão de momentos presentes, totalmente no fluxo da cocriação, pronto para experimentar algumas das infinitas possibilidades que o Universo tem a oferecer.

Imagens e Emoções

As imagens mentais são pura energia, um fenômeno sem matéria, mas com a capacidade de interferir e alterar a matéria. Contudo, para que essa capacidade se manifeste, as imagens mentais precisam estar associadas com sensações e emoções.

Etimologicamente, emoção, palavra de origem latina, significa "movimento a partir de" ou "mover-se para fora", isto é, emoção equivale a movimento, e movimento é a própria essência da vida.

As emoções, de uma forma ampla, são as reações corporais que temos em decorrência de algum estímulo, que pode ser interno, como um pensamento, ou externo, como qualquer acontecimento na realidade que nos cerca.

Para um estudo completo e aprofundado das emoções humanas e da influência que elas exercem na sua capacidade de cocriar a realidade e na sua vida em geral, recomendo a leitura do meu terceiro livro, *DNA Revelado das Emoções*.[25]

As emoções estão intimamente ligadas às imagens mentais, na verdade, toda emoção pode se manifestar por uma imagem. As imagens dão forma às emoções e são os correspondentes mentais e visuais dos sentimentos. Você pode comprovar isso facilmente: de olhos fechados, tente ver a alegria (ou outro sentimento), sua mente prontamente lhe mostrará uma imagem para simbolizar! E o mais curioso é que as imagens não têm tempo, pode lhe vir uma imagem de uma cena alegre do seu passado ou uma imagem do futuro que você deseja.

As emoções e os sentimentos possuem sensações físicas associadas a eles, são reações que alteram nossa fisiológica e bioquímica, como, por exemplo, a aceleração ou relaxamento do ritmo cardíaco. As imagens mentais, enquanto símbolos visuais das emoções e sentimentos, também são acompanhadas de sensações físicas.

Ora, se apenas por pensar num determinado sentimento ou sensação a sua mente já cria uma imagem relacionada, o sentido oposto também é válido: se você criar primeiro uma imagem, ela vai despertar um sentimento que, por sua vez, vai causar alterações fisiológicas. Dessa forma, emoção e imagem são equivalentes, como os dois lados de uma equação.

É assim que as visualizações funcionam: você cultiva as imagens mentais com o objetivo de que elas produzam emoções, sentimentos e sensações para afetar seu corpo físico e, claro, também para elevar a sua Frequência Vibracional®.

As imagens e as visualizações decorrentes delas, por terem como plataforma o plano sutil e não material da mente, não operam submetidas às leis da física clássica, limitadas pelo espaço e tempo da realidade tridimensional ou condicionadas à separação cartesiana mente-matéria.

Por isso, quando trabalhamos com imagens, estamos operando sob as leis da Física Quântica, especialmente no tocante à formatação da matéria através da consciência, ou seja, a possibilidade de alterar nossos próprios corpos e nossa realidade externa, a partir da concepção newtoniana da lei da causalidade.

---

[25] OURIVES, E. **DNA Revelado das Emoções**. São Paulo: Gente, 2021.

Neste sentido, a visualização é um excelente recurso para a cocriação da realidade desejada, uma vez que com o uso das imagens você pode acessar as formas perfeitas, os potenciais da Matriz Holográfica®, independentemente de quão adversas e imperfeitas possam estar as condições externas.

Quando você experimenta as imagens mentais, transcende a dualidade e experimenta a unidade, a totalidade, a integridade de todas as formas e funções.

Imagens, Visualização e Saúde

Com relação à cocriação da cura de uma doença e restabelecimento da saúde, você pode usar as imagens para se conectar com a forma perfeita da parte do corpo físico para a qual busca a cura. O uso das imagens permite a reconexão dos corpos físico, mental e emocional para restaurar a integridade deles, e a cura é decorrente da restauração da unidade.

A unidade a ser restaurada é a unidade mente-corpo, a qual, na verdade, nunca se desfez nem jamais se desfará, uma vez que ambos são aspectos indissociáveis da consciência humana encarnada. A superação, na verdade, é em relação à percepção de separação, pois a separação, de fato, nunca ocorreu, exceto conceitualmente.

Pela perspectiva da unidade mente-corpo, é possível compreender que sintomas físicos são reflexos das questões emocionais. Dessa forma, quando a doença se manifesta no corpo físico, normalmente os tratamentos da medicina ocidental convencional funcionam apenas como paliativos, e a condição da cura está em olhar também para as próprias emoções, que são a fonte das questões físicas.

Neste sentido, as doenças do corpo físico, apesar de desagradáveis e limitantes, têm a função muito importante de chamar a sua atenção para que olhe para dentro de si a fim de encontrar o que verdadeiramente precisa curar para voltar ao seu estado de integridade.

Comprovações científicas da autoterapia com imagens

As imagens mentais, enquanto um processo complexo de pensamento que invoca e aplica os sentidos não só da visão, mas também da audição, olfato, paladar, sentidos do movimento, posição e tato, funcionam como um mecanismo de comunicação entre percepção, emoção e mudança corporal.

Como eu já expliquei, pensar por meio de imagens é uma faculdade natural da mente humana, a qual pode ser exercida de maneira inconsciente e espontânea ou de modo intencional. O dr. Epstein ensina que quando você se apropria e domina essa faculdade mental espetacular, pode direcioná-la para fazer contato com a sua realidade subjetiva interna e afetá-la em conformidade com os seus interesses e objetivos.

Quando você cria imagens mentais propositadamente e visualiza uma determinada cena, afeta a atividade e configuração das redes neurais do seu cérebro, o que reverbera em todo o seu corpo físico, bem como nas suas emoções e vibração energética. Sendo assim, as imagens mentais que você projeta por meio da sua imaginação funcionam como um mecanismo de integração entre os seus corpos físico, mental, emocional e energético.

Como a psicóloga estadunidense Jeanne Achterberger[26] explica, os dois hemisférios do córtex cerebral são conectados por um feixe de fibras nervosas denominado de corpo caloso. Os neurônios dessa estrutura são responsáveis pelo intercâmbio de informações entre os dois hemisférios, sincronizando as imagens não verbais responsáveis por processar os pensamentos com o processamento das informações emocionais, de modo que as imagens visualizadas afetam diretamente o sistema nervoso.

Quando você relaxa e comanda a criação de imagens mentais, pensa no que deseja visualizar de maneira lógica e racional a partir do hemisfério esquerdo do seu cérebro, então, instantaneamente, a informação é transmitida ao hemisfério direito, o qual traduz seus pensamentos em imagens – é por isso que você visualiza. Entre o hemisfério direito do córtex cerebral e o sistema límbico há uma extensa rede de conexões neurais pelas quais as informações são transmitidas – é por isso que você sente emoções ao visualizar.

Jeanne Achterberger explica que durante a prática da visualização, os hemisférios cerebrais operam sincronizados: enquanto o hemisfério esquerdo faz a conexão com o meio externo, expressa por meio do pensamento lógico e da linguagem, o hemisfério esquerdo faz a comunicação entre a consciência e o meio interno por meio das imagens e das emoções.

Desde o final do século passado, os pesquisadores da área da psiconeuroimunologia[27] – ciência que se refere à interligação dos sistemas psíquico, neuroendócrino e imunológico, e estuda a interação entre o sistema

---

26 ACHTERBERG, J. **A imaginação na cura**. São Paulo: Summus, 1996.
27 SIMONTON, C. **Com a vida de novo**. São Paulo: Summus, 1987; LAWLIS, F. **Medicina transpersonal**. Barcelona: Paidós, 1999; AZAMBUJA, R. A dermatologia integrativa: a pele em novo contexto. **Anais Brasileiros de Dermatologia**, Rio de Janeiro, v. 2, n. 75, p. 393-420, jul-ago 2000.

nervoso central (SNC) e o sistema imunológico – acumulam evidências a respeito dos efeitos positivos da visualização como meio de comunicação entre mente e corpo, o que muito contribuiu para o estabelecimento de um modelo integrativo do processo saúde-doença.

Na Psicologia da Saúde, o relaxamento e a visualização já se provaram uma ferramenta de enorme eficácia no auxílio ao tratamento de doenças. As experiências com visualizações têm o poder de despertar a consciência e facilitar a compreensão do processo saúde-doença, no sentido de que corpo e mente estão intrinsecamente conectados e que as emoções gatilhadas pela prática da visualização afetam a mente e provocam alterações no corpo.

A autoterapia com imagens, efetivamente, é uma poderosa ferramenta de cura física, uma vez que as imagens visualizadas na intenção da cura têm a capacidade de estimular a regulação do sistema imunológico para promover a restauração da saúde e o bem-estar em geral.

A professora e pesquisadora da PUC-SP Denise Ramos,[28] em seu livro *A psique do corpo: uma compreensão simbólica da doença*, defende a ideia de que todas as doenças podem ser consideradas como psicossomáticas (manifestação no corpo físico de padrões emocionais negativos). A também pesquisadora da PUC-SP, Rosa Maria Farah, pioneira nas interfaces entre a psicologia e a tecnologia, constatou que padrões específicos de pensamentos e imagens mentais provocam alterações fisiológicas como mudanças na pressão arterial, consumo de oxigênio e eliminação de dióxido de carbono, afetando a saúde do corpo físico.[29]

Também foi comprovado que a visualização é um excelente recurso no tratamento complementar de doenças orgânicas, atuando na integração mente e corpo[30] no sentido de que a mente, por meio dos pensamentos, imagens e emoções afeta a bioquímica e o sistema nervoso.

Outro estudo feito com voluntárias mulheres portadoras de fibromialgia, comprovou que a visualização promoveu uma diminuição no padrão e

---

28 RAMOS, D. G. **A psique do corpo:** uma compreensão simbólica da doença. São Paulo: Summus, 2007

29 FARAH, R. **Integração psicofísica:** o trabalho corporal e a psicologia de C. G. Jung. São Paulo: Robe, 1995.

30 ELIAS, A.; GIGLIO, J. Intervenção psicoterapêutica na área de cuidados paliativos para ressignificar a dor simbólica da morte de pacientes terminais através de relaxamento mental, imagens mentais e espiritualidade. **Revista Psiquiatria Clínica**, v. 29, n. 3, 116-132, 2002. Carvalho, M. M. **Introdução à psiconcologia**. São Paulo: Editorial Psy, 1994.

intensidade de dor;[31] outro[32] comprovou que a visualização promove o alívio de dores causadas por tensão muscular, tensão pré-menstrual, arritmias cardíacas, insônia, infertilidade e outros sintomas relacionados ao câncer e à AIDS, bem como promove o alívio do estresse em casos de psoríase, asma e hiperatividade, uma vez que a visualização estimula o corpo a reagir às imagens mentais e emoções decorrentes delas como se fossem decorrentes de uma experiência fisicamente real.

Mais um estudo, feito com pessoas em tratamento oncológico, demonstrou que a prática de visualização ajuda o paciente e seus familiares a lidarem com o estresse da doença e favorece a cura e restauração integral da saúde.[33]

Ainda na área da oncologia, outra pesquisa verificou que a visualização atua na redução da carga emocional, índices de estresse, imunidade celular e níveis de depressão e ansiedade em mulheres em tratamento radioterápico para câncer de mama.[34]

Carl Simonton, médico oncologista, em seu livro *Com a vida de novo*,[35] ressalta que atividade da imaginação, por meio das visualizações, favorece a mobilização do potencial de autocura do corpo.

Autoterapia com imagens que cocriam instantaneamente – SCRIPTS

Agora, quero compartilhar com você alguns scripts de visualizações inspiradas nas técnicas desenvolvidas pelo dr. Epstein e adaptadas por mim, contextualizadas na cocriação de sonhos.

Os scripts estão divididos em suas categorias: autoterapia com imagens para a cocriação de saúde física e autoterapia com imagens para cocriação de saúde emocional.

---

31 SOUZA, L.; Quayle, J. Técnicas de relaxamento e fibromialgia: estudo comparativo com as técnicas de visualização e de Jacobson. **Psicologia Hospitalar**, v. 1, n. 2, p. 53-67, 2003.

32 ROSSI, A M. **Visualização**. Rio de Janeiro: Rosa dos Tempos, 1995.

33 COSTA JUNIOR, A. L. O Desenvolvimento da Psiconcologia: Implicações para a Pesquisa e Intervenção Profissional em Saúde. **Psicologia Ciência e Profissão**, v. 2, n. 21, p. 36-43, 2001.

34 NUNES, D. F. T. **O uso da técnica de relaxamento e visualização como coadjuvante no tratamento de pacientes portadoras de câncer de mama**. 2005. 100 f. Dissertação (Mestrado) - Curso de Psicologia Clínica, PUC-RS, Porto Alegre.

35 SIMONTON, C. **Com a vida de novo**. São Paulo: Summus, 1987.

Sugiro que você grave com a sua própria voz o roteiro que pretende usar, adaptando-o e personalizando-o em conformidade com as particularidades da cura que deseja cocriar.

SAÚDE FÍSICA

1. TÉCNICA BÁSICA DE CURA

Nome da técnica: Cura Egípcia
Indicação: essa técnica pode ser usada para qualquer problema em qualquer parte do corpo (órgãos, tecidos, músculos, ossos, membros etc.).

Sente-se confortavelmente.
Braços e pernas descruzadas.
Feche os olhos.
Relaxe, solte o corpo.
Inspire profundamente e exale lentamente por três vezes.
Visualize-se em pé num campo bem amplo, recoberto por uma linda grama verde, num dia ensolarado muito agradável.
Visualize que você está se espreguiçando, erguendo os braços em direção ao Sol.
Veja seus braços se tornando muito, muito longos, estendendo-se com as palmas das mãos viradas para cima, em direção ao Sol.
Visualize a luz dos raios do Sol penetrando pelas palmas das suas mãos e saindo por cada um dos seus dez dedos.
Se você for destro, visualize que no fim de cada raio dos dedos da sua mão direita existem pequenas mãozinhas de luz, e que no final de cada raio da sua mão esquerda existem pequenos olhos.
Se você for canhoto, visualize as mãozinhas nas pontas dos raios que saem dos dedos da sua mão esquerda e visualize os olhinhos nas pontas dos raios que saem dos dedos da sua mão direita.
Então, mentalmente, coloque as suas mãos sobre o seu corpo.
Com a mão que tem os olhinhos, veja dentro do seu corpo e procure os locais onde há dor ou alguma disfunção.
Com a outra mão, mentalmente, use as mãozinhas de luz para iluminar o local.
Visualize que suas mãozinhas de luz podem se transmutar na forma de qualquer instrumento de cura: escovas de cerdas douradas para limpar, pistolas de raios laser para curar, bisturis dourados para operar, um aspirador dourado

▶▶

de células doentes, potes de unguentos dourados e azuis para cicatrizar e também fios dourados para suturar.
Visualize-se iluminando com uma mão, e com a outra, utilize o instrumento de cura mais adequado para o seu caso, realizando, com muita calma, uma cirurgia em você mesmo, através da qual remove toda doença e toda dor.
Com suas mãozinhas de luz, junte todo o lixo e todos os resíduos do procedimento e jogue para trás, por cima do seu ombro.
Visualize-se elevando novamente seus braços com as palmas das mãos voltadas para cima em direção ao Sol.
Comande que as mãozinhas, os olhinhos e os raios de luz se recolham para dentro das palmas das suas mãos para serem reutilizados posteriormente.
Respire fundo, agradeça e abra os olhos.

2. CÂNCER

Nome da Técnica: As Mãos de Deus
Intenção: Remover o câncer.

Feche os olhos e respire três vezes.
Visualize que você é as mãos de Deus.
Respire mais uma vez, vendo suas mãos como sendo as mãos do Criador.
Toque a área afetada, limpando-a suavemente de toda sujeira e contaminação.
Coloque tudo em ordem.
Então, respire mais uma vez e veja seu corpo em perfeitas condições.
Seu rosto está alegre e sorridente e sua mente trabalha do modo mais adequado.
Goste de si e visualize-se sendo lavado pela luz clara do Sol vinda de cima.
Orgulhe-se do corpo que você construiu.
Então, agradeça e abra os olhos.

3. CARDIOPATIAS EM GERAL

Nome da técnica: As Flechas da Dor
Intenção: Curar o coração e aliviar a dor no coração.

Feche os olhos e respire três vezes.
Desabotoe seu peito, como se ele fosse uma camisa de botões.
Retire seu coração.
Visualize que ele está cheio de flechas de dor, que foram acumuladas ao longo da sua vida.
Remova todas as flechas de dor, uma por uma.
Jogue as flechas para cima, entregando-as ao Universo.
Limpe todos os pontos feridos onde as flechas estavam.
Massageie suavemente o coração.
Diga a ele "eu amo você".
Coloque seu coração de volta no peito e feche os botões.
Sinta seu coração funcionando perfeitamente.
Respire fundo, agradeça e abra os olhos.

4. ALÍVIO DA DOR (EM GERAL)

Nome da técnica: O Pássaro da Ajuda
Intenção: Cessar a dor.

Feche os olhos e respire uma vez.
Visualize um lindo pássaro dourado à sua frente.
Olhe para ele e peça que ele leve sua dor para bem longe.
Veja o pássaro bicar a dor e sair voando com ela.
Respire fundo, agradeça e abra os olhos.

5. CISTOS, MIOMAS, PÓLIPOS OU TUMORES (BENIGNOS)

Nome da Técnica: O Laser Curativo
Intenção: Eliminar tumor, mioma, cistos ou pólipos.

Feche os olhos e respire três vezes.
Visualize-se entrando no seu corpo por qualquer abertura.

AUTOTERAPIA COM IMAGENS QUE COCRIAM INSTANTANEAMENTE 155

Leve uma luz consigo.
Encontre o caminho até o local do cisto/pólipo/tumor.
Ilumine e examine, veja o tamanho, o formato e a cor.
Visualize que você tem em suas mãos uma pistola de raio laser azul.
Mire no cisto/pólipo/tumor e dispare o laser.
Visualize que ele começa a encolher, desidratar e ressecar.
Visualize a base do cisto/pólipo/tumor, onde ele está "plantado".
Agora, sua pistola de laser, possui raios dourados.
Use o laser dourado para cortar, com um movimento circular, ao redor da base do cisto/pólipo/tumor ressecado, e remova-os com a mão.
Sinta qual é a cor certa de laser e dispare novamente sua pistola para promover o crescimento de células saudáveis no local.
Veja a área toda curada parecer exatamente igual ao tecido saudável em volta.
Saia de seu corpo pela mesma abertura por onde entrou.
Respire fundo, agradeça e abra os olhos.

6. EMAGRECIMENTO

Nome da técnica: Vendo-se ao Espelho
Intenção: Perder peso, emagrecer.

Feche os olhos e respire 3 vezes.
Visualize-se em pé diante de um espelho.
Veja-se mais magro no reflexo, com seu peso ideal.
Entre no espelho e se funda com a imagem do seu "eu magro".
Repare nas sensações que você experimenta.
Saia de dentro do espelho e fique novamente em pé frente a ele.
Empurre a imagem do seu "eu magro" com a mão direita para o lado direito fora do espelho.
Agradeça e abra os olhos.

Nome da técnica: Reestruturando o seu corpo.
Intenção: Perder peso, emagrecer.
OBS: Antes de começar, verifique suas medidas corporais e anote para mensurar seus resultados. Após a terceira semana, pare os exercícios por

7 dias e depois verifique as medidas das partes do seu corpo que deseja reduzir o tamanho. Se tiver alcançado os resultados desejados, não desanime, repita tudo por mais 2 ciclos de 21 dias de exercícios intercalados com 7 dias de descanso. Continue com este trabalho pelo tempo que for necessário para obter o resultado que deseja.

Primeira semana:
Cerca de 20 a 30 minutos antes de comer.
Sente-se em uma cadeira, feche os olhos e puxe apenas uma inspiração bem profunda.
Imagine que seu corpo é todo retrátil e comece a se recolher.
Visualize e sinta todas as suas extremidades se dobrarem para dentro rapidamente.
Recolha seus dedos das mãos para dentro das mãos e seus dedos dos pés para dentro dos pés.
Recolha suas mãos para dentro dos punhos e os pés para dentro dos tornozelos.
Recolha seus punhos e braços até os seus ombros e seus tornozelos e pernas até a virilha.
Recolha sua cabeça e pescoço para dentro do tronco.
Enfim, tudo se dobra para dentro do abdome, sob o diafragma.
Exale o ar e visualize uma fumaça cinza sair e se evaporar.
Repita o processo 3 vezes, na velocidade de sua inspiração.
Depois disso, levante-se da cadeira e vá até perto de uma parede.
Vire-se para o norte.
Estique-se para cima, levantando os calcanhares e forçando os braços para o alto.
Volte a ficar em pé normalmente.
Faça um quarto de volta para a direita, estique-se novamente, levantando os calcanhares, mas, dessa vez, erguendo e esticando apenas seu braço direito.
Volte à postura normal.
Faça outro quarto de volta para a direita e estique-se mais uma vez com os calcanhares elevados e estique e alongue os dois braços.
Volte à postura normal.
Faça mais um quarto de volta, estique-se e, com os calcanhares levantados, erguendo e esticando apenas seu braço esquerdo.
Volte à postura normal.
Repita o processo mais duas vezes, dando mais duas voltas.

Segunda semana

Continue com o exercício da primeira semana e acrescente a seguinte prática:
Quando você se sentar para comer, conte para o seu corpo quais são os componentes da sua refeição.
Comande para que ele absorva somente os nutrientes que precisa e elimine o que for desnecessário.
Faça isso em todas as refeições durante as 2 semanas seguintes.

Terceira semana

Continue com os exercícios da primeira e da segunda semana e acrescente a seguinte prática:
De 20 a 30 minutos antes de comer, depois dos exercícios de se dobrar e de se esticar, sente-se novamente, feche os olhos, inspire e curve-se para frente a partir da cintura, elevando suas pernas e esticando-as enquanto estende seus braços bem à sua frente.
Na expiração, veja seus braços e pernas se estenderem à sua frente, tocando alguma estrutura que fique a uma grande distância de você (por exemplo, um prédio ou monumento localizado num bairro distante de onde você mora).
Em seguida, relaxe.
Repita essa parte do exercício mais duas vezes.

SAÚDE EMOCIONAL

7. RAIVA

Nome da técnica: Da raiva à criatividade
Intenção: transmutar a raiva em energia criativa.

Feche os olhos e respire três vezes, focando sua consciência na exalação.
Visualize a raiva que você está sentindo como uma onda de chamas diante de seus olhos.
Respire fundo mais duas focando na sua exalação e observando as chamas à sua frente.
Então, entre nessas chamas.
Imediatamente, visualize e sinta uma chuva forte caindo e apagando as chamas.

Sinta que sua raiva desapareceu com as chamas que foram apagadas pela chuva.
À medida que as chamas desaparecem, saiba que a raiva também desapareceu.
Respire fundo, agradeça e abra os olhos.

8. ACREDITAR QUE SUA COCRIAÇÃO JÁ É REAL

Nome da técnica: Ponte Arco-Íris da Esperança
Intenção: desenvolver esperança e fé na cocriação da sua nova realidade.

Feche os olhos e respire três vezes, focando sua consciência na exalação.
Inspire brevemente pelo nariz e faça uma exalação longa e lenta pela boca.
Visualize-se cruzando uma ponte de arco-íris.
Visualize a sequência de cores da sua ponte.
Caminhe devagar, passando por uma cor de cada vez.
Amarelo, laranja, vermelho, verde, azul, índigo e violeta.
A cada cor pela qual você passar, torne-se essa cor.
Quando for passar de uma cor a outra, exale lentamente pela boca.
Que sentimentos e sensações você experimenta?
Que aspecto de sua alma, sua natureza invisível, cada cor oferece a você?
Chegando à última cor, visualize-se no final do arco-íris.
Torne-se um com o arco-íris inteiro, deixe que ele seja o seu arco-íris interior.
E se sinta renovado e cheio de esperança.
Inspire profundamente uma vez e veja rapidamente a imagem do seu futuro, do seu sonho já realizado.
Repita mentalmente: está feito, está feito, está feito!
Exale pela boca.
Agradeça e abra os olhos.

9. PENSAMENTOS NEGATIVOS E RESISTÊNCIA DA MENTE

Nome da técnica: Escapando da prisão
Intenção: libertar-se da prisão mental, dos pensamentos negativos persistentes e da resistência.

Feche os olhos e respire três vezes, focando sua consciência na exalação.
Inspire brevemente pelo nariz e faça uma exalação longa e lenta pela boca.
Visualize-se dentro de uma prisão – olhe ao seu redor, veja as paredes e as grades dessa prisão, observe a escuridão.
Agora, procure a chave para abrir a porta da cela e, em seguida, abrir as portas da prisão.
Encontre essas chaves!
Abra a porta da sua cela, caminhe pelos corredores e abra o portão principal da prisão.
Então, saia levando a chave com você.
Visualize o guarda no portão e diga para ele: "estou saindo agora".
Veja que ele acena que sim, consentindo a sua saída.
Agradeça e caminhe em frente.
Veja uma escada com três degraus altos.
Suba esses degraus lentamente.
No topo, encontre uma última porta.
Abra-a e passe por ela tranquilamente.
Então, feche e tranque essa porta.
Como você se sente?
Respire fundo, agradeça e abra os olhos..

10. LIMPEZA DE TRAUMAS

Nome da técnica: Exercício de reversão do trauma
Intenção: Para mudar a memória do evento traumático.

Feche os olhos e faça uma exalação longa e lenta seguida por uma inalação breve ou normal, não exagerada.
Imagine-se na cena que lhe causou trauma.
Exale novamente de maneira lenta.
Visualize uma linda luz chegando até você e iluminando todo seu ser.

Agora, direcione essa luz para alterar a memória desse momento.
Faça isso da maneira que puder.
O seu objetivo não é alterar o que aconteceu, mas apenas alterar a memória do que aconteceu.
Não existem regras para isso.
Tampouco se aplicam nessa situação as regras do espaço-tempo tridimensional.
Na sua imaginação, tudo pode acontecer, tudo é possível.
Decrete que essa memória está alterada e assim será.
Sinta a memória sendo modificada e observe a sensação física que vem junto com essa mudança.
Observe a nova sensação física.
Guarde essa nova sensação para você.
Agradeça, expire e abra os olhos.

11. LIBERTAÇÃO DE VÍCIOS

Nome da técnica: A escada de ouro
Intenção: desprogramação e libertação de vícios em geral.

Feche seus olhos e faça uma lenta e longa exalação pela boca.
Inspire normalmente pelo nariz.
Continue respirando de modo que suas exalações sejam mais longas e lentas do que as inspirações.
Bem consciente da sua respiração, continue expirando pela boca e inspirando pelo nariz.
Repita essa respiração por cinco vezes.
Agora, na próxima expiração longa, visualize uma enorme escada dourada em meio a um lindo campo de grama bem verdinha.
Suba o primeiro degrau dessa escada e fique em pé parado.
Então, olhe para si – veja o que você está vestindo, veja a sua expressão facial e veja em suas mãos um objeto ou substância que representa o vício do qual você quer se libertar.
Suba para o segundo degrau e, então, para o terceiro degrau.
Olhe ao seu redor, para cima e para baixo, para um lado e para o outro – examine o ambiente à sua volta.
Olhe novamente para si – veja o que você está vestindo, veja o objeto ou substância que representa o vício e observe como você se sente.

Expire mais uma vez soltando o ar bem devagar e suba lentamente até o quinto degrau.
Mais uma vez, olhe ao redor, ao seu redor, para cima e para baixo, para um lado e para o outro – examine o ambiente à sua volta.
Olhe novamente para si – veja o que você está vestindo, veja o objeto ou substância que representa o vício e observe como você se sente.
Expire mais uma vez soltando o ar bem devagar e suba lentamente até o oitavo degrau e repita o processo de observar a si mesmo e como se sente.
Então, suba lentamente mais um degrau, até chegar ao nono e repita o processo de observar a si mesmo e como se sente.
Devagar, suba mais um degrau – agora você está no décimo degrau.
Observe uma última vez a aparência do objeto ou substância que você está segurando e, então, jogue-o para trás, sem olhar.
Perceba como você se sente.
Em seguida, desça a escada o mais rapidamente que puder e, quando chegar à grama, à base da escada, observe a sua aparência, suas expressões faciais, como está vestido e como você se sente.
Saiba que você está se libertando do vício.
Perceba a sensação de estar livre.
Agradeça, exale lentamente e abra os olhos.

12. ANSIEDADE

Nomes das técnicas: capa de seda branca, tempestade no deserto, labirinto espiral colorido e águas calmas
Intenção: neutralização da ansiedade.

Técnica da capa de seda branca

Feche os olhos, expire lentamente e inspire normalmente – faça isso três vezes.
Visualize na sua frente uma capa de seda branca.
Vista-se com ela e comece a voar por cima de tudo que lhe causa ansiedade, medo e preocupação.
Perceba esses sentimentos desaparecendo.
Como você se sente?
Agradeça e abra os olhos.

Técnica da tempestade no deserto

Feche os olhos, expire lentamente e inspire normalmente – faça isso três vezes.
Visualize-se em um deserto carregando uma mochila.
Caminhe pelo deserto e perceba uma nuvem de escuridão aparecendo à sua frente.
Você sabe que isso significa que uma tempestade de areia de ansiedade está vindo em sua direção.
Conforme ele se aproxima, visualize-se pegando de dentro da sua mochila uma barraca dobrada.
Desdobre-a e arme-a, cravando as quatro estacas no lugar e levantando a tenda.
Entre na barraca e feche o zíper.
Sente-se pacificamente em sua tenda enquanto ouve a areia soprando ao redor e sobre a tenda. Saiba que quando você ouvir a tempestade de areia passar completamente, sua ansiedade terá passado.
Agradeça e abra os olhos.

Labirinto espiral colorido

Feche os olhos, expire lentamente e inspire normalmente – faça isso três vezes.
Visualize-se passando por um labirinto espiral colorido.
Agora, veja-se saindo desse labirinto tranquilamente.
Sinta que sua ansiedade se foi.
Agradeça e abra os olhos.

Água calma

Feche os olhos, expire lentamente e inspire normalmente – faça isso três vezes.
Visualize-se e sinta todo o seu ser se tornando a superfície das águas calmas, refletindo o céu estrelado da noite.
Quando estiver totalmente entregue a essa imagem, sinta que sua ansiedade se foi.
Agradeça e abra os olhos.

Capítulo 13
Origem e conceito de arquétipo

Arquétipo é uma palavra de origem grega em que "arque" significa antigo, primordial, primário, original, primazia ou superior e "tipo" significa forma, formato, modelo ou molde. Então, etimologicamente, "arquétipo" quer dizer algo como "forma primordial".

O conceito de arquétipo está presente em toda a história da humanidade, permeando doutrinas filosóficas, religiosas, mitológicas, psicológicas, literárias, antropológicas, metafísicas e esotéricas. Contudo, foi o grande filósofo grego Platão quem primeiro concebeu e sistematizou o conceito de arquétipo em sua Teoria das Ideias.

Na Teoria das Ideias, Platão postulou que existem duas esferas, dimensões ou "mundos": o mundo das ideias e o mundo das coisas. O "mundo das ideias" seria uma dimensão invisível da realidade, composta pelas ideias ou formas originais e perfeitas de todas as coisas que existem, enquanto o mundo das coisas seria a dimensão visível, formada por cópias imperfeitas das ideias. Conforme sugere na famosa Alegoria da Caverna, a realidade, tal como a percebemos, é uma ilusão, uma mera projeção ou sombra imperfeita e desfocada das formas ou ideias perfeitas do Universo.[36]

Portanto, o mundo das ideias é o mundo dos arquétipos, uma dimensão sutil e transcendente, não física e não material, a qual não pode ser captada com os sentidos físicos, e corresponde ao que nas doutrinas esotéricas se denomina de Mente de Deus e ao que na Física Quântica se chama de Campo Quântico.

Enquanto a realidade física e visível está sujeita a percepções e interpretações subjetivas e contingentes, a realidade invisível dos arquétipos é objetiva, impessoal, imparcial, universal e eterna, correspondendo às formas energéticas puras que são impressas na consciência humana no momento da emanação, e anterior a qualquer encarnação num corpo físico.

Isso quer dizer que todas as informações arquetípicas de perfeição, harmonia, alegria, sabedoria, abundância, amor, liberdade e poder já estão em nossas consciências, são nossa "configuração de fábrica", e o que faz de cada um de nós a imagem e semelhança do Criador. Neste sentido, os arquétipos, enquanto emanação da Consciência Superior do Criador, são nossa própria Centelha Divina, a expressão Deus na consciência humana.

E por que não acessamos essas informações e vivemos uma vida plena e feliz de maneira espontânea? Porque quando nascemos na Terra, nos esquecemos de quem realmente somos e desenvolvemos um ego que opera como um véu que nos mantém na ilusão dos sentidos, assumindo uma identidade e um papel na família, na sociedade e no mundo que nos impede de enxergar a Realidade Última.

Por que isso acontece? Bem, esse é o grande mistério da vida! Uma explicação simples seria "porque Deus quis assim e pronto!". Contudo, doutrinas esotéricas como o Hermetismo oferecem a explicação de que é por meio de nossas experiências físicas que o Criador experimenta o mundo, e Ele faz isso por meio de nossas consciências, que têm o objetivo último de aprender, evoluir, crescer, o que pressupõe realmente experienciar a vida, os relacionamentos e todos os desafios inerentes ao plano físico.

Em suas idas e vindas ao plano físico, a consciência faz uma magnífica jornada cujo objetivo é experimentar os contrastes para transcender a ilusão da separação e se reconhecer como pura emanação da Fonte, processo que na Bíblia se chama "retorno à casa do Pai". Neste "passeio" da consciência, os arquétipos operam como uma bússola (ou um GPS), norteando o comportamento humano para sua evolução em alinhamento com a Energia Primordial do Criador.

É por isso que conhecer os arquétipos é tão importante, pois fazer essa jornada da consciência sem a orientação deles equivale a dirigir em uma estrada desconhecida ou navegar em alto-mar sem informações.

A linguagem dos Arquétipos

Você já deve ter ouvido a frase popular "uma imagem vale mais que mil palavras" – na verdade, apesar de parecer um ditado popular, essa frase foi dita há aproximadamente dois mil e quinhentos anos por Confúcio, filósofo chinês. Essa é justamente a ideia dos arquétipos, pois a energia e informação que carregam se expressam pelos símbolos em si, possuindo um poder infinitamente superior às palavras.

A linguagem dos arquétipos é totalmente não verbal – é simbólica, imagética e emocional. Essa é também a linguagem do Universo, da Matriz Holográfica® e da sua própria mente inconsciente. Os símbolos e as imagens possibilitam uma comunicação em um nível mais profundo e transcende as limitações da linguagem verbal, que é imposta pela racionalidade, pela intelectualidade da mente consciente, da sede do ego.

A linguagem não verbal dos símbolos arquetípicos atua diretamente na sua mente inconsciente de modo subliminar – você não precisa saber que está sendo influenciado por um arquétipo, os efeitos são independentes da sua vontade consciente ou da sua compreensão intelectual sobre o conceito.

Arquétipos e Física Quântica

Na perspectiva da Física Quântica, que apesar de fundamentada nos rigores científicos, curiosamente coincide com a compreensão metafísica, os arquétipos não são desta dimensão, eles não possuem existência concreta em nossa realidade tridimensional.

Contudo, embora não possuam massa, eles são entidades feitas de átomos cujos elétrons se encontram na polaridade de onda, de pura energia autoconsciente, e portanto, em última instância, em uma visão baseada na Física, os arquétipos são ondas eletromagnéticas.

Eles não estão na nossa dimensão material, mas se relacionam com a matéria através da consciência, na qualidade de precedente energético de tudo que já se manifestou em algum momento do tempo linear ou pode vir a se manifestar no plano físico.

Em outras palavras, os arquétipos, como frequências eletromagnéticas de outra dimensão, coincidem com as infinitas possibilidades que se encontram em estado de superposição na Matriz Holográfica®. Tudo que você pode imaginar e desejar, você só imagina e deseja porque seu desejo já existe como uma consciência arquetípica em estado de onda e informação.

Quando você conhece os arquétipos, pode intencionalmente trabalhar para incorporar as características que deseja, a fim de elevar sua Frequência Vibracional® e sintonizar os potenciais que deseja manifestar na sua realidade física.

Arquétipos conforme as Neurociências

Por serem ondas eletromagnéticas de energia viva, pulsante e autoconsciente, os arquétipos têm o poder de influenciar nossos pensamentos, sentimentos e, sobretudo, emoções. Consequentemente, eles também afetam nossas escolhas, decisões e comportamentos, afetando nossa realidade externa.

As informações dos arquétipos se comunicam diretamente como o sistema límbico, que é a parte do cérebro responsável pelo processamento das emoções, e provocam a produção de neurotransmissores e hormônios para que o corpo sinta as emoções correspondentes às informações do arquétipo, produzindo pensamentos equivalentes e influenciando na tomada de decisões e atitudes.

E não pense que isso é só uma hipótese ou devaneio de algum cientista maluco, pois a influência dos arquétipos como gatilhos emocionais é comprovada cientificamente através de exames de sangue, que verificam os níveis hormonais, e exames de imagem como ressonância magnética e PET Scan, que verificaram a atividade cerebral de voluntários antes, durante e depois da exposição a certos arquétipos, evidenciando e mensurando seus efeitos.[37]

Enquanto os arquétipos fracos ou negativos estimulam a produção de neurotransmissores e hormônios como cortisol e adrenalina – as principais substâncias que compõem a bioquímica do estresse e despertam emoções e sentimentos negativos como ansiedade, raiva, medo e tristeza –, os arquétipos fortes ou arquétipos de poder estimulam a produção de neurotransmissores e hormônios como serotonina, dopamina e ocitocina, substâncias que compõem a bioquímica do bem-estar e despertam emoções e sentimentos positivos como amor, alegria, paz, tranquilidade, harmonia, liberdade e prosperidade.

Esse processo de interferência dos arquétipos no sistema límbico ocorre independentemente da sua vontade ou escolha consciente subjetiva, ou seja, os efeitos dos arquétipos são objetivos e inevitáveis, mesmo que você nunca tenha sequer ouvido falar deles. Entretanto, se por um lado você não tem escolha em relação à interferência dos arquétipos nas suas emoções, por outro pode escolher aqueles de cuja exposição deseja se abster ou submeter.

A maioria das pessoas passa a vida sem conhecer o poder que os arquétipos exercem em suas emoções e mente inconsciente, sendo constantemente influenciada por arquétipos fracos, o que interfere de maneira limitante em sua personalidade, na forma como enxerga e interage com a vida, como reage aos acontecimentos externos e como se comporta.

Mas na qualidade de Holo Cocriador, a partir de agora você pode começar um processo consciente de interação com os arquétipos, desativando a

---

[37] CONA, G.; *et. al.* Archetypes in human behavior and their brain correlates: an evolutionary trade-off approach. **bioRxiv**, 18 maio 2018. Disponível em: https://www.biorxiv.org/content/10.1101/325803v1. Acesso em: 24 out. 2023.

vibração dos arquétipos fracos e ativando a vibração dos arquétipos positivos, expondo-se e interagindo intencionalmente com aqueles com cuja energia você deseja que sua mente inconsciente seja reprogramada. Fazendo isso, a cocriação dos seus sonhos será mera consequência da elevação do seu nível de consciência e Frequência Vibracional®.

Metafísica e Espiritualidade

Na compreensão mais abrangente da metafísica e da Espiritualidade Sagrada, na qual os arquétipos são as primeiras emanações da Fonte, a existência deles se explica como o meio pelo qual o Criador coloca ordem no estado de caos.

Caos aqui é compreendido não como desorganização, confusão ou aleatoriedade, mas como a Energia Primordial sem forma, a Energia Amorfa da criação a partir da qual tudo se origina e tudo é possível. É por meio dos arquétipos que essa Energia se configura nas infinitas possibilidades de manifestação e expressão da consciência.

Por meio dos arquétipos, o Criador organiza os Universos de modo que possa experimentar as infinitas possibilidades através de diferentes vivências, e tendo como canais consciências individualizadas como a minha e a sua.

Os arquétipos são compreendidos como entidades sagradas, as quais, por serem um desdobramento da Energia Primordial, possuem energia e informação de altíssima vibração, capazes de nos impulsionar para buscar o aprimoramento moral e espiritual pela elevação do nível de consciência. Por esse motivo, devem ser reverenciados e tratados com o máximo respeito.

Diferente da compreensão popular superficial, os arquétipos não são "coisas" que usamos para obter outras "coisas" – por exemplo, colocar uma estátua de uma coruja bem grande na sua frente com o objetivo de obter a aprovação num concurso.

Na verdade metafísica, nós não usamos os arquétipos; são os arquétipos que nos usam para se expressarem no plano físico. Eles não são ferramentas ao nosso dispor; nós é que somos uma ferramenta dos arquétipos, que é a expressão do próprio Criador. Quem deseja usar os arquétipos é o nosso ego; nosso espírito deseja que nos permitamos ser usados por eles.

Isso significa que, apesar de no dia a dia falarmos em "usar tal arquétipo para tal coisa", a expressão mais adequada é "ativar" um arquétipo para possibilitar que a energia dele organize seu caos interno, dando forma a novas expressões da sua personalidade e consciência, o que, por fim, pode culminar na realização de um grande sonho ou objetivo.

Os arquétipos não podem ser resumidos a uma mera ferramenta de cocriação da realidade; eles não são meios para atingir um fim, são um fim em si mesmos. Contudo, como a ativação consciente dos arquétipos de poder vai despertar em você certas virtudes, inevitavelmente sua Frequência Vibracional® é elevada, tornando-o apto a cocriar seus sonhos.

Ativação dos Arquétipos

A ativação consciente dos arquétipos traz benefícios em várias áreas da vida: pessoal, profissional, empresarial, nos relacionamentos etc. Também é uma forma de comunicação com a mente inconsciente para reprogramá-la ou mesmo para compreender seus conteúdos, como na interpretação de sonhos.

Entenda, contudo, que todos os arquétipos já estão em você, na sua inconsciência, na sua Centelha Divina, como potencialidades, como virtudes latentes que você pode desenvolver. Embora você esteja aqui no plano físico, e os arquétipos sejam consciências de outra dimensão, vocês são um só, são emanações da mesma Fonte e estão imersos no mesmo oceano de energia infinita que é a Mente de Deus.

Alguns arquétipos estão ativos em você agora, determinando sua personalidade, sua vibração e sua realidade. Caso não esteja satisfeito, é o caso de ativar outros arquétipos mais poderosos, capazes de impulsionar para o crescimento, bem-estar, abundância, harmonia e plenitude que você deseja.

Veja alguns meios pelos quais você pode ativar os arquétipos em sua vida e entrar em fase com a energia deles:

- **Via Intelectual**: a ativação dos arquétipos pela via intelectual consiste em estudar e conhecer os aspectos do arquétipo que você deseja ativar pesquisando em livros, vídeos, assistindo aulas, fazendo anotações etc. Você deve buscar compreender qual é a personalidade do arquétipo, quais são as suas virtudes, habilidades, escolhas, pensamentos, sentimentos e comportamentos, enfim todos os elementos que fazem parte da consciência desse arquétipo – e, claro, os que não fazem também!
- **Afirmações EU SOU**: elabore afirmações positivas no formato **Eu Sou** para expressar as características do arquétipo que você deseja ativar, por exemplo: "Eu Sou sabedoria", "Eu Sou prosperidade", "Eu Sou alegria", "Eu Sou liderança" etc. Adote posturas de poder para verbalizar suas afirmações e lembre-se de que afirmações positivas só surtem efeitos se você for capaz de ir além das palavras,

sentindo as emoções e visualizando as imagens correspondentes ao que está dizendo.
- **Exposição visual**: exponha no seu campo de visão diária os símbolos dos arquétipos que você deseja ativar, como proteções de tela para seu celular ou computador, quadros físicos pendurados nas paredes, fotos no seu espelho ou porta do guarda-roupa, estátuas, esculturas e objetos de decoração em geral. Intencione esse contato visual, permitindo e percebendo a sintonização com a informação decorrente da presença física do símbolo arquetípico.
- **Roupas e acessórios**: literalmente vista-se com o arquétipo que você deseja ativar: use roupas com estampas do símbolo e também acessórios como anéis, colares, pulseiras etc. Dependendo do caso, vista-se como o arquétipo que você deseja ativar, quase como um "cosplay". Por exemplo, você está ativando o arquétipo do líder, então vista-se como o líder que já ocupa a posição que você deseja ocupar.
- **Visualização Holográfica**: você também pode ativar os arquétipos sem, necessariamente, ter contato físico, mas usando apenas a sua imaginação através da Visualização Holográfica dos símbolos cuja informação deseja incorporar. Por exemplo, se você deseja transformação e liberdade, pode começar visualizando a cena de uma linda borboleta saindo de seu casulo para, em seguida, você se tornar a própria borboleta voando livre e alegremente por um jardim florido, sentindo no corpo as sensações e emoções correspondentes. Você pode praticar a Visualização Holográfica isoladamente ou em associação com a Técnica Hertz® no momento da visualização da sua mudança ou do seu Novo Eu Sou.
- **Holofractometria Sagrada®**: a Holofractometria é a ferramenta que eu criei para promover uma reprogramação mental em nível avançado em associação com a prática da Técnica Hertz® do treinamento Holo Cocriação de Sonhos e Metas®. As Holofractometrias específicas para cada ciclo contêm elementos arquetípicos genéricos para a ativação de poder pessoal, autotransformação, autoconfiança, amor, alegria e prosperidade financeira, além de outros elementos potencializadores como os sons binaurais.

Incorporação dos Arquétipos

Você precisa assimilar uma observação importantíssima sobre os arquétipos: ativar é uma coisa; incorporar é outra! Isso quer dizer que independentemente do meio da sua preferência para ativação de arquétipos, você precisa se dedicar a incorporar as características do arquétipo na sua vida, no seu modo de pensar, nas suas escolhas e nas suas atitudes, caso contrário a ativação será em vão.

Vamos supor que você deseje ativar o arquétipo da águia com a intenção de desenvolver sua capacidade de liderança e seu poder pessoal. Neste caso, conforme os recursos apresentados acima, você pode:

- Estudar sobre o arquétipo, ler livros, assistir a documentários sobre o comportamento das águias, aprender o que elas fazem, como elas são etc.;
- Fazer afirmações Eu Sou que expressem autoconfiança, autoestima, capacidade de liderança etc.;
- Colocar a imagem de uma águia na proteção de tela do seu celular e computador, pendurar quadros e fotos de águias pela sua casa, colocar uma estátua de águia na sua mesa de trabalho;
- Usar camisetas com a imagem de uma águia, bem como brincos, pingentes, japamalas etc.;
- Visualizar holograficamente que você é uma águia poderosa a voar;
- Praticar todas as Holofractometrias.

Na verdade, você pode até se cobrir de penas e se fantasiar de águia com bico e garras, mas você só vai manifestar as características do arquétipo se realmente se empenhar em incorporar essas características para além do momento em que pratica a técnica de ativação.

Ah, se fosse tão fácil assim... bastava colocar uma coruja na sua mesa de trabalho e você se tornaria um grande sábio ou uma águia para se tornar um grande líder bem-sucedido! Os arquétipos não fazem mágica, você precisa fazer sua parte!

Em outras palavras, não basta ativar o arquétipo; você precisa ser e viver o arquétipo, alterando seus pensamentos e comportamentos de maneira intencional de modo a, gradualmente, desativar o velho arquétipo que estava se expressando para se tornar o novo ativado.

Entenda que a ativação é só o "pontapé inicial", mas a única maneira de incorporar o arquétipo é vivenciando-o. Por isso, é importante que você fique atento aos processos de resistência da sua mente inconsciente, que são normais de acontecer, pois sua mente quer proteger você contra mudanças a qualquer custo.

Você pode estar se dedicando na ativação da liderança da águia, mas daí tem pensamentos, sentimentos e comportamentos de preguiça, procrastinação ou medo – isso é resistência, é sua mente relutando em sair da zona de conforto, em perder os ganhos secundários, em aceitar o novo e o desconhecido. É preciso muita auto-observação, compromisso e disciplina para identificar as resistências e transcendê-las, de modo que os arquétipos possam se expressar livremente através de você.

Neutralidade

Os arquétipos, em essência, são neutros; eles são apenas consciências potenciais que variam em polaridades para permitir infinitas possibilidades de experiências humanas e a evolução da consciência pelo aprendizado. A classificação como positivos e negativos ou bons e ruins é feita por nós, em conformidade com os interesses do ego.

Isso quer dizer que mesmo os arquétipos considerados fracos e negativos têm sua importância para o nosso crescimento. Uma pessoa vivenciando o arquétipo da vítima e da pobreza pode, a partir do contraste, dar um salto de consciência para a percepção de que deseja e merece uma vida plena regida pelos arquétipos da alegria e da abundância.

Eu mesma experimentei isso, pois foi vivenciando os aspectos arquetípicos mais sombrios do meu ser que despertei para modificar minha vida e transitar para as polaridades arquetípicas da prosperidade, abundância, amor, alegria e sucesso.

Muitas vezes, é no medo que encontramos o desejo da coragem; é na pobreza que encontramos a motivação para a riqueza; é na tristeza que decidimos ser felizes; é na vitimização que enxergamos a necessidade de assumir nossa autonomia. De maneira geral, é pelos desafios da vida que encontramos motivação, força e fé para acessar um novo patamar.

Os arquétipos considerados negativos têm a ingrata função de fazer aprender, crescer e expandir através da dor. E como nem sempre – quase nunca – nós estamos abertos ao crescimento e à mudança por um movimento espiritual espontâneo, os arquétipos ditos negativos têm essa função de nos dar um "empurrãozinho", às vezes, um "empurraozão" ou uma "voadora no peito", para que a gente acorde e decida melhorar e evoluir.

10 Arquétipos de Poder para ter uma vida próspera

1. ARQUÉTIPO DA ÁGUIA

É conhecido como o arquétipo do poder e do conhecimento. Grandes mestres, exércitos, governos, líderes empresariais e pessoas influentes costumam utilizá-lo. Um exemplo é o Governo dos EUA ou a Roma Antiga.

Os estudos de Neurociência indicam que este arquétipo produz e libera quantidades elevadas de dopamina, responsável por sensações de prazer, satisfação, bem-estar, felicidade e alegria. Este arquétipo também tem influência em processos de cocriação relacionados à prosperidade, expansão da consciência e realização.

Faça um teste e perceba a influência imediata deste arquétipo em sua vida: olhe fixamente para o arquétipo da águia por, ao menos, um minuto. Isso causará uma excitação instantânea em seu cérebro, liberando dopamina e elevando naturalmente sua frequência em instantes, acelerando ainda mais o poder da cocriação avançada da realidade.

2. ARQUÉTIPO DA CORUJA

É o arquétipo da sabedoria, do conhecimento e da maestria. Carrega a insígnia da inteligência e do mistério. É um dos arquétipos mais poderosos para ativar o processo da cocriação da realidade e elevar o nível de Frequência Vibracional® em torno do campo relacional de energia de cada pessoa.

Assim como o arquétipo da águia, libera dopamina no cérebro e as sensações de prazer, bem-estar, satisfação absoluta e alegria. Essas emoções vibram na faixa de 500 Hz na Escala da Consciência, totalmente propícias ao patamar exclusivo da cocriação universal.

O uso do arquétipo da coruja é essencial para eliminar crenças limitantes, dogmas, paradigmas e verdades absolutas instaladas na mente. Isso é possível porque o arquétipo eleva a vibração de toda fisiologia e, assim, consegue diluir vibrações densas e velhos padrões mentais. O arquétipo da coruja motiva a sabedoria, o controle emocional, a regulação hormonal e vibrátil em cada pessoa.

3. ARQUÉTIPO DO ALCE

Esse arquétipo está impresso nas notas do dólar canadense. Ele é o símbolo maior do Canadá. Tem a ver com prosperidade, vigor e resistência.

Libera no organismo a substância estamina, que ativa algumas propriedades bioquímicas que elevam o poder físico e mental.

Com isso, você eleva sua disposição, desejo e vontade para manifestar seus sonhos com muito mais entusiasmo, alegria e satisfação, atingindo uma frequência superior a 500 Hz em torno do seu campo quântico. A liberação da estamina também ajuda a focar a energia e a otimizar as forças física e mental no propósito específico de cocriação que se tem com um alto poder de concentração.

4. ARQUÉTIPO DO BEIJA-FLOR

Esse arquétipo proporciona a cura interior e eleva o padrão do amor dentro e fora de cada pessoa. Eleva o campo à vibração universal do amor e potencializa ainda mais o poder da cocriação da realidade. O beija-flor traz beleza, graça e apreciação.

Na contemplação e no reduto do amor, você alcança uma frequência muito elevada, acima de 500, 600 e 700 Hz. Fica compatível com a vibração original do Universo, imerso na Onda Primordial e em ressonância com a cocriação espontânea da realidade.

O arquétipo do beija-flor também representa a liberdade do ser, o fluxo natural da existência e a perfeita representação da matriz universal da cocriação, pois está correlacionado vibracionalmente a todas as manifestações do Universo.

Quem usa o arquétipo do beija-flor normalmente se mostra acessível, agradável, solícito, cheio de astúcia, inteligência e graça. O arquétipo do beija-flor também ajuda a diluir mágoas do coração, a acelerar o processo do perdão e, assim, elevar a vibração automática do campo quântico em todo o mecanismo universal para cocriação de sonhos na vida.

5. ARQUÉTIPO DO BÚFALO

É um arquétipo fundamental no processo de cocriação da realidade. Consegue equilibrar as vibrações de força mental e da paz universal. Produz o efeito da harmonia na mente, colocando os dois hemisférios – esquerdo consciente e direito inconsciente – em pleno equilíbrio, promovendo emoções elevadas de tolerância, proteção, unidade e satisfação.

Todos esses sentimentos também evocam a natureza espiritual e ancestral de cada personalidade e o sentido natural de gratidão. Também remete à confiança na criação e no Criador, no ato da fé e da perseverança.

Por isso, na dinâmica da cocriação, o arquétipo do búfalo tem a capacidade de potencializar o campo vibracional e acelerar a manifestação dos desejos.

6. ARQUÉTIPO DO CAVALO

Esse arquétipo também está relacionado com o poder, mas com o poder interior, com a liberdade da consciência e do espírito. Ele aumenta a produção de dopamina, serotonina e ocitocina na mente. Traz empoderamento, força, criatividade e ajuda a abrir a glândula pineal ou o chamado terceiro olho da clarividência.

Por isso, aumenta sua sensibilidade extrafísica e a capacidade de Visualização Holográfica na dinâmica da cocriação acelerada. Esse arquétipo produz uma intensa vibração dentro da mente, eleva a frequência de todo o campo e coloca qualquer pessoa em ressonância direta com a fonte da criação de sonhos, objetivos e metas.

7. ARQUÉTIPO DO LEOPARDO

Esse arquétipo impulsiona a ação e o sentido de proatividade. Representa agilidade, determinação, impulso espontâneo de cocriação. Produz a energia necessária para a cocriação de novos projetos, ideias inspiradoras e iniciativas louváveis. Acelera a dinâmica do cérebro, a projeção das sinapses e aumenta o nível de conexão mental, provocando entusiasmo, alegria, força de vontade e motivação plena de realização.

Por isso, é um arquétipo apropriado para quem deseja cocriar algo inovador, estabelecer um novo projeto ou propósito existencial. Minha sugestão, no entanto, é que use esse arquétipo com cautela e estratégia, porque ele também pode provocar estresse e aumentar os níveis de ansiedade no organismo. Bem utilizado, ele agiliza o processo da cocriação, torna suas ações mais rápidas, traz foco e determinação na dinâmica natural de realização no Universo.

8. ARQUÉTIPO DO FALCÃO

É um arquétipo com poder semelhante ao da águia. Mas também remete à transcendência, iluminação, coragem, sabedoria e precisão. Também libera dopamina no cérebro e, com isso, eleva a vibração do campo relacional acima de 500 Hz segundo a Escala da Consciência.

O falcão também remete ao sentido da observação aguçada, ao poder do observador da realidade e a atenção elevada. Ou melhor, ao poder da alta concentração. Com isso, você tem mais clareza e foco determinado no objetivo específico da cocriação. Para o falcão, nada passa despercebido, todos os detalhes são observados e há um sentido claro do que se deseja obter, ou, neste caso, cocriar na vida.

9. ARQUÉTIPO DO LEÃO

É um arquétipo de muito poder. Simboliza poder, força, majestade, coragem, vitalidade masculina, abundância, credibilidade, segurança, realeza e nobreza. Ativa a vibração do coração e do campo eletromagnético cardíaco. Nos estudos da cocriação e sobre o poder do coração, o campo quântico desse órgão é sessenta vezes maior e cinco mil vezes mais potente do que do cérebro. Lembra que eu expliquei sobre isso lá no início?

O campo do coração, por onde a vibração das emoções é enviada ao Universo, no processo de colapso de função de onda, é muito mais potente e poderoso do que o campo do cérebro, da mente e dos pensamentos. O arquétipo do leão está centrado exatamente aí, no eletromagnetismo do coração e, por isso, tem um poder estrondoso na dinâmica da cocriação. O arquétipo do leão lidera com a vibração do coração, e tem capacidade de estimular o poder de cocriação coletiva e motivar ações nobres em cada pessoa. Em termos de vibração emocional, é o arquétipo mais poderoso entre todos os demais símbolos do Universo.

10. ARQUÉTIPO DO LOBO

Esse arquétipo transporta a característica da inteligência social e a manifestação dos sentidos apurados no processo de cocriação espontânea da realidade. Desperta dentro de cada pessoa um senso aguçado de sobrevivência, de liderança e de habilidades decisivas no dia a dia, sem falar no sentido de autorresponsabilidade sobre diferentes situações.

Ou seja, com o uso desse arquétipo, a pessoa tende a assumir a responsabilidade sobre toda e qualquer cocriação da realidade. É um arquétipo de amor, generosidade, felicidade e compartilhamento. Libera dopamina e doses de serotonina no cérebro em contato com sua figura subjetiva de poder.

Também tem bem traçado o modelo de comunicação interna com o inconsciente e de expressão com a realidade desejada. O arquétipo do lobo aguça a capacidade de percepção sobre a realidade física ou holográfica, a sensibilidade extrafísica e a inteligência para a escolha de cocriações universais, além dos desejos mais ocultos revelados ao nível de consciência.

Capítulo 14
Psicologia das cores e cromoterapia integradas à Visualização Holográfica

As cores possuem uma linguagem simbólica, arquetípica e oculta carregada de energia e informações não verbais, isto é, que não podem ser expressas em palavras. Por se tratar de um elemento arquetípico, elas afetam diretamente o humor e se comunicam com a mente inconsciente, influenciando nossas emoções, sentimentos, humor, pensamentos e comportamentos.

Na perspectiva da Física, as cores são ondas eletromagnéticas e se apresentam em uma pequena parte do espectro eletromagnético denominada de "espectro de luz visível", no qual cada cor possui uma frequência específica que transmite determinadas informações que variam conforme seu comprimento de onda.

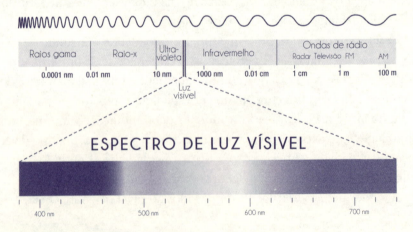

Se enquanto linguagem arquetípica as cores interagem com a mente inconsciente, enquanto ondas eletromagnéticas elas se comunicam, interagem e influenciam o campo eletromagnético, afetando vários aspectos da vida, quer tenhamos consciência disso ou não.

Em um estudo científico feito em 1942,[38] o neurologista alemão dr. Kurt Goldstein demonstrou que o comprimento de onda de cada cor tem a capacidade de, objetivamente, despertar sentimentos específicos nas pessoas que se expõem à cor em questão, ainda que passivamente. Ele dedicou especial atenção ao vermelho, que é a cor que apresenta o maior comprimento de onda e, por isso, conecta-se com os sentimentos e emoções mais intensos, como a paixão, a raiva e o ódio!

No geral, as cores têm significados subjetivos, podendo, portanto, ser percebidas de maneiras que variam conforme experiências pessoais e percepções atreladas a aspectos culturais. Quando pesquisamos sobre o simbolismo das cores, encontramos muitas divergências e inconsistências sobre o assunto, contudo sempre existem associações comuns que denotam que as cores também têm um caráter objetivo que ultrapassa as percepções pessoais e culturais.

Psicologia das cores

Eva Heller, socióloga e psicóloga alemã, fez um estudo completo em uma pesquisa com 2 mil voluntários para demonstrar os efeitos psicológicos das cores e suas associações com sentimentos. Em 2007, ela publicou o resultado dessa pesquisa em seu livro *A psicologia das cores*.[39]

A dra. Heller argumenta que as cores têm um poder profundo sobre nossas emoções e podem influenciar o estado de espírito de maneiras surpreendentes. Ela mostra como cada cor possui uma personalidade única e desperta diferentes respostas psicológicas nas pessoas e explica que conhecer e saber aplicar a Psicologia das Cores é de grande utilidade para quem deseja aprimorar seu caráter e obter sucesso em alguma área da vida, agindo de maneira direcionada, poupando tempo e esforço.

A Psicologia das Cores vai além de simplesmente estudar as associações simbólicas entre cores e emoções: ela explora a complexidade da percepção

---

[38] GOLDSTEIN, K. Some experimental observations concerning the influence of colors on the function of the organism. **Occupational Therapy**, v. 21, p. 147-151, 1942.

[39] HELLER, E. **A psicologia das cores**: como as cores afetam a emoção e a razão. São Paulo: Olhares, 2021.

visual e como as cores podem afetar nossa mente de maneiras sutis e profundas, influenciando a atenção, a concentração, a memória e até mesmo o desempenho físico.

As cores têm o poder de criar estados de espírito específicos e desencadear respostas emocionais. Por exemplo, o vermelho, com sua natureza vibrante e intensa, conhecido por aumentar a energia e estimular a paixão, é uma cor que chama a atenção e pode criar uma sensação de urgência ou excitação. Por outro lado, o azul, com sua serenidade e tranquilidade, tem efeito calmante e pode induzir a uma sensação de relaxamento e paz interior.

As cores também se relacionam com a personalidade, de modo que as preferências de cores de uma pessoa podem refletir aspectos não só de seu estado emocional predominante, como também de sua personalidade. Por exemplo, alguém que prefere tons de azul e verde comumente é uma pessoa mais calma e introspectiva, enquanto uma pessoa atraída por cores vibrantes como o vermelho e o amarelo tende a ser mais extrovertida e enérgica.

O contrário também é verdadeiro: a exposição intencional a uma cor específica pode ser usada como ferramenta de alteração de estados emocionais e traços de personalidade. Por exemplo, uma pessoa de personalidade mais introvertida que deseja agir com mais extroversão e espontaneidade pode se expor intencionalmente à cor vermelha para incorporar essas características.

O estudo da Psicologia das Cores nos fornece insights valiosos sobre como as cores podem influenciar nossas emoções e comportamentos, de modo que podemos aplicá-las de maneira mais consciente e direcionada em nosso cotidiano e, claro, também podemos usar as cores para enriquecer nossas Visualizações Holográficas e favorecer a cocriação de sonhos, como veremos mais adiante.

Uma das principais conclusões da pesquisa da dra. Heller foi que, embora as percepções subjetivas das cores possam variar de pessoa para pessoa ou de cultura para cultura, existem efeitos objetivos e universais associados a determinadas cores. Esses efeitos psicológicos das cores podem ser explicados por mecanismos cognitivos e perceptivos comuns a todos os seres humanos: o cérebro é predisposto a fazer associações automáticas e inconscientes entre determinadas cores e estados emocionais.

Como existe uma variedade de emoções e sentimentos muito maior que a variedade de cores, é comum que cada uma seja associada a sentimentos diferentes, os quais frequentemente podem se apresentar como contraditórios, de modo que a simbologia da cor deve ser determinada no *contexto* em que ela está inserida – se é em um ambiente, em um objeto, em uma roupa, em um alimento, em um logotipo etc.

Além de variar segundo o contexto, a simbologia das cores também varia em conformidade com o *acorde cromático* no qual ela está inserida, isto é, o significado de uma cor pode variar a depender das outras cores com as quais ela se apresenta combinada, de modo que uma mesma cor pode provocar efeitos psicológicos totalmente diferentes quando combinada a outras cores em diferentes acordes cromáticos.

Cromoterapia

A cromoterapia é uma terapia complementar que utiliza cores para promover o equilíbrio e a cura do corpo, mente e espírito. Ela se baseia na ideia de que as vibrações energéticas das cores estão associadas a diferentes propriedades terapêuticas que podem ser aplicadas de acordo com as necessidades individuais de cada pessoa para promover a cura e o bem-estar físico, emocional e espiritual.

A prática da cromoterapia remonta a civilizações antigas, como a egípcia, a grega e a romana, que reconheciam o poder das cores na saúde e na harmonia. No entanto, foi só no século XX que a cromoterapia moderna começou a ser desenvolvida e estudada de maneira mais sistemática. No Brasil, desde 2018 a Cromoterapia (sob a denominação "fototerapia") faz parte da Política Nacional de Práticas Integrativas e Complementares e foi incluída no SUS pelo Ministério da Saúde.

Albert Einstein, por meio de sua célebre equação $E = mc^2$, provou que energia e matéria estão intrinsecamente ligadas, sendo duas manifestações diferentes da mesma substância universal, que a é própria energia em sentido amplo. A vibração da energia determina sua densidade e, consequentemente, sua forma de existência: quando a vibração dos átomos é lenta, a energia se apresenta em sua forma mais densa e grosseira, como matéria física; quando é rápida (velocidade da luz), a energia é pura luz, com zero massa.

Em uma perspectiva metafísica, a equação $E = mc^2$ e suas implicações também se aplicam ao nosso corpo físico, pois quando somos expostos a uma energia (E) de alta vibração que nutre o nosso campo eletromagnético, a matéria do corpo físico é consequentemente afetada. Nesse sentido, a cromoterapia tem a capacidade de nutrir as cores (energia) do campo eletromagnético que, por sua vez, transfere energia para nutrir o corpo físico.

Como você sabe, nosso campo eletromagnético, também chamado de aura, é composto de energia na forma de pura luz e ele, interagindo com nosso sistema de chakras, é responsável por manter nosso corpo saudável (ou doente, caso esteja desequilibrado).

Além disso, no tocante à cocriação da realidade, é através do nosso campo eletromagnético que nos comunicamos com o Universo, emitindo nossa assinatura vibracional, a qual vai sintonizar os potenciais de vibrações equivalentes para serem manifestados em nossa realidade material. Por isso, se a Cromoterapia é uma ferramenta de harmonização da aura, ela também é uma ferramenta de elevação da Frequência Vibracional® e da cocriação da realidade.

De fato, enquanto terapia holística, vibracional e energética, a Cromoterapia compreende que o corpo humano não é uma máquina formada por várias peças, mas sim um sistema orgânico e dinâmico que, em perfeito estado, opera em harmonia com o próprio campo eletromagnético e com o sistema energético do Universo como um todo.

Na doutrina da Cromoterapia, o corpo humano é essencialmente composto por cores – todos os chakras, órgãos, células, moléculas e átomos são feitos de energia, possuem sua própria frequência e sua própria **cor**. As doenças são entendidas como uma situação de desequilíbrio energético na qual uma parte do corpo não está vibrando em sua frequência normal e está com seu fluxo energético alterado.

Cada órgão físico ou órgão sutil (chakras) vibra e se harmoniza com as frequências de suas cores correspondentes, por isso a exposição à cor cuja frequência fornece energia para um determinado órgão é capaz de promover cura, regeneração, equilíbrio e vitalidade.

A luz e frequência emitidas pelas cores afetam o corpo físico por meio de impulsos elétricos e correntes magnéticas que ativam e regulam os processos bioquímicos e hormonais, acalmando ou estimulando o fluxo de energia de um órgão específico para restabelecer o seu funcionamento harmônico. Em poucas palavras, as frequências das cores têm o poder de inibir ou excitar o sistema nervoso autônomo, causando a reação bioquímica espontânea, natural e ideal para a correção do problema.

Dessa forma, conhecendo quais são os efeitos produzidos pelas diferentes cores nos diferentes órgãos e sistemas do corpo físico, o cromoterapeuta pode aplicar ou recomendar a cor adequada para restabelecer o equilíbrio e promover a cura. Basicamente, a cromoterapia tem como objetivo fundamental a restauração da harmonia das "energias coloridas" do corpo.

Essas "energias coloridas" do corpo têm como fonte geradora os chakras, especialmente os 7 chakras principais, que estão distribuídos entre a base da coluna e o topo da cabeça. Cada chakra vibra na frequência específica de cada uma das 7 cores do arco-íris, que são também as 7 cores do espectro de luz visível. A vibração dessas cores se sobrepõe ao redor do corpo físico formando aquilo que conhecemos por aura ou campo eletromagnético.

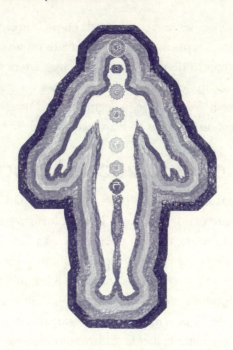

Como a energia dos chakras age diretamente na regulação dos órgãos do corpo físico, compreendemos que toda doença física ou mental sempre tem como causa um desequilíbrio do fluxo energético de um ou mais de um chakra. Partindo dessa compreensão, a cromoterapia age por meio da aplicação da cor adequada para harmonizar o chakra que está em desarmonia e, assim, restaurar o equilíbrio do sistema todo.

De modo muito simples e elegante, a Cromoterapia usa a energia das cores para afetar a matéria, inclusive atingindo as reações enzimáticas do metabolismo celular, o que evidencia que os efeitos da cromoterapia são capazes de alcançar o nível do DNA para promover a cura.

A Cromoterapia é uma ciência que demanda estudo aprofundado, mas também existem alguns princípios gerais sobre a indicação e aplicação das cores para a cura e restabelecimento do equilíbrio, os quais coincidem com os conhecimentos da Psicologia das Cores que vimos agora há pouco.

As cores quentes (vermelho, laranja e amarelo) são ativadoras, estimulantes e excitatórias do sistema nervoso simpático, por isso são especialmente indicadas no tratamento da depressão. As cores frias (verde, azul, índigo e violeta) são inibidoras, calmantes e relaxantes, ativam o sistema nervoso parassimpático, sendo indicadas para o tratamento de ansiedade, insônia, hipertensão, vícios, distúrbios alimentares e outras manifestações de estresse.

A luz azul, particularmente, é considerada como "curinga", sendo uma das mais usadas na Cromoterapia porque produz efeitos positivos em muitas áreas. É indicada no tratamento de doenças pulmonares, icterícia neonatal, artrite reumatoide, regeneração de tecidos com ferimentos ou queimaduras e alívio da dor de modo geral. A luz verde, a segunda mais usada, por ocupar uma posição intermediária no espectro da luz visível, possui efeito equilibrador.

As cores e a Visualização Holográfica

Uma das técnicas mais comuns para a aplicação da Cromoterapia consiste em simplesmente expor o corpo a luzes coloridas por meio de lâmpadas especiais, filtros ou até mesmo pela exposição direta ao sol. Além da exposição à luz colorida, a cromoterapia também pode ser realizada por meio da seleção de roupas ou objetos coloridos para influenciar o ambiente, pela ingestão de alimentos com cores específicas (alimentação cromoterápica), pela ingestão de água armazenada em garrafas de vidro colorido, por banhos de imersão em água colorida (hidrocromoterapia) e, claro, por meio da Visualização Holográfica das cores!

Embora existam vários métodos pelos quais podemos nos beneficiar dos efeitos psicológicos e terapêuticos das cores, o que mais nos interessa aqui é a projeção mental das cores, isto é, a Visualização Holográfica das cores, que pode ser feita isoladamente ou combinada com a visualização do seu sonho.

O processo é muito simples: basta que escolha a cor cuja frequência deseja sintonizar e então, de olhos fechados, se imaginar coberto por essa cor ou a projetando sobre uma pessoa (um filho doente, por exemplo), sobre um lugar ou sobre uma situação.

No caso de integrar a cor à visualização dos sonhos também é muito fácil: você pode reproduzir as orientações mencionadas acima dentro do cenário do seu sonho realizado como também pode incluir objetos ou luzes de cores específicas nas imagens e cenas mentais que você criar na sua imaginação.

Por exemplo, se está cocriando saúde, você pode tanto colocar um "filtro" verde claro na "lente" da sua imaginação e visualizar o cenário perfeito que representa sua cocriação de saúde já manifestada, como também pode se imaginar vestindo uma roupa verde, caminhando feliz por um parque rodeado árvores bem verdinhas!

E como isso funciona, é mágica? Não, é ciência! Os impulsos elétricos do seu pensamento focado em uma determinada cor se propagam na frequência dessa cor até atingir o "alvo" escolhido. Além disso, a energia das cores, por se comunicar com seu corpo, tem o poder de produzir emoções, o que deixa sua experiência de visualização ainda mais imersiva.

Existe uma relação direta entre a energia das cores e a energia dos pensamentos e sentimentos, de modo que quando pensamos e sentimos uma determinada emoção, nós emanamos uma vibração, uma onda de informação que possui uma cor! Incrível, né?

Mais incrível ainda é que esse mecanismo opera em mão dupla: quando visualizamos uma determinada cor, automaticamente produzimos os pensamentos e sentimentos associados a ela, o que provoca alterações em nossos estados mentais e emocionais.

Em outras palavras, você pode usar a visualização de cores para afetar seu sistema nervoso autônomo e intervir na programação de sua mente inconsciente! E os resultados vão depender somente da sua capacidade de manter a atenção e concentração na sua visualização e, claro, da sua fé e crença no superpoder invisível da sua consciência.

Características e efeitos das cores – aplicação na visualização

Veja a seguir um estudo completo das 7 cores principais do espectro de luz visível: vermelho, laranja, amarelo, verde, azul, índigo e violeta. Sistematizei para você os principais efeitos psicológicos, características e sentimentos associados às cores, bem como os principais aspectos psicoemocionais, atuações na saúde física, indicações terapêuticas e contraindicações de cada uma delas.

Claro, também coloquei alguns sugestões e contraindicações do uso das cores para cocriações específicas. Apropriando-se desse conhecimento, você pode começar a aplicar as cores para potencializar suas Visualizações Holográficas!

VERMELHO

Todas as paixões: do amor ao ódio, instinto sexual, raiva, extroversão, dinamismo, movimento, sensualidade, força, ação, sobrevivência, autoconfiança, entusiasmo, empoderamento, excitação, ousadia, irritação, ansiedade, tensão, raiva, agressividade, violência, erotismo, sexualidade, transmutação, purificação, prazer, libido.

Aspectos psicoemocionais:
- Desperta atitudes positivas em relação à vida;
- Conecta com o momento presente e com a realidade externa;
- Induz ao movimento e à ação para a resolução de problemas;
- Desperta a força de vontade, a garra, a disposição e mobiliza recursos internos para modificar situações desagradáveis;
- Favorece o dinamismo, a versatilidade, a praticidade, a eficiência e a boa vontade;
- Promove consciência corporal, autoconsciência e autoafirmação;
- Ajuda a sair da zona de conforto e acessar o poder interior e a inclinação natural para a busca do sucesso.

Atuação na Saúde Física:
- Promove a vitalidade em geral;
- Aumenta os batimentos cardíacos;
- Energiza o coração;
- Ativa a circulação sanguínea;
- Estimula a produção de glóbulos vermelhos e o metabolismo do ferro;
- Fortalece os músculos e a atividade motora;
- Promove o desenvolvimento de massa muscular;
- Energiza o fígado, aumentando as atividades metabólicas e a produção de energia para o corpo;
- Promove o estímulo sexual e aumento do prazer;
- Revigora os órgãos reprodutores masculinos.

Indicações terapêuticas: indisposição física, cansaço, fadiga, desânimo, falta de motivação, depressão, anemia, baixa libido, má circulação, pressão baixa, infertilidade masculina, impotência sexual e preparação para enfrentar situações fisicamente exaustivas.

Contraindicações: próstata aumentada, hipertensão, febre alta, taquicardia, cardiopatias em geral, agitação, irritabilidade, ansiedade, estresse, insônia, transtornos mentais com sintomas de agressividade. Deve ser evitado por pessoas com a saúde extremamente debilitada e pessoas excessivamente egoístas e controladoras.

Aplicação na visualização:

- Se você estiver praticando a Visualização Holográfica para cocriar a sua alma gêmea ou para apimentar o seu relacionamento atual, é fundamental incluir o vermelho em suas imagens mentais;
- Outra Aplicação do vermelho é na cocriação da cura da depressão, pois é uma cor estimulante, que desperta energia e ação;
- Mas, se você estiver cocriando dinheiro e prosperidade financeira, o vermelho é **contraindicado!**

LARANJA

Diversão, criatividade, magnetismo pessoal, transformação, extroversão, excitação, deleite, prazer, recreação, sociabilidade, lazer, entretenimento, atividade lúdicas, sensualidade, entusiasmo, animação, empolgação, sociabilidade, autoconfiança, tomada de decisões, fertilidade, autoestima, motivação.

Aspectos psicoemocionais:

- Ativa a vitalidade do intelecto favorecendo pensamentos inusitados e inovadores; estimula a execução de novas ideias e o pioneirismo;
- Favorece a saída da zona de conforto e a busca por sucesso e realização pessoal;
- Desperta a ousadia e a coragem para enfrentar obstáculos;
- Acentua o magnetismo pessoal, a capacidade de argumentação e expressão verbal;
- Induz à espontaneidade, autoestima, autoconfiança e segurança com relação à capacidade de alcançar o sucesso;
- Afugenta medos, inseguranças e incertezas;
- Neutraliza sentimentos de culpa, tristeza, melancolia, apatia e indecisão;
- Proporciona sensação de bem-estar, satisfação e prazer;
- Favorece a transformação das condições da realidade externa;
- Estimula o desapego em relação ao passado e incentiva a visão do futuro;
- Abre o apetite.

Atuação na saúde física:

- Estimula e equilibra o funcionamento das glândulas suprarrenais;

- Ativa a circulação sanguínea (pode ser usada por pessoas hipertensas);
- Energiza os pulmões, promovendo a dilatação dos brônquios e facilitando a respiração;
- Produz efeito antiespasmódico;
- Estimula as glândulas mamárias;
- Desobstrui aglutinações indevidas;
- Neutraliza problemas de entupimento de veias e artérias;
- Suaviza quadros depressivos marcados por pensamentos sombrios, obsessivos ou preocupações excessivas.

Indicações terapêuticas: contrações musculares involuntárias (cãibras); baixa vitalidade e vigor físico; dificuldades na amamentação com baixa produção de leite (aplicar junto com o rosa); calcificações, nódulos, cistos e tumores benignos (em caso de tumores malignos, deve-se acrescentar o violeta); veias e artérias entupidas; dificuldades respiratórias decorrentes de pneumonia, bronquite e asma; estados emocionais de angústia, depressão, medo e tristeza.

Contraindicações: náuseas, vômitos, trombose e dores fortes. Deve ser evitado por pessoas que sofrem de algum tipo de distúrbio compulsivo, especialmente compulsão alimentar.

Aplicação na visualização:
- Cura da Criança Ferida – neutralização da tristeza, melancolia, luto persistente, depressão e vitimização;
- O laranja é totalmente **contraindicado** se você estiver usando a visualização para cocriar emagrecimento, pois ele é a cor dos frutos maduros e essa informação estimula o apetite. Se você estiver cocriando engordar, o laranja é a cor perfeita para você!

AMARELO

Otimismo, diversão, riqueza, entusiasmo, entendimento, alegria, vitalidade, revigoramento, amizade, sorriso, risada, animação, lúdico, jovialidade, leveza, delicadeza, beleza, crescimento, inteligência, confiança, espontaneidade, felicidade, glória, harmonia, sabedoria, prosperidade, abundância financeira.

Aspectos psicoemocionais:
- Estimula a criatividade e ativa as faculdades mentais;
- Aguça a inteligência e a capacidade de concentração;
- Provoca um estado positivo de alerta;
- Promove a clareza mental e o raciocínio lógico;
- Inspira alegria, bom humor e leveza para encarar os desafios cotidianos;
- Facilita relações interpessoais;
- Facilita processos de ressignificação de experiências e de fechamento de ciclos;
- Promove sentimentos de riqueza, fartura, abundância e prosperidade financeira, especialmente em seus tons dourados;
- Proporciona sensação de vida nova, de recomeço e de expectativa de sucesso futuro;
- Desperta o espírito participativo, amistoso e prestativo;
- Fortalece laços de amizade e promove a empatia.

Atuação na saúde física:
- Estimula e favorece o bom funcionamento do sistema digestório;
- Estimula a secreção de sulcos estomacais;
- Favorece a absorção de nutrientes no intestino delgado;
- Energiza e regula o intestino grosso, os rins e o pâncreas;
- Ativa os nervos motores e o sistema nervoso simpático;
- Aumenta a agilidade corporal e a atenção mental;
- Regenera, fortalece e aumenta a vitalidade e a elasticidade da pele, estimulando a produção de colágeno e a eliminação de impurezas pelos poros;
- Acelera a cicatrização de feridas;
- Ajuda a manter a uniformidade da pigmentação e textura da pele;
- Ativa as funções cerebrais, melhorando as sinapses e o desempenho neural;
- Melhora a memória e o raciocínio;
- Evita a proliferação de parasitas intestinais;
- Facilita a expectoração de secreções do sistema respiratório.

Indicações terapêuticas: flacidez da pele; rugas e sinais de idade, problemas de pele (especialmente acnes, cravos, manchas e furúnculos), verminoses, diabetes, acúmulo de secreção nas vias aéreas.

Contraindicações: infecções em geral e queloides.

Aplicação na visualização:
- O amarelo, especialmente o amarelo-dourado, é indicado para a prática da Visualização Holográfica para cocriar abundância financeira;
- Indicado para Criança Ferida, depressão e vitimização, pois estimula sentimentos de alegria, animação e entusiasmo;
- Também indicado para quem está usando a visualização para cocriar o corpo dos sonhos ou para desenvolver habilidades físicas nos esportes, pois o amarelo aumenta a energia muscular, estimula o sistema nervoso e aumenta a autoconfiança.
- E ainda, é indicado para quem está cocriando aprovação em concursos, pois o amarelo estimula a atividade mental, a capacidade da memória, a habilidade de se comunicar e o sentimento de otimismo.

VERDE

Saúde, dinheiro, juventude, renovação, vida, energia da natureza, crescimento, segurança, fertilidade, renascimento, harmonia, cura, relaxamento, tranquilidade, paz interior, positividade, prosperidade financeira, abundância, equilíbrio, tolerância, paz, calma, diplomacia, vitalidade, esperança.

Aspectos psicoemocionais:
- Promove equilíbrio e alinhamento de pensamentos e sentimentos;
- Promove o equilíbrio da mente, inibindo pensamentos obsessivos e agitação mental, como também quadros de prostração ou apatia;
- Ameniza compulsões;
- Favorece a interação com a realidade sem perder a conexão consigo mesmo;
- Promove equilíbrio emocional;
- Desperta o bom senso e inibe julgamentos e preconceitos;
- Possibilita a conexão com as forças da natureza;
- Desperta sentimentos de prosperidade, de certeza de que as metas serão alcançadas e de que o sucesso chegará;
- Aumenta a sensação de bom-humor.

Atuação na saúde física:
- Regula todo o funcionamento do organismo (homeostase);
- Alivia a hiperatividade mental;

- Reduz a tensão muscular;
- Atua como um tônico para o coração, equilibrando e mantendo um ritmo cardíaco saudável;
- Favorece o transporte de substâncias vitais que tonificam todas as células do corpo;
- Exerce efeitos germicida, bactericida, desinfetante, refrescante, anti-inflamatório, antibiótico e antisséptico;
- Reestabelece o organismo quando acometido de infecções ou inflamações;
- Reduz e desfaz nódulos e tumores;
- Melhora a digestão e o processo de absorção de nutrientes;
- Regula o sistema nervoso autônomo, especialmente o sistema nervoso simpático;
- Regula a produção de bile e atua no bom funcionamento do fígado;
- Normaliza a pressão arterial e a circulação sanguínea;
- Regenera fibras ósseas;
- Aumenta o vigor sexual masculino.

Indicações terapêuticas: diagnósticos incertos (a pessoa sabe que tem um problema de saúde, mas ainda não tem um diagnóstico preciso); arritmia cardíaca; alterações na pressão arterial; fungos na pele ou unhas; inflamações e infecções; nódulos e tumores; problemas circulatórios; fraturas ósseas; distúrbios gastrointestinais; problemas da vesícula biliar; infecções vaginais causadas por fungos ou bactérias; esgotamento físico ou mental; estresse emocional, físico ou químico.

Contraindicações: não há contraindicações para o uso terapêutico da cor verde.

Aplicação na visualização:
O verde tem ampla aplicação nas visualizações, possui efeito genérico de harmonia e equilíbrio, servindo de estímulo para potencializar cocriações nas mais diversas áreas:
- Dinheiro, prosperidade financeira e sucesso nos negócios – o verde é o fim da escassez!
- Saúde e cura;
- Rejuvenescimento e beleza (na natureza, o verde é a polaridade contrária do maduro e do velho);
- Fertilidade – sonho de engravidar e ser mãe;
- Alívio do estresse crônico, nervosismo, ansiedade e depressão.

AZUL

Simpatia, harmonia, espiritualidade, amizade, fidelidade, confiança, felicidade, Divino, eternidade, infinito, dimensões e possibilidades ilimitadas, liberdade, inspiração, inovação, sinceridade, comunicação, piedade, compaixão, religiosidade, mente inconsciente, placidez, passividade, introspecção, energia feminina, fluidez das emoções, ansiolítico, antidepressivo, calmante.

Aspectos psicoemocionais:
- Ativa as esferas mais sutis, energéticas e espirituais;
- Transcende o nível mental e atinge os sentimentos;
- Desperta talentos, dons e sentimentos positivos como generosidade, solidariedade, companheirismo, sinceridade, gratidão, confiança etc.;
- Cria uma atmosfera favorável à harmonização dos relacionamentos;
- Favorece a expressão da alma e uma comunicação verdadeira e sincera;
- Relaxa o corpo e a mente, induzindo à calma e à serenidade;
- Estimula a vivência da fé;
- Proporciona paz e quietude interior;
- Neutraliza a agitação e a confusão mental;
- Reduz a reatividade e a impulsividade;
- Favorece a construção de laços fraternos e desperta o altruísmo;
- Alivia as dúvidas, preocupações e medos;
- Favorece a criação das condições necessárias para a realização de objetivos;
- Promove proteção vibracional;
- Desperta o espírito da doação e da generosidade;
- Eleva o ser a frequências do bem e da benevolência;
- Favorece o acesso e a manutenção do estado meditativo.

Atuação na saúde física:
- Estimula a regeneração celular;
- Produz efeito anestésico, calmante, refrescante, revigorante, ansiolítico e adstringente;
- Purifica e desintoxica o organismo;
- É antisséptico e bactericida;
- Causa efeitos de vasoconstrição com ação retratora em veias e artérias;
- Ativa e regula o sistema nervoso parassimpático;
- Diminui os batimentos cardíacos;
- Energiza as paredes dos vasos sanguíneos;

- Regula o tempo de coagulação sanguínea;
- Fortalece as paredes do intestino grosso e aumenta a produção do muco lubrificante;
- Favorece a absorção de nutrientes no intestino delgado;
- Estimula a produção dos hormônios de crescimento em crianças;
- Energiza a glândula tireoide, melhorando o metabolismo e colaborando para manutenção do peso adequado;
- Suaviza a pele;
- Energiza as mucosas das vias aéreas e do aparelho digestório;
- Regula a atividade das glândulas salivares;
- Relaxa o diafragma e reduz o ritmo respiratório;
- Fortalece as cordas vocais;
- Diminui contrações uterinas;
- Promove a saúde das articulações e lubrifica as cartilagens articulares.

Indicações terapêuticas: qualquer tipo de dor; crianças com restrição de crescimento; ameaça de aborto; picos hipertensivos; edemas; órgãos com tamanho aumentado; náusea e vômito; constipação intestinal; processos inflamatórios e infecciosos; rinite e sinusite; febre alta; coceiras, escamações, ressecamento ou manchas avermelhadas na pele; azia, gastrite e úlcera; problemas respiratórios; problemas na garganta como rouquidão, afonia, laringite, amigdalite e laringite; comportamentos compulsivos; histeria.

Contraindicações: trombose, hipotermia, bradicardia e hipotensão. Deve ser evitado por pessoas apáticas, melancólicas e deprimidas.

Aplicação na visualização:
- O azul claro é relaxante e calmante, com efeitos ansiolíticos, por isso deve ser aplicado na visualização de quem está cocriando a cura da ansiedade e a redução do estresse;
- O azul combinado com o dourado contém informações de sucesso, mérito e grandes realizações, por isso, essa combinação é indicada para aplicar na Visualização Holográfica cujo objetivo é a cocriação de sucesso profissional;
- O azul combinado com o branco estimula razão, inteligência e concentração, por isso essa combinação é indicada para quem está usando a visualização para cocriar sucesso nos estudos, desenvolvimento de projetos, pesquisas científicas e aprovação em concursos.

ÍNDIGO

Percepção, imaginação, intuição, habilidades psíquicas, terceiro olho, despertar da consciência, poder, dignidade, sinceridade, integridade, sabedoria, devoção, justiça, ordem, organização, imparcialidade, conexão espiritual.

Aspectos psicoemocionais:
- Desperta a espiritualidade e a fé;
- Expande a consciência e eleva o grau de compreensão da realidade;
- Atribuição de significados mais profundos às experiências;
- Diminuição da conexão com os sentidos físicos e aumento da percepção extrassensorial;
- Relativização e desapego a problemas físicos;
- Transcendência das limitações da matéria e da realidade tridimensional;
- Neutralização do julgamento e aumento da tolerância;
- Promove estados de relaxamento profundo;
- Favorece desdobramentos, estado alterado de consciência e viagens astrais;
- Favorece a liberação da culpa e do arrependimento;
- Desperta a compaixão e a indulgência.

Atuação na saúde física:
- Ameniza dores;
- Relaxante muscular;
- Aumento do vigor;
- Regeneração celular;
- Fortalecimento do globo ocular, ouvidos, tímpano e labirinto;
- Ativa a glândula hipófise para promover a regulação hormonal;
- Equilibra a bioquímica;
- Regulação dos sistemas linfático e imunológico.

Indicações terapêuticas: desequilíbrios hormonais; hemorragias; inflamações; distúrbios da visão como glaucoma e descolamento de retina; distúrbios do aparelho auditivo, incluindo labirintite; retenção de líquido e edema; problemas no baço.

Contraindicações: depressão, apatia, desânimo e tumores cancerosos.

Aplicação na visualização:
- O índigo é indicado para as visualizações de quem está cocriando ter mais foco, organização e clareza mental para estabelecer metas e realizar objetivos;
- Muito indicado para quem deseja vencer a procrastinação e todas as formas de resistência da mente – favorece a desprogramação de crenças limitantes;
- Também é indicado para quem deseja desenvolver ou melhorar habilidades psíquicas, especialmente a intuição e abertura do terceiro olho (ativação da glândula pineal);
- Em geral, o índigo ajuda a ter fé e confiar que o seu sonho já é real e já é seu, por isso, o índigo também facilita o processo de soltar.

VIOLETA

Sensualidade, espiritualidade, equilíbrio yin-yang, Universo, Infinito, Divino, resiliência, transmutação do sofrimento em sabedoria, mistério, ocultismo, misticismo, magia, conexão com o mundo imaterial, realeza, riqueza, onipresença de Deus, Justiça Divina, eternidade, fé, poder, metempsicose (transmigração das almas), comunicação interdimensional e extrassensorial, portal entre a vida e a morte, expansão da consciência, superação da dualidade e separação, percepção da Unidade.

Aspectos psicoemocionais:
- Promove estado de lucidez;
- Estabiliza emoções;
- Aumenta a firmeza dos propósitos;
- Facilita o desenvolvimento de um estado interno propício ao poder e à autoridade;
- Promove o autocontrole em relação a pensamentos e sentimentos;
- Induz à ação coerente, segura e efetiva;
- Desperta o interesse de trabalhar/agir em grupos;
- Renova as forças internas para alcançar novos objetivos;
- Desperta as potências mais nobres do ser;
- Promove a autoestima e o amor-próprio;
- Rompe os vínculos negativos com o passado e promove o perdão, liberando rancor e mágoas;

- Desperta a intuição, a inspiração e a conexão com a espiritualidade;
- Transmuta energias e padrões de comportamentos;
- Dissipa e purifica energias negativas como ciúmes, inveja e angústias.

Atuação na saúde física:
- Promove estados alterados de consciência que possibilitam a mobilização da energia necessária para a cura do corpo físico;
- Transmuta saúde em doença;
- Energiza a glândula pineal e regula a produção de melatonina;
- Regula o sistema nervoso central;
- Favorece a memória, o raciocínio e a coordenação motora;
- Fortalece o sistema imunológico, aumentando a produção de linfócitos;
- Protege contra vírus, fungos e bactérias;
- Inibe o apetite, facilitando dietas de emagrecimento;
- Reduz tumores.

Indicações terapêuticas: câncer; AVC, derrame, Parkinson, Alzheimer e outras doenças que afetam o sistema nervoso; problemas nas amígdalas.

Contraindicações: quadros graves de depressão, pessoas que se encontram extremamente desequilibradas e com tendências suicidas.

Aplicação na visualização:
- O violeta na Visualização Holográfica favorece a expansão da consciência, elevação da Frequência Vibracional® e sintonização de potenciais na Matriz Holográfica®;
- O violeta favorece a troca de informações com seres de outras dimensões, facilitando a comunicação com seus mentores espirituais;
- É especialmente interessante para quem está praticando a Visualização Holográfica para cocriar uma solução para um problema específico;
- Curiosamente, o violeta também é conhecido como a "cor das solteironas", por isso é totalmente **contraindicado** para mulheres que estão usando a visualização para cocriação de namoro e/ou casamento.

PSICOLOGIA DAS CORES E CROMOTERAPIA
INTEGRADAS À VISUALIZAÇÃO HOLOGRÁFICA

Visualização de cores para relaxamento – Meditação do Arco-Íris

Sente-se ou deite-se confortavelmente e feche os olhos.

Respire lenta e profundamente.

Observe como está seu corpo e como estão seus pensamentos e sentimentos neste momento.

Não julgue e não tente mudar nada, simplesmente observe.

Solte seus ombros.

Solte sua mandíbula de modo que seus dentes não se toquem.

Relaxe os músculos da face.

Respire fundo... segure... exale lentamente...

De novo...

Mais uma vez...

Agora, respire normalmente, deixando que seu corpo lhe diga de quanto ar você precisa.

Apenas observe sua respiração.

Observe o ar entrando... e saindo...

Sinta a pausa entre cada inspiração e exalação.

Permita que seu corpo relaxe na medida em que você apenas respira.

Crie uma imagem mental da cor vermelha.

Imagine o vermelho de todos os tons.

Imagine todos os diferentes tons de vermelho... rosas... tijolos... maçãs... corações... pores do sol...

Contemple e aprecie a cor vermelha.

Permita que o vermelho que você está imaginando gradualmente mude para laranja.

Imagine a cor laranja.

Visualize tons infinitos de laranja... flores... abóboras... cenouras... laranjas maduras...

Preencha todo o campo visual da mente com a cor laranja.

Contemple e aprecie a cor laranja.

Permita que o laranja que você está imaginando gradualmente mude para amarelo.

Visualize a cor amarela e veja na sua imaginação todos os vários tons de amarelo.

Permita que o amarelo preencha sua visão... limões... flores... folhas caindo... o Sol brilhando...

Mergulhe no amarelo, contemple e aprecie a cor amarela.

Permita que o amarelo que você está imaginando gradualmente mude para verde.

Preencha a sua imaginação com a cor verde.

Tons infinitos e tons de verde... plantas... folhas... grama... lindos jardins...

Imagine-se cercado de verde em todos os tons, do mais claro ao mais escuro, verde brilhante... verde suave...

Aproveite o verde, contemple e aprecie a cor verde.

Permita que o verde que você está imaginando gradualmente mude para azul.

Tons intermináveis de azul... água... céu... piscina...

Deixe que o azul preencha sua visão.

Aprecie e comtemple a cor azul.

Permita que o azul que você está imaginando gradualmente mude para violeta.

Visualize o violeta em sua infinita variedade de tons, dos mais claros ao mais escuros... flores... berinjelas... nasceres do Sol...

Mergulhe na cor violeta e desfrute.

Contemple e aprecie a cor violeta.

Agora, volte sua atenção para sua respiração.

Observe como sua respiração agora está calma e regular.

Agora, visualize um lindo e brilhante arco-íris.

Foque nas cores novamente, uma de cada vez.

Começando com vermelho.

Passando para laranja... amarelo... verde... azul... violeta...

Agora imagine qualquer cor que você desejar.

Você tem uma cor favorita?

Ou uma cor que combina com seu humor agora?

Imagine as cores de que você gosta e que o fazem se sentir bem.

Permita que sua mente esteja relaxada, focada e calma...

Desfrute dessa sensação de relaxamento por alguns minutos.

Quando estiver pronto, permita-se ficar mais alerta a cada respiração, retornando sua atenção para o ambiente onde você está.

Espreguice-se, agradeça e abra os olhos.

Capítulo 15
Imagética do Coração

A Imagética do Coração foi apresentada ao ocidente pelo autor canadense Daniel Mitel em seus livros *This Now is Eternity*, *Heart Imagery* e *Journey into the Heart* todos ainda sem tradução em português, infelizmente. Na década de 1990, o autor passou alguns anos em meditação em um mosteiro no Tibet, sendo treinado por monges para apresentar o conhecimento da Imagética do Coração para o público não iniciado do Ocidente. Atualmente, ele é pesquisador parceiro do Instituto HeartMath, palestrante e facilitador de workshops.

A Imagética do Coração é uma ferramenta para quem está cansado de se sentir preso na redundância da própria mente, em meio a pensamentos e comportamentos repetitivos que apenas cocriam mais da mesma realidade indesejada de sempre. Quando a mente, a racionalidade e a intelectualidade se mostram insuficientes e ineficazes, só resta uma opção: acessar o poder do coração!

Até aqui, em tudo que expliquei sobre Visualização Holográfica, eu me referi a "imagens mentais", por isso, ouvir falar pela primeira vez em "imagens do coração" pode soar um pouco estranho, mas a verdade é que essa é uma das ferramenta mais ancestrais do sistema espiritual da humanidade, sendo até pouco tempo atrás guardada a sete chaves pelos grandes mestres de várias tradições que dominam a habilidade de alterar passado, presente e futuro, modificando qualquer pensamento ou ação.

A Imagética do Coração é um sistema espiritual tão antigo quanto a própria humanidade, tibetanos, sumérios, védicos e várias outras tradições espirituais espalhadas pelo mundo inteiro praticam-na há milhares de anos para obter o equilíbrio dos corpos mental, físico e energético. E agora, eu apresentarei essa ferramenta poderosa em primeira mão para você!

Essa nova, ou melhor, antiga forma de visualização vai mover sua consciência para dentro do seu coração e mobilizar a energia poderosa das suas emoções para que você possa escapar da prisão da sua própria mente, sintonizar a frequência da cocriação para manifestar seu Novo Eu feliz, saudável, próspero e abundante em todos os sentidos.

O princípio fundamental da Imagética do Coração é que quando visualiza seus sonhos com o seu coração, você neutraliza a influência das crenças e as armadilhas do ego e passa a se expressar livremente a partir do seu espírito, despertando o seu poder de cocriador através da conexão direta com a Matriz Holográfica®.

O objetivo básico da Imagética do Coração é libertar a consciência da ilusão do ego criada pela mente e acessar a maestria do coração. A ideia é que enquanto o coração é o mestre, a mente é apenas um servo, mas, para a maioria das pessoas, o mestre está "dormindo" e o servo está no comando. Quando a consciência é iluminada pelos exercícios da Imagética do Coração, a escravidão criada pela mente chega ao fim, e você se torna o mestre desperto de seu próprio destino, como quem acorda depois de um longo sonho.

Além disso, a Imagética do Coração também possibilita:

- Limpeza de memórias do passado para promover a harmonização das energias;
- Elevação da consciência e a compreensão da própria natureza;
- Comunicação interdimensional;
- Conexão com a Mãe natureza e com o Universo inteiro;
- Cocriação da realidade a partir da energia poderosa do coração;
- Libertação do espírito em relação às ilusões do ego criadas pela mente;
- Alinhamento com a luz, com a harmonia e com o amor Divinos.

Coração – a porta para o centro do Universo

O coração, entre todos os órgãos do corpo, é o que possui o maior campo energético, o qual mede de 2,5 a 3m ao redor do corpo físico e é aproximadamente 5mil vezes mais forte que o campo do cérebro. Curiosamente, o coração é o órgão do corpo humano com a menor incidência de câncer, no percentual quase insignificante de 0,001% a 0,05% dos casos de diagnóstico de tumores malignos, e isso se deve justamente ao seu enorme campo energético.

O coração se apresenta como o ponto médio que conecta os três chakras inferiores com os três superiores, razão pela qual ele é considerado como o centro energético do corpo, cuja amplitude do magnetismo ressoa em todas as células do corpo físico e ao mesmo tempo irradia a energia dos sentimentos para cada célula do próprio corpo, para tudo e todos em seu entorno e para todo o Universo.

Apesar de todos os órgãos também possuírem seus próprios campos energéticos, o coração é o principal gerador e receptor de energia, responsável por gerenciar a energia dentro e fora do corpo; operando como um vórtice de energia que limpa e equilibra todos os demais órgãos, ossos e músculos para manter nossos corpos vivos, funcionando harmonicamente e em constante renovação celular.

De acordo com as pesquisas do dr. Andrew Amour mencionadas por Joe Dispenza no livro *Como se tornar sobrenatural*, o coração pode conter até 40 mil neurônios e possui um sistema nervoso que funciona independente do cérebro. Em outras palavras, o coração é um órgão inteligente que possui uma sabedoria peculiar que se expressa por meio da sua intuição – a voz do seu coração, que é a própria voz da sua Centelha Divina, isto é, do Criador dentro de você.

Quando você se treina para ignorar a resistência da sua mente e se conectar com a sabedoria do seu coração, acessa informações de outras dimensões de tempo e espaço e se comunica com as infinitas possibilidades da Matriz Holográfica®. É por isso que o coração é o verdadeiro lar da cocriação, porque o Universo inteiro está dentro dele!

Como acessar a sabedoria do coração

Para acessar a sabedoria do coração, é preciso aprender a silenciar a mente, aprender que ela é sua serva, não o seu senhor. Enquanto a inteligência da mente é limitada por decorrer de suas percepções, aprendizados, experiências e crenças particulares, a sabedoria do coração é ilimitada e universal por ser a própria expressão da Consciência do Criador.

Como transcender as limitações da mente para acessar o ilimitado? Bem, o básico a fazer é buscar, a cada dia, praticar a auto-observação a fim de se tornar consciente dos próprios pensamentos e comportamentos automáticos e ser capaz de interrompê-los quando eles não forem úteis e construtivos.

Para interromper a atividade de sua mente, proponha-se a jogar o "Jogo do Stop" (chamado por Joe Dispenza de "Jogo da mudança"), o qual, inclusive, é muito divertido! A prática é simples: fique atento a si mesmo e todas as vezes que perceber que está tendo uma sequência de pensamentos negativos que levam a um comportamento automático prejudicial, que está dando uma desculpa para procrastinar, que está julgando, reclamando ou vitimizando, diga para si mesmo "Stop! Mude!".

A ideia é que você suspenda a atividade da mente, pegando-a de surpresa, desprevenida, pois o seu ego não gosta de exposição, não gosta de ser observado e, muito menos, de ser interrompido ou constrangido, portanto, quando você persiste em transcender os padrões da sua mente, cada fração de segundo que consegue silenciar um pensamento ou neutralizar um comportamento representa um instante fora da prisão da mente.

A mera observação das expressões do ego confere à consciência autoridade sobre ele, uma autoridade legítima e pacífica, diferente da autoridade imposta quando tentamos lutar contra ele. A verdadeira disciplina do ego é alcançada num processo contínuo de vigilância amorosa e cada vez que você se coloca na posição de observador de si mesmo e toma consciência de um comportamento automático, você é capaz de direcionar sua vontade para modificá-lo.

Intenção, atenção e auto-observação a partir do espaço sagrado do coração são as "armas da paz" para disciplinar o ego e acessar o estado de tranquilidade mental e harmonia que permite a conexão com o Eu Superior.

Com o tempo, não é que os pensamentos negativos e os impulsos de reagir automaticamente vão desaparecer – eles vão continuar presentes sempre que você baixar a guarda da autovigilância, mas a sua maneira de lidar com eles é que vai ser alterada por meio do desapego e do não julgamento, você não vai mais permitir que seus pensamentos definam quem você é e a maneira como você age.

Cada vez que você conseguir legitimar a autoridade da sua consciência sobre os impulsos do ego, você experimentará o sabor da liberdade e do poder, e a energia que antes era desperdiçada no julgamento e no esforço pela sobrevivência será, então, redirecionada para potencializar sua saúde e vitalidade, bem como para cocriar os seus sonhos.

Esse é o caminho para acessar a sabedoria do coração!

Como praticar a imagética do coração

A Técnica da Imagética do Coração começa com uma visualização que o conduz a "descer" do cérebro e "entrar" no coração, a partir de onde você projetará suas imagens.

Como a maioria das pessoas se identifica com o próprio corpo físico, inicialmente pode soar muito estranho a ideia de mover-se para dentro do corpo, para dentro do coração, mas o fato é que a sua consciência é livre – ela pode viajar tanto para dentro do seu corpo físico como por todo o Universo.

Para isso, é preciso treinar até que se sinta à vontade e que seja algo natural para você.

> **EXERCÍCIO DE TREINO PARA "ENTRAR" NO CORAÇÃO**
>
> *Sentado com a coluna ereta e bem apoiada, feche seus olhos.*
> *Inspire pelo nariz e exale muito lentamente pela boca 3 vezes.*
> *Continue respirando normalmente.*
> *Imagine uma escada em formato de espiral que parte bem do meio do seu cérebro em direção ao coração.*
> *Desça essa escada até chegar ao seu coração.*
> *Olhe para o seu lado esquerdo e veja a porta do seu coração.*
> *Abra a porta, entre no seu coração e feche a porta.*
> *Conecte-se com o pulsar do seu coração.*
> *Perceba e sinta todo o amor que emana do seu coração.*
> *Mantenha-se concentrado, sentindo o amor pulsando dentro e fora de você.*
> *Caso se distraia com algum pensamento ou com algum barulho externo, lentamente, coloque sua atenção de volta na sua respiração e no seu coração.*
> *Quando estiver pronto, abra os olhos e volte para sua realidade externa, agora vendo o mundo a partir do seu coração, com as lentes do amor.*

ORIENTAÇÕES PARA A PRÁTICA DA IMAGÉTICA DO CORAÇÃO

O objetivo principal da Imagética do Coração é transcender a mente para acessar o coração, portanto, quando estiver praticando a técnica, procure não analisar, não racionalizar cada coisa que vir, sentir ou perceber durante a prática. Foque se entregar e permitir que o efeito das imagens trabalhe dentro de você sem a necessidade de compreender racionalmente o processo.

Siga as instruções:

- A prática deve ser feita de olhos fechados – use uma máscara tapa-olhos, se tiver;
- Você deve fazer a sua prática sentado em uma posição confortável que mantenha a sua coluna ereta e estável, dividindo o peso do corpo igualmente entre as duas nádegas;

- Suas mãos devem estar abertas, com as palmas voltadas para baixo repousando sobre suas coxas;
- Para começar cada exercício, você deve inalar pelo nariz contando até três e exalar pela boca mais demoradamente;
- Ao contrário da maioria das práticas de imagética mental, na Imagética do Coração "menos é mais" – quanto menos tempo se sustenta a imagem, mais potente é o resultado, desde que a imagem seja acessada num instante de silêncio mental;
- Não tente controlar o processo, permita que seja algo natural e espontâneo.

Obs.: Em regra, as visualizações com a técnica da Imagética do Coração não têm como objetivo cocriar diretamente casa, carro, dinheiro, alma gêmea, cura de doenças ou outros desejos. A Imagética do Coração age em um nível mais sutil e mais profundo, na raiz da questão – ela vai promover o seu alinhamento energético e a elevação da Frequência Vibracional®, preparando-o vibracionalmente para sintonizar e manifestar, de modo espontâneo, uma realidade de abundância, saúde, alegria e sucesso, deixando-o pronto para cocriar qualquer sonho!

SCRIPT DA TÉCNICA DA IMAGÉTICA DO CORAÇÃO

Sente-se com a coluna ereta e feche os olhos.
Comece a respirar colocando sua atenção na região do seu umbigo, com a intenção de direcionar para lá o prana absorvido pela respiração.
Perceba sua consciência presente no seu chakra do umbigo.
Fique respirando no seu umbigo por um minuto.
Então, suba a consciência para sua cabeça.
Perceba sua consciência presente bem no centro do seu cérebro.
Respire colocando sua atenção bem no centro da cabeça, com a intenção de direcionar para lá o prana absorvido pela respiração.
Fique respirando na sua cabeça por um minuto.
Direcione seu olhar para baixo e perceba uma escadaria em formato de espiral que o levará para o seu coração.
Comece a descer os degraus, sem pressa... se precisar segure no corrimão.
Então, veja que você chegou ao meio do seu peito, olhe para seu lado esquerdo e veja seu lindo coração pulsando.
Visualize que seu coração tem uma porta e, então, caminhe até essa porta.
Abra a porta e entre no seu coração!

▶▶ *Lembre-se de fechar a porta por onde você passou.*
Dê uma volta, observe tudo ao seu redor.
Repare que do lado oposto à porta por onde você entrou, tem outra porta.
Mas você intuitivamente sabe que não pode abrir essa porta ainda.
Você precisa se preparar, se limpar para isso.
Então, encontre um lugar para sentar e se acomodar no calor aconchegante do seu coração.
Na segurança e intimidade do espaço sagrado do seu coração, comece a trazer as lembranças de suas feridas emocionais, veja as pessoas que o magoaram.
Que tamanho de espaço você precisa para reunir todas as pessoas que você entende que o machucaram, ofenderam, violentaram, traíram?
Você precisa de uma sala? Um auditório?
Veja essas pessoas uma a uma, e num piscar de olhos veja a cena em que cada uma delas o ofendeu.
Perceba como a energia densa de cada evento, de cada emoção negativa que sentiu, ficou acumulada em você, no seu campo eletromagnético.
Então, comece a devolver essas energias que não são suas para essas pessoas.
Coloque a intenção de que essas energias indesejáveis que não lhe pertencem sejam transmutadas na luz de modo que cheguem purificadas em cada pessoa.
Sinta a energia libertadora do perdão harmonizando seu campo, deixando-o tão leve quanto a luz.
Então, coloque também a intenção de recolher de volta para você os fragmentos da sua energia vital que ficaram presos nos campos dessas pessoas no momento em que ocorreram os conflitos.
Veja seu campo girando em espiral e atraindo como um grande ímã toda sua energia que estava dissipada por aí de volta para você.
Sinta instantaneamente a potencialização da sua vitalidade!
Aproveite também para pedir perdão a essas pessoas, perdão pelas memórias de dor que vocês compartilharam por tanto tempo... e simplesmente liberte-as, deixe-as ir...
Aproveite ainda para pedir perdão e perdoar a si mesmo por tudo que fez ou deixou de fazer quando não tinha a consciência que tem hoje... liberte-se na energia amorosa do autoperdão!
Tome consciência de como sua energia mudou; sinta a expansão do seu campo energético.
Agora, perceba que aquela porta que parecia trancada o convida a passar por ela.
Aproxime-se, gire a maçaneta e abra. ▶▶

*Dê um passo adiante e a atravesse.
Seja bem-vindo ao Espaço Sagrado do seu Coração.
Esse espaço é o próprio Universo.
Um Universo inteiro de possibilidades dentro de você.
Comece a flutuar entre as estrelas, planetas e sóis.
Pisque e viaje para outras galáxias; outras dimensões.
Sinta as batidas do seu coração se sincronizando com o som do Universo, com o Coração do Criador.
Sinta o Criador dentro de você.
Veja bilhões de esferas de luz brilhante passando por você em altíssima velocidade.
Cada esfera de luz contém o holograma de uma realidade potencial disponível para você.
Use sua intenção para focar na esfera que contém o holograma do seu sonho realizado.
Diminua a velocidade da esfera e posicione-a parada na sua frente.
Através da bolha, veja lá dentro a realidade que você tanto deseja vivenciar.
Essa realidade está acontecendo agora, neste momento.
Com um piscar de olhos, estoure essa esfera de luz como se fosse uma bolhinha de sabão.
E veja a realidade do seu sonho tomando forma à sua volta instantaneamente.
Agora, você está dentro do seu sonho realizado...
Dê um giro de 360°, olhe tudo à sua volta.
Onde você está?
O que você está fazendo?
Quem está com você?
Quais são as sensações?
O que você está sentindo?
Pelo que você é grato/a?
Divirta-se na sua nova realidade!
Perceba que aquilo que você tanto procurava sempre esteve em você.
Deus sempre esteve dentro de você no Espaço Sagrado do seu Coração.
Todas as infinitas possibilidades estão no espaço sagrado do seu coração em fusão com o próprio Universo.
Antes, você apenas SABIA que as infinitas possibilidades existiam, mas não podia acessá-las do nível da mente... você apenas vislumbrava seu sonho como algo separado de você... muito muito distante.*

IMAGÉTICA DO CORAÇÃO

Mas agora que seu espírito se moveu do seu cérebro para o coração, você pode SENTIR que as infinitas possibilidades são reais e que seu sonho não é uma realidade distante, seu sonho está vivo e pulsando dentro do Espaço Sagrado do seu Coração.

Não existe mais dualidade, você acessou a Unidade; você não distingue onde você termina e onde o Universo começa; você e o Universo se tornaram um só coração.

Sinta sua fé e sua confiança sendo reintegradas em você.

Use sua intenção para que sua nova realidade volte a ser uma esfera de luz à sua frente.

Pegue-a nas mãos com cuidado e coloque-a dentro do seu coração, como quem planta uma sementinha com muito amor e certeza de que em breve brotará.

Então faça o caminho de volta e entre novamente no seu coração.

Veja um lindo ponto de luz brilhando intensamente no centro do seu coração.

Permaneça aí o tempo que desejar.

Quando estiver pronto, agradeça e abra os olhos!

Capítulo 16
Teoria das Cordas e Visualização 10D

A Teoria das Cordas é um assunto complexo que envolve muitas equações e detalhes técnicos de compreensão inacessível para leigos, mas vou fazer o meu melhor para explicá-la de maneira simplificada, em uma abordagem ampla que, mesmo ignorando a parte técnica, servirá como um lindo estímulo para refletir sobre a natureza da realidade e expandir a consciência! Afinal, nosso objetivo principal é aplicar esse conhecimento na cocriação da realidade.

A Teoria das Cordas é uma proposta fascinante que busca unificar duas das teorias fundamentais da física moderna: a Teoria da Relatividade Geral de Albert Einstein, que descreve a gravidade, e a Mecânica Quântica, que descreve as partículas subatômicas e suas interações.

Na Física Clássica, como a de Isaac Newton, as partículas são consideradas pontos sem estrutura interna. No entanto, a Teoria das Cordas sugere que as partículas elementares não são pontos, mas, sim, objetos unidimensionais estendidos, semelhantes a cordas vibrantes, consideradas como a menor unidade da matéria, com tamanho compatível com o comprimento de Planck ($1,6 \times 10^{-35}$ m). Por serem tão pequenas, as cordas ainda não podem ser detectadas diretamente pelos experimentos atuais devido à limitação da tecnologia disponível.

Uma das ideias centrais da Teoria das Cordas é que diferentes tipos de partículas, como elétrons, fótons e quarks, são originados por diferentes modos de vibração das cordas. Cada modo de vibração corresponde a uma partícula diferente, com propriedades específicas como massa e carga elétrica.

Além disso, a Teoria das Cordas também prevê a existência de dimensões extras além das três espaciais (comprimento, largura e altura) e da dimensão temporal que conhecemos. Essas dimensões extras são compactadas em escalas muito pequenas, tornando-as invisíveis.

TEORIA DAS CORDAS E VISUALIZAÇÃO 10D

Uma das características mais incríveis da Teoria das Cordas é que ela admite a possibilidade de diferentes configurações dessas cordas, correspondendo a diferentes estados de energia e, portanto, diferentes partículas. Isso significa que a teoria pode abranger não apenas as partículas elementares conhecidas, mas também partículas hipotéticas, como as partículas supersimétricas.

A Teoria das Cordas tem esse nome em uma analogia às cordas de instrumentos musicais, com o objetivo de transmitir a ideia de que as partículas são como notas musicais produzidas pelas vibrações das cordas de um instrumento. Assim como diferentes notas musicais são geradas por diferentes modos de vibração de uma mesma corda, as diferentes partículas são geradas pelos diferentes modos de vibração das cordas da Teoria das Cordas.

Essa analogia também ressalta a ideia de que as cordas podem vibrar em várias frequências e que cada frequência corresponde a uma partícula distinta. Assim como diferentes notas musicais possuem características específicas, como altura e timbre, as diferentes partículas têm propriedades como massa, carga elétrica e spin determinadas pelas frequências de vibração das cordas. Portanto, o nome "Teoria das Cordas" reflete a essência dessa abordagem teórica, que propõe que a natureza fundamental das partículas está relacionada à vibração de objetos unidimensionais semelhantes a cordas.

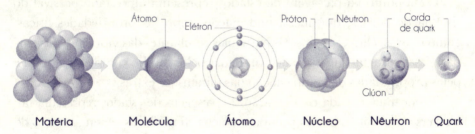

No entanto, é importante ressaltar que a Teoria das Cordas ainda está em desenvolvimento e enfrenta vários desafios. Por exemplo, não há consenso sobre qual é a configuração exata das cordas e como elas se relacionam com as partículas observadas. Além disso, a teoria também enfrenta dificuldades experimentais, uma vez que os colisores de partículas atuais não têm capacidade suficiente para detectar diretamente as cordas.

Apesar desses desafios, a Teoria das Cordas tem sido objeto de intenso estudo e pesquisa por parte de físicos teóricos, pois ela oferece uma possível abordagem para a tão procurada "Teoria de Tudo". Essa teoria unificada poderia explicar todos os fenômenos físicos do Universo, seja em escalas subatômicas ou em escalas cosmológicas.

A Teoria das Cordas e as infinitas possibilidades

Embora não haja comprovações científicas conclusivas sobre a validade da Teoria das Cordas, no tocante à cocriação da realidade, ela nos confirma a existência das infinitas possibilidades, de infinitas realidades simultâneas acontecendo em infinitos universos, o que garante que seu sonho existe e já é real em outra dimensão e que pode ser trazido para a dimensão da matéria.

Aquela ideia de que existe um "eu" nosso experimentando outras realidades em outras dimensões – um eu rico e feliz; um eu advogado, médico, engenheiro, empresário, pedreiro, faxineiro, desempregado; um eu casado com filhos; um eu solteiro sem filhos etc., faz total sentido no contexto da Teoria das Cordas.

Um conceito fundamental da Teoria das Cordas que explica as infinitas possibilidades e sustenta a existência de múltiplos universos é o conceito de "paisagem de estados", que descreve o conjunto de todas as possíveis configurações das cordas vibrantes, entendido como um espaço abstrato multidimensional em que cada ponto representa uma configuração específica das cordas e suas características correspondentes.

Cada ponto na paisagem de estados representa um estado possível do sistema de cordas, que inclui informações sobre as propriedades físicas, como massas, cargas e spins das partículas resultantes das vibrações das cordas. Essas características são determinadas pelos modos como elas vibram e pelas propriedades da compactação das dimensões extras.

Teoricamente, cada configuração da paisagem de estados representa um Universo possível com suas próprias características físicas. Assim, a ideia do **multiverso** surge quando consideramos que nossa realidade não é única, mas, sim, uma entre muitas configurações possíveis. Cada configuração das cordas, ou seja, cada ponto na paisagem de estados, representa um Universo distinto.

Com essa teoria, podemos afirmar que existem infinitas versões de **você** neste Universo ou Cosmos. Cientistas como Stephen Hawking e Albert Einstein ponderaram, há muito tempo, a ideia de Universos alternativos. Isso significa que, em algum lugar lá fora, de acordo com as leis da Física Quântica, existe uma versão de **você**, que já realizou tudo o que você sempre desejou, esperando ser sintonizada: o seu **Eu do Futuro**, explicado anteriormente.

Teoria das Cordas M

Para explorar a paisagem de estados e investigar o Multiverso, os pesquisadores propuseram a Teoria das Cordas M. Essa teoria sugere que existem diferentes versões da Teoria das Cordas que podem ser unificadas em uma estrutura mais abrangente, conhecida como Teoria M. Essa teoria permite que diferentes configurações das cordas correspondam a diferentes universos.

A Teoria M foi proposta por um grupo de físicos teóricos na década de 1990. Os principais colaboradores e pioneiros dela são Edward Witten, Michael Duff e Paul Townsend. Ela consiste em uma extensão da Teoria das Cordas que busca unificar diferentes versões da teoria em uma estrutura mais abrangente.

Para entender isso, precisamos voltar um pouco na ideia das cordas vibrantes. Na Teoria das Cordas, as cordas podem vibrar em diferentes modos, e cada modo de vibração corresponde a uma partícula específica. Isso significa que diferentes configurações das cordas levam a diferentes partículas e, portanto, a diferentes propriedades físicas.

A Teoria M postula que existem diferentes configurações possíveis para as cordas, correspondendo a diferentes pontos na chamada paisagem de estados. Cada configuração nessa paisagem de estados representa um Universo possível, com suas próprias características físicas, como leis da física, constantes fundamentais e até mesmo o número de dimensões do espaço-tempo.

Essa ideia implica que nosso Universo não é único, mas parte de um conjunto maior de universos conhecido como Multiverso. Cada Universo dentro do Multiverso seria representado por uma configuração específica das cordas na paisagem de estados.

A Teoria M permite essa variedade de universos ao unificar diferentes versões da Teoria das Cordas. Essas diferentes versões, por sua vez, correspondem a diferentes configurações das cordas e, consequentemente, a diferentes universos.

A Teoria M fornece um arcabouço teórico que permite a possibilidade do Multiverso, mas ainda não temos evidências experimentais diretas que confirmem sua existência. Contudo, como não somos físicos de laboratórios nem pesquisadores acadêmicos, mas, sim, cocriadores da realidade, não precisamos de evidências científicas para algo que podemos sentir na pele e experimentar na prática: nós somos, sim, capazes de acessar as infinitas possibilidades e manifestar uma nova realidade!

As 10 Dimensões

A Teoria das Cordas M postula a existência de dez dimensões nas quais estão incluídas as três dimensões espaciais "normais" que percebemos no nosso cotidiano (comprimento, largura e altura) e mais sete dimensões extras compactadas.

As dimensões extras compactadas são enroladas em escalas muito pequenas, abaixo do limite de detecção dos equipamentos dos laboratórios de física. Isso significa que essas dimensões são "encolhidas" em tamanhos microscópicos e não são diretamente observáveis no nosso mundo cotidiano. Em uma analogia, essas dimensões se encontram enroladas, tal qual as fitas de DNA se encontram enroladas no núcleo das células.

A Teoria M também postula que há uma variedade de geometrias possíveis para essas dimensões compactadas. Isso significa que diferentes configurações dessas dimensões podem levar a diferentes propriedades físicas nos universos correspondentes. Essa riqueza de possíveis configurações das dimensões extras é uma das razões pelas quais a Teoria M é considerada uma Teoria dos Universos Múltiplos ou do Multiverso.

Na Teoria M, as sete dimensões extras compactadas não são especificadas explicitamente nem nomeadas como dimensões físicas distintas. Elas são consideradas dimensões extras que são compactadas em escalas muito pequenas, abaixo do limite de detecção dos experimentos atuais. Portanto, essas dimensões não têm uma interpretação geométrica direta no contexto da Teoria M.

A compactação das dimensões extras é um processo matemático que ocorre na Teoria M para tornar as dimensões extras invisíveis e irrelevantes em escalas macroscópicas. Isso significa que as propriedades específicas dessas dimensões como forma, tamanho e geometria não são especificadas pela teoria.

No entanto, existem várias construções matemáticas avançadas que podem ser usadas para descrever as configurações possíveis das dimensões extras compactadas. Um exemplo comum é a Teoria de Variedades de Calabi-Yau. As variedades de Calabi-Yau são espaços complexos com propriedades geométricas especiais que podem ser usadas para modelar as dimensões extras compactadas em determinados cenários da Teoria M.

As variedades de Calabi-Yau são objetos matemáticos altamente complexos, que possuem propriedades intrincadas e uma topologia rica. Elas são objetos multidimensionais que envolvem várias coordenadas complexas e equações diferenciais.

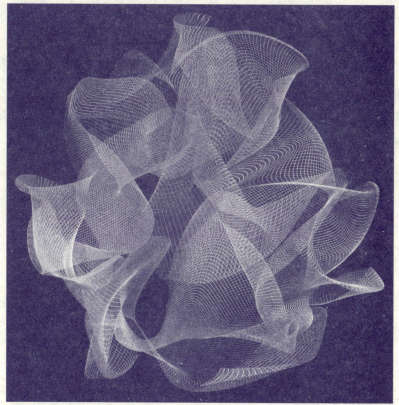

Ilustração das Variedades de Calabi-Yau (Adaptado de https://brazilastronomy.wordpress.com/cosmologia/superstrings-cordas-cosmicas/.)

Se as dimensões extras forem compactadas, devem estar nesta forma de um Calabi-Yau. Embora imperceptíveis no que diz respeito aos nossos sentidos, eles teriam governado a formação do Universo desde o início, daí a razão para os cientistas acreditarem que ao olhar para trás, usando telescópios para detectar a luz do Universo primitivo, ou seja, bilhões de anos atrás, eles podem ser capazes de ver como a existência dessas dimensões adicionais poderia ter influenciado a evolução do cosmos.

1ª DIMENSÃO

A 1ª dimensão consiste em um eixo representativo de alguma unidade de medida, uma linha reta que existe unidimensionalmente apenas em termos de comprimento, sem apresentar outras qualidades discerníveis. Por exemplo, sua altura é um ponto unidimensional localizado no eixo do comprimento.

2ª DIMENSÃO

A 2ª dimensão é representada por duas retas em dois eixos com duas unidades de medidas diferentes. Aplicada no plano cartesiano, as duas dimensões correspondem a um par de coordenadas x e y a partir das quais os objetos bidimensionais tomam forma. Por exemplo, um retângulo que possui duas dimensões: comprimento e altura. Conhecendo as duas dimensões de um objeto, podemos calcular a área que ele ocupa.

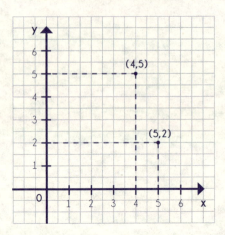

3ª DIMENSÃO

A 3ª dimensão é representada por três retas, em três eixos, formando um trio de coordenadas x, y e z. Na prática, a terceira dimensão corresponde à noção de profundidade, espessura ou largura. Com as informações sobre as três dimensões, é possível, por exemplo, localizar qualquer objeto na Terra pela mensuração da latitude, longitude e altitude. E, conhecendo as três dimensões de um objeto, podemos calcular o seu volume.

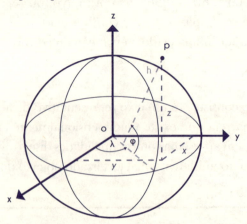

TEORIA DAS CORDAS E VISUALIZAÇÃO 10D

4ª DIMENSÃO

A 4ª dimensão é chamada de espaço-tempo, ela integra as três primeiras dimensões, uma vez que todo objeto mensurável no espaço ocorre num determinado tempo. Na prática, as três dimensões de espaço combinadas com o tempo permitem, por exemplo, que você agende encontros em um determinado local e horário. No eixo cartesiano, o tempo corresponde a uma quarta reta (T) que permite representar que um objeto é localizado no espaço, mas que existe através do tempo. Veja nas ilustrações:

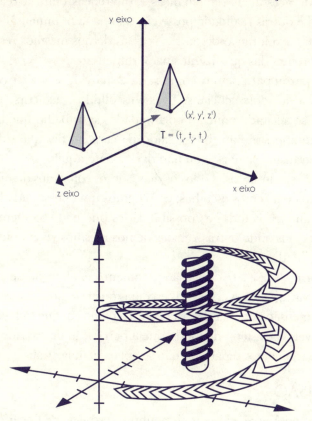

5ª DIMENSÃO

A partir da 5ª dimensão, as coisas começam a ficar "estranhas", ou melhor, muito interessantes, pois as outras dimensões não estão mais relacionadas com a física clássica, tampouco com a causalidade newtoniana e, portanto, não podem mais ser representadas no eixo cartesiano. As chamadas dimensões superiores (5ª a 10ª dimensões) só podem ser explicadas a partir dos princípios da Física Quântica.

Nas dimensões superiores, o tempo linear da 4ª dimensão é transcendido, de modo que é possível experimentar, simultaneamente, todos os universos e realidades passados, presentes e futuros. A partir da 5ª dimensão, o tempo se unifica e se apresenta na forma da eternidade, sem começo e sem fim, e as infinitas possibilidades se apresentam em superposição quântica.

Como não existe mais o tempo linear. Na 5ª dimensão, você pode se mover para frente e para trás no tempo, tal como se move no espaço e também pode acessar as semelhanças e diferenças entre a realidade que experimenta e outras realidade possíveis, ou seja, a 5ª dimensão (e também a 6ª) permite a exploração de outras versões de nós mesmos resultantes de escolhas diferentes das que fizemos na 3ª dimensão.

Você já parou para pensar como seria a sua vida se você tivesse casado com seu amor de adolescência, se tivesse escolhido outro curso para se formar, se tivesse aceitado aquela oportunidade de trabalho que lhe ofereceram há vinte anos, se não tivesse saído de casa no dia que sofreu aquele acidente de trânsito, se tivesse ou não tivesse feito aquilo...

Os "e se?" são infinitos! Todos os dias, somos colocados diante das bifurcações da vida e fazemos escolhas: escolhemos uma possibilidade em detrimento de infinitas. E todas as possibilidades que não escolhemos criaram mundos paralelos onde outras versões de nós mesmos vivem outras versões da nossa realidade.

Dessa forma, a 5ª e a 6ª dimensão permitem a exploração de todas as possibilidades e variações ou versões das escolhas que fazemos. Para você ter uma ideia, a 5ª dimensão pode ser descrita como o plano em que todas as linhas do tempo possíveis coexistem, de modo que a percepção de passado, presente e futuro como momentos separados não se aplica nem faz mais sentido.

6ª DIMENSÃO

Na 6ª dimensão não existe mais nenhum resquício de linearidade – você seria capaz de se mover através de um plano de possibilidades, enxergando-as e percebendo-as ao mesmo tempo, o que permitiria compará-las e contrastá-las, testemunhando todas as variações possíveis de passado, no presente e no futuro acontecendo ao mesmo tempo. Se você pudesse ver a 6ª dimensão, veria um conjunto infinito de mundos possíveis.

A 5ª e a 6ª dimensão estão intimamente relacionadas, a partir delas, as infinitas possibilidades "entram em jogo". Igualmente, a 7ª e a 8ª dimensão também se relacionam e estão ligadas uma à outra, como veremos a seguir.

7ª DIMENSÃO

As dimensões 7, 8, 9 e 10 apresentam universos diferentes com possibilidades diferentes e com leis físicas diferentes de tudo que conhecemos, com a Lei da Gravidade e a velocidade da luz operando de uma maneira diferente para abranger todas as infinitas possibilidades em suas mais sutis variações de escolhas, lugares e tempos.

A 5ª e a 6ª dimensão compreendem os mundos que compartilham a mesma origem e condições iniciais que o nosso, que é o Big Bang; mas a partir da 7ª dimensão, são incluídos outros universos de outras origens, os quais são governados por leis diferentes, uma vez que possuem condições iniciais diversas. É a partir da 7ª dimensão que começa o **multiverso**, o conjunto infinito de universos com diferentes origens e leis.

Assim, nas 7ª, 8ª e 9ª dimensões as possibilidades se expandem para além de qualquer tentativa de compreensão intelectual – as leis da física mudam, a gravidade muda, a velocidade da luz muda... Tudo muda e tudo é possível, inclusive aquele seu grande sonho que parece impossível sob a perspectiva limitada da 3ª dimensão.

8ª DIMENSÃO

A 8ª dimensão compreende o plano de todas as histórias universais possíveis, cada uma começando em diferentes condições iniciais e se ramificando e desdobrando em infinitas realidades. Já não se trata mais de um Universo com infinitas versões da realidade, mas de infinitos universos com infinitas versões da realidade!

9ª DIMENSÃO

Na 9ª dimensão, todas as leis da física e todas as condições de todos os infinitos universos se tornam aparentes e relativas, de modo que é possível comparar todas as histórias possíveis dos infinitos universos!

10ª DIMENSÃO

Finalmente, na 10ª dimensão, chegamos ao ponto do **absoluto**, no qual nada mais pode ser imaginado por nós, humildes mortais moradores da 3ª dimensão. Na 10ª dimensão, tudo existe e tudo é possível, por isso ela representa o desconhecido e engloba todas as outras variáveis que seriam necessárias para avaliar todos os dados em toda a eternidade simultaneamente, reunindo em si todas as dimensões anteriores. Na metafísica, a 10ª dimensão é a dimensão de Deus, a partir da qual ele sustenta toda a existência em todos os multiversos.

Se você ama o tema do multiverso, precisa assistir a:

- *Doutor estranho no multiverso da loucura;*[40]
- *Tudo em todo lugar ao mesmo tempo;*[41]
- *Se eu não tivesse te conhecido.*[42]

Visualização 10D

A Visualização 10D é uma técnica criada por mim com inspiração nas dimensões da Teoria das Supercordas. A proposta é conduzir você em uma experiência altamente imersiva de Visualização Holográfica do seu sonho na qual, percorrendo as 10 dimensões, você vai se aprofundar e mergulhar cada vez mais nos detalhes sensoriais, percepções e sentimentos decorrentes da sua vivência imaginária.

Quanto mais realista, nítida e emocionalmente impactante for a sua visualização, mais acelera o processo de cocriação do sonho! E a Visualização 10D é a ferramenta perfeita para isso!

> **ROTEIRO**
>
> *Sente-se confortavelmente, com a coluna ereta, braços e pernas descruzados.*
> *Feche os olhos.*
> *Vamos fazer a respiração HÁ para acalmar a mente e relaxar o corpo.*
> *Vamos lá...*
> *Inspire devagar contando até 5.*
> *Sustente o ar nos pulmões contando até 5.*
> *Exale contando até 6.*
>
> ▶▶

---

40 DOUTOR Estranho no multiverso da loucura. Direção: Sam Raimi. EUA: Marvel Studios, 2022. Vídeo (126 min). Disponível em: https://www.disneyplus.com/pt-br. Acesso em 24 out. 2023.

41 TUDO em todo lugar ao mesmo tempo. Direção: Daniel Kwan; Daniel Scheinert. EUA: A24, 2022. Vídeo (139 min). Disponível em: https://www.primevideo.com/. Acesso em: 24 out. 2023.

42 SE EU NÃO tivesse te conhecido [Seriado]. Direção: Joan Noguera; Kiko Ruiz Claverol. Espanha: Diagonal TV, 2018. Vídeo (500 horas). Disponível em: https://www.netflix.com/br. Acesso em: 24 out. 2023.

Segure os pulmões vazios contando até 5.
De novo...
Inspire devagar contando até 5.
Sustente o ar nos pulmões contando até 5.
Exale contando até 6.
Segure os pulmões vazios contando até 5.
Mais uma vez...
Inspire devagar contando até 5.
Sustente o ar nos pulmões contando até 5.
Exale contando até 6.
Segure os pulmões vazios contando até 5.
Perceba como seu corpo relaxou...
Agora, visualize bem na sua frente uma televisão enorme, do tamanho de uma tela de cinema.
Veja que você está sentado em um sofá e tem na sua mão o controle dessa TV.
Respire fundo e ligue sua TV.
Veja que inicialmente aparece uma grande tela azul.

Aperte o botão do seu controle e vá para a 1ª dimensão.
Veja que aparece na tela a imagem de um caminho.
Pode ser uma trilha na floresta ou uma pista asfaltada.
A 1ª dimensão é uma linha reta.
Observe o caminho à sua frente.
É esse o caminho que vai levar você para a realização do seu sonho.

Respire fundo e aperte o botão do seu controle, que o levará para segunda dimensão.
Veja que na sua tela aparece uma encruzilhada que lhe dá a opção de ir para esquerda ou para a direita.
A 2ª dimensão é formada por dois eixos.
Aqui você é convidado a fazer uma escolha.
Escolher um lado, uma posição.
Você vai escolher agora se você quer reclamar e vitimizar.
Ou se você quer apenas agradecer.
Perceba como é fácil para você escolher o caminho da gratidão.

Respire fundo e mais uma vez aperte o botão do seu controle para acessar a 3ª dimensão.

Na 3ª dimensão, você percebe a profundidade.
Comande na sua tela a exibição da cena que representa seu sonho.
Veja as imagens saindo da tela como se você estivesse assistindo a um filme 3D no cinema.
Contemple seu sonho por um momento.
Veja o que você está fazendo.
Veja quem está com você.
O que você está sentindo?
Use seu controle para dar um zoom na imagem.
Aproxime a cena de você.
Veja ainda mais detalhes!
Que roupa você está usando?
Qual a expressão do seu rosto?
Mais zoom.
Veja a imagem enorme na sua frente.

Respire fundo e aperte o botão novamente.
Agora você vai para a 4ª dimensão, a dimensão do tempo.
Perceba que já não existe mais separação entre passado, presente ou futuro.
Você domina o tempo.
E percebe que existe apenas o momento presente.
Isso quer dizer que a cena do seu sonho não é um futuro distante.
O seu sonho é real e está acontecendo agora!
Tudo que você precisa fazer é sair desse sofá e entrar no seu sonho.
Assumir seu lugar nesta cena de alegria e de sucesso.
Vamos lá.
Veja-se entrando no seu próprio corpo.
Veja-se acoplando seu corpo no corpo do seu eu do futuro.
Porque o futuro é real agora.
Como está na pele do seu eu realizado e bem-sucedido?
Olhe à sua volta.
Veja os detalhes do ambiente onde você está.
É um ambiente fechado? Ou é a céu aberto?
Tem decoração?
Aposse-se do seu novo corpo, do Novo Eu.
Abra os braços e gire contemplando tudo à sua volta.
Desfrute do sentimento de realização!
Isto é real, isto é real, isto é real!!!!!

*Respire fundo, agora você não precisa mais do controle remoto.
A realidade responde aos comandos da sua consciência!
Comande seu acesso à 5ª dimensão.
Na 5ª dimensão, você ativa o sentido do tato!
Olhe para suas mãos.
Visualize-as iluminadas.
Comece a tocar nos objetos à sua volta.
Sinta as texturas que fazem parte do seu sonho realizado...
Seja qual for seu sonho, sinta-o usando seu tato...
Seu sonho é uma linda casa? Toque nas paredes, sinta a textura do seu sofá novinho, pegue os objetos, sinta o peso deles, sinta a temperatura...
Seu sonho é um carro? Sinta a textura dos bancos, perceba o relevo da marca no volante, segure o câmbio, empurre os pedais...
Seu sonho é ter um bebezinho? Sinta seu bebezinho nos seus braços, sinta a textura delicada da pele, sinta os cabelinhos macios, pegue no pezinho e conte os dedinhos, um por um...
Não importa qual seja o seu sonho, sinta-o agora nas suas mãos, pegue, sinta as texturas, os relevos, o peso, a temperatura...
O que você está sentindo enquanto pega no seu sonho?
O que você está sentindo?
O que você está sentindo?
O que você está sentindo?
O que você está sentindo?????
Aumente a intensidade!
Isto é real, isto é real, isto é real!!!*

*Respire fundo e comande na sua mente o acesso à 6ª dimensão.
Na 6ª dimensão, além de ver e pegar no seu sonho, você ativa o seu olfato e assim passa a também sentir o cheiro do seu sonho!
E aí, qual é o cheiro do seu sonho?
É cheiro de carro novo?
É cheirinho de neném?
É cheirinho de casa nova, limpa e perfumada?
É o cheiro de um lugar que você está conhecendo?
É o cheiro do perfume da sua alma gêmea?
Feche os olhos da mente e se concentre neste cheiro maravilhoso que é o cheiro do seu sucesso.
Agora abra os olhos e perceba tudo de uma vez...*

O que você vê?
O que você toca?
Que cheiro você sente?
O que você está sentindo?
O que você está sentindo?
O que você está sentindo?
Seu sonho é real agora!!!
Isto é real, isto é real, isto é real!!!

Respire fundo mais uma vez e comande a 7ª dimensão.
Na 7ª dimensão, você ativa seu paladar e acessa o gosto do seu sonho!
Que gosto tem o seu sonho?
Tem o gosto do champanhe que você está tomando para comemorar sua casa nova?
Tem o gosto do beijo da sua alma gêmea?
Tem o gosto do banquete que você está desfrutando?
Tem o gosto da balinha de menta que você está saboreando enquanto dirige seu carro novo?
Tem o gosto do cafezinho que está tomando no seu novo trabalho?
Feche os olhos da mente e se concentre no sabor delicioso do seu sucesso, do seu sonho realizado...
Agora abra os olhos e perceba tudo de uma vez...
O que você vê?
O que você toca?
Que cheiro você sente?
Qual é o gostinho do seu sucesso?
O que você está sentindo?
O que você está sentindo?
O que você está sentindo?
Seu sonho é real agora!!!
Isto é real, isto é real, isto é real!!!

Respire fundo novamente e comande o acesso à 8ª dimensão.
Na 8ª dimensão, você acessa a audição e pode ouvir todos os sons do seu sonho realizado!
O que você está ouvindo agora?
Seu sonho tem uma trilha musical?
O que você está dizendo para as pessoas?

TEORIA DAS CORDAS E VISUALIZAÇÃO 10D

O que as pessoas estão dizendo para você?
Ouça as pessoas parabenizando você!
Ouça você dizendo "eu sabia que conseguiria".
O que mais você escuta no seu sonho?
O som do motor do seu carro novo?
A voz do seu médico dizendo que você está curado?
A gargalhada da sua alma gêmea?
O chorinho dengoso do seu bebê?
A campainha tocando na sua casa nova?
Quais são os sons do seu sonho??
Feche os olhos da mente e se concentre em ouvir os sons do seu sucesso, os sons do seu sonho realizado...
Agora abra os olhos e perceba tudo de uma vez...
O que você vê?
O que você toca?
Que cheiro você sente?
O que você ouve?
O que você está sentindo?
O que você está sentindo?
O que você está sentindo?
Seu sonho é real agora!!!
Isto é real, isto é real, isto é real!!!

Agora, respire fundo mais uma vez e comande o acesso à 9ª dimensão.
Na 9ª dimensão, você ativa a função cinestésica e percebe e sente todos os movimentos do seu sonho!
Sinta seus músculos ativos.
Abra o peito.
Acene com a cabeça, afirmando sua realidade.
Faça um movimento de yessss com seus braços.
Dance para seu sonho, abra os braços e saia rodopiando de alegria.
Quais são os movimentos do seu sonho?
Você está abrindo a janela da sua casa nova?
Você está sentindo seu bebê mexendo na sua barriga?
Você está dançando com sua alma gêmea?
Você está caminhando por alguma linda cidade do mundo?
Feche os olhos da mente e se concentre nos movimentos do seu sonho...
Agora abra os olhos e perceba tudo de uma vez...

▶▶
*O que você vê?
O que você toca?
Que cheiro você sente?
O que você ouve?
Como você se movimenta?
O que você está sentindo?
O que você está sentindo?
O que você está sentindo?
Seu sonho é real agora!!!
Isto é real, isto é real, isto é real!!!*

*Agora, respire fundo mais uma vez.
Comande na sua consciência o acesso à 10ª dimensão.
A 10ª dimensão é a dimensão do infinito, da infinita presença do Criador.
Do coração da Matriz Holográfica®.
Na 10ª dimensão tudo é possível.
Na 10ª dimensão ocorre o completo colapso da função de onda do seu sonho.
E tudo que você precisa fazer é soltar, agradecer e confiar.
Seu sonho já existe, já é completamente real.
Olhe para seu sonho mais uma vez...
O que você vê?
O que você toca?
Que cheiro você sente?
O que você ouve?
Como você se movimenta?
O que você está sentindo?
O que você está sentindo?
O que você está sentindo?
Ele já é real, já é real, já é real...
E você tem tanta certeza de que ele é real.
Que ele está a caminho da sua realidade material.
Que você simplesmente permite que seu sonho se acomode dentro de uma linda bolha de luz cor-de-rosa e cintilante...
E você solta essa bolha...
Veja a bolha transportando seu sonho para o coração da Matriz Holográfica®.
Veja a Matriz Holográfica® dizendo SIM para o seu sonho.
Agradeça, agradeça, agradeça...*

TEORIA DAS CORDAS E VISUALIZAÇÃO 10D

Seu sonho é real!
A Matriz Holográfica® recebeu seu sonho.
E vai organizar todos os eventos e circunstâncias.
Para entregá-lo manifestado na matéria...
E Ela vai fazer isso da maneira que você menos espera...
Peça neste momento que a Matriz Holográfica® dê um sinal confirmando que recebeu seu pedido.
Que nos próximos dias você veja, escute alguma coisa que confirme que seu sonho está a caminho...
Agradeça mais uma vez....
Volte para o seu sofá.
Use seu controle para desligar sua TV.
Quando estiver pronto, abra os olhos!

Capítulo 17
20 Leis Universais da cocriação aplicadas à Visualização Holográfica

Todos os seres, entes e coisas do Universo são regidas por Leis e Princípios Naturais. Portanto, na qualidade de um ser que habita o Universo, você, sua vida, sua realidade e seus sonhos são governados por essas Leis e Princípios. Mesmo que não as conheça ou não acredite nelas, essas Leis determinam todos os aspectos da sua vida e da realidade que você experimenta.

Aqui, eu vou lhe apresentar 20 dessas Leis Universais da Cocriação que se relacionam diretamente com a prática da Visualização Holográfica. Entenda que elas serão apresentadas separadamente por questão didática, mas são todas interligadas e derivadas do mesmo Princípio Universal Fundamental que unifica todas as Leis Cósmicas, que é o entendimento de que TUDO no Universo é energia e está em constante movimento, ainda que pareça sólido, rígido e estático.

Como a Física Quântica já comprovou, tudo no Universo é feito de átomos e átomos são feitos, essencialmente, de energia e vibração. Isso significa que você, seus pensamentos e sentimentos também são feitos de energia e, a todo instante, por ressonância, sintonizam outras energias de vibrações equivalentes para criar aquilo que você chama de "minha vida", a sua realidade material, mental e emocional.

Esse fato confirma que você não é vítima de nada nem de ninguém e que se você está vivenciando uma realidade de problemas, escassez, tristeza, doença, fracasso ou solidão, é porque você está emitindo a vibração que sintoniza essa realidade.

Sabendo que é a sua energia e vibração que sintonizam e manifestam a realidade que se apresenta para você, se for capaz de assumir 100% da responsabilidade pela sua própria vida, negando-se a permanecer na posição de vítima e escolhendo viver em alinhamento com as Leis Universais, você acessa, então, o poder que tem dentro de si para mudar a sua vida. E assim você vai cocriar uma nova realidade de amor, alegria, prosperidade, saúde, sucesso, paz e abundância, tanto no nível pessoal, como também no nível coletivo, contribuindo para elevar a vibração de toda a humanidade e criar um mundo melhor para todos.

As Leis Universais da Cocriação que eu vou lhe apresentar aqui funcionam como um "manual de instruções", como um código de conduta a seguir para compreender como as coisas funcionam e manifestar a realidade que você deseja, elevando a sua vibração – ou seu nível de consciência, como explica David Hawkins – por meio do autoaperfeiçoamento físico, mental, emocional e espiritual.

A decodificação das Leis Universais da Cocriação, com a qual eu o presenteio agora, o orientará no seu caminho, permitirá que você acesse a consciência de que é parte do Universo e favorecerá a cocriação dos seus sonhos em alinhamento com o Poder Divino.

Você já aprendeu como a Visualização Holográfica se fundamenta cientificamente na Física Quântica, Psicologia e Neurociências. Agora, vai aprender com a Visualização Holográfica também se fundamenta e está em perfeita harmonia com as Leis Universais da Cocriação da Realidade.

1. Lei da Afinidade Magnética

A Lei da Afinidade Magnética ensina que os seres de vibração similar têm a tendência de atrair uns aos outros, o que significa que a sua vibração pessoal atrai, por afinidade, os encontros, pessoas, eventos e situações que aparecem em sua vida e é assim que você cria a sua realidade externa a partir da sua realidade interna. Esta Lei também nos permite compreender que nada é por acaso e que somos 100% responsáveis por tudo de bom e de ruim que experimentamos na vida, uma vez que a realidade se manifesta conforme a afinidade magnética com a nossa própria vibração.

Aplicação na Visualização Holográfica: absolutamente tudo com o que você escolhe nutrir sua mente e coração será a matéria-prima que, por afinidade magnética, produz a realidade que se manifesta para você. Assim, quando você visita, experiencia, vivencia e sente o seu sonho realizado por meio da Visualização Holográfica de maneira repetida e consistente, conforme a Lei da Afinidade Magnética, você vai magnetizar seu sonho realizado na sua realidade material.

2. Lei do Agora

A Lei do Agora nos ensina que não existe o tempo linear no Universo, não existe passado e futuro, apenas existe o momento presente, o agora. Você não pode fazer nada ontem nem amanhã porque só existe o Agora. Tudo o que você tem é o agora e na medida em que você consegue manter o seu foco no aqui e no agora, você consegue recuperar a sua energia que estava estagnada nos arrependimentos do passado e nos medos e ansiedades do futuro. Na cocriação da realidade, a Lei do Agora ensina que independentemente dos seus traumas e das coisas ruins que aconteceram com você, o seu futuro não é definido pelo seu passado, o seu futuro é criado no momento presente, com base naquilo em que você coloca a sua atenção agora.

Aplicação na Visualização Holográfica: você entra em alinhamento com a Lei do Agora quando, ao praticar a sua Visualização Holográfica, você aproveita o momento presente para focar o que você deseja, experimentando através da sua imaginação todas as sensações do seu sonho realizado. Fazendo isso, você emite para o Universo a informação de que o sonho é real AGORA, o que eleva a sua vibração e favorece a cocriação.

3. Lei da Alegria

A Lei da Alegria ensina que quando você experimenta alegria, felicidade e paz interior como um estado de ser predominante, os aspectos negativos do seu eu inferior, do seu ego, são completamente dissolvidos e você expressa o seu verdadeiro eu. Na Tabela de Hawkins, a alegria é um dos três níveis de consciência de mais alta frequência. Calibrada em 540 Hz, ela é considerada como a frequência do Criador, por isso também é a frequência dos milagres e das curas. Em alinhamento com a Lei da Alegria, você enxerga apenas beleza, harmonia, abundância e perfeição em tudo à sua volta, e seu poder de cocriador se expande infinitamente.

Aplicação na Visualização Holográfica: na cocriação da realidade, você não pode esperar que seu sonho se realize para, então, sentir-se alegre; é o contrário: primeiro, você vibra alegria para emanar uma alta frequência e depois o seu sonho se realiza. A Visualização Holográfica é a ferramenta que permite que você neutralize as tristezas e mergulhe no seu incrível mundo, onde tudo é perfeito e você vibra na mais genuína alegria. Assim, vibrando alegria antecipadamente, você se alinha com a Lei da Alegria e com a frequência de abundância infinita no Universo para cocriar todos os seus sonhos com rapidez e facilidade.

4. Lei da Alquimia

A Lei da Alquimia, também chamada de Lei da Transmutação Mental, é explicada pela doutrina Hermética como a arte de modificar os estados, formas e condições mentais para refletir a realidade mental, por correspondência, em outros planos da existência, como o da matéria. Em poucas palavras, a Lei da Alquimia garante que, por meio da transmutação das condições mentais, você pode alterar as condições materiais. Na cocriação da realidade, a Lei da Alquimia Mental permite que você transforme qualquer situação indesejável da sua realidade material a partir da alteração dos seus padrões mentais, isto é, da reprogramação das suas crenças.

Aplicação na Visualização Holográfica: a Visualização Holográfica funciona como uma ferramenta promotora da Alquimia Mental que possibilita a quebra de velhos padrões e a desprogramação de crenças. Sempre que você se visualiza na pele do seu Novo Eu, vivendo a realidade dos seus sonhos, transmuta sua mente e reconfigura seu cérebro para manifestar essa nova realidade.

5. Lei da Atração

A compreensão da Lei da Atração é muito simples: semelhante atrai semelhante, ou seja, energias negativas atraem energias negativas e energias positivas atraem energias positivas. Portanto, se seus pensamentos, sentimentos, palavras e ações produzem energias (sua assinatura eletromagnética), eles atraem energias semelhantes que se manifestam na forma dos encontros, eventos, situações e circunstâncias que definem a sua realidade. A melhor metáfora relacionada à Lei da Atração é pensar na vida e no Universo como um rádio através do qual você recebe exatamente a informação correspondente à frequência sintonizada.

Aplicação na Visualização Holográfica: quando você visualiza e experimenta holograficamente a vida dos seus sonhos, a sua Frequência

Vibracional® naturalmente se eleva com as emoções de alegria, sucesso, abundância e gratidão e, como semelhante atrai semelhante, você se torna um "rádio" sintonizado na frequência do fluxo do Universo para atrair mais e mais circunstâncias de alegria, sucesso, abundância e gratidão.

6. Lei da Causa e Efeito

A Lei da Causa e Efeito, também chamada de Lei da Causalidade, explica que nada no Universo é aleatório, nada acontece por acaso e que não existe coincidência, sorte nem azar – todos os efeitos que você observa em si mesmo e na sua vida, todos eles têm uma causa. Existe um porquê para todos os acontecimentos e para tudo que você vivencia. Na cocriação da realidade, a Lei da Causa e Efeito garante que você seja o cocriador da sua realidade e que se você não estiver satisfeito com os efeitos que está experimentando, poderá assumir a função de agente causador de novos efeitos compatíveis com seus desejos. Na cocriação da realidade, você não é vítima de efeitos e circunstâncias; você é responsável por causar os efeitos e circunstância que deseja para si e para a sua vida.

Aplicação na Visualização Holográfica: a Visualização Holográfica é sua ferramenta para deixar de ser vítima dos supostos efeitos da vida e assumir o comando, tornando-se o causador dos efeitos que você deseja vivenciar. Essencialmente, qualquer realidade (efeito) que deseje, você pode criar (causar) por meio da visualização!

7. Lei da Cor

A Lei da Cor chama a sua atenção para o fato de que todas as cores são frequências eletromagnéticas e que a sua própria aura é formada por essas frequências, ou seja, é formada pela energia e informação das cores. O alinhamento com a Lei da Cor é especialmente importante para quem está buscando cura e saúde, pois as cores têm o poder de restabelecer e nutrir o fluxo energético dos chakras, o que reverbera em melhorias na saúde do corpo físico.

Aplicação na Visualização Holográfica: você pode aplicar a Lei da Cor na sua Visualização Holográfica comandando mentalmente a visualização das cores desejadas. Incorporar as cores na visualização favorece enormemente o seu equilíbrio emocional e a elevação da sua Frequência Vibracional® para que você possa sintonizar e manifestar os seus sonhos.

8. Lei da Correlação Quântica

A Lei da Correlação Quântica ensina que se você tem uma visão clara, uma imagem bem definida do seu sonho realizado, por meio da sua consciência você se correlaciona quanticamente com o potencial, com a versão onda do seu sonho no Campo Quântico, ou melhor, na Matriz Holográfica®. Mesmo que você ainda não veja evidências físicas da manifestação do seu sonho, existe um vínculo energético invisível que os une. Quanto mais você pensa e fala do seu sonho, quanto mais você acessa informações e se torna íntimo do seu sonho, quanto mais você já é grato e já o vive com se ele fosse realidade, mais energia você coloca nessa correlação, movimentando o Universo para que ocorram as oportunidades, encontros e circunstâncias ideais para a manifestação do sonho.

Aplicação na Visualização Holográfica: a Lei da Correlação Quântica garante que a cada sessão de visualização praticada, você adicione mais energia na onda potencial do seu sonho, aumentando a Correlação Quântica entre você (consciência do observador) e o seu sonho (função de onda), até chegar ao ponto em que a versão onda no seu sonho se converte na versão partícula, isto é, manifesta-se materialmente em sua realidade física.

9. Lei da Correspondência

A Lei da Correspondência consiste no Princípio Hermético que diz que "o que está em cima é como o que está embaixo; o que está dentro é como o que está fora". Essa Lei ensina que existe uma simetria e uma exata correspondência entre os planos material, mental e espiritual, o que significa que a sua realidade externa e material é o correspondente vibracional da sua realidade interna, mental e emocional. Em termos mais simples, a sua realidade corresponde às suas crenças predominantes: se você, internamente, acredita que merece saúde, amor, riqueza e sucesso, e se você vibra em emoções de alta frequência, por correspondência, assim será a sua realidade material. O externo (fora) é uma projeção do interno (dentro), por isso, você pode alterar sua realidade de dentro para fora, mudando primeiro o seu mundo interno para que a mudança reflita, por correspondência, em seu mundo externo.

Aplicação na Visualização Holográfica: na sua prática de visualização, tudo o que você vibrar internamente, de acordo com a Lei da

Correspondência, o fará receber de volta vibrações equivalentes por meio de encontros, lugares, objetos, situações ou circunstâncias que vão culminar na manifestação externa e material do seu sonho realizado.

10. Lei da Cura

A Lei da Cura garante que você tem a capacidade de canalizar a energia vital (Prana, Chi, Espírito Santo – como queira chamar!) que irradia da Fonte Criadora para curar a si mesmo ou a outra pessoa, removendo as energia densas de baixa vibração e restabelecendo o fluxo da energia vital sagrada emanada da Fonte. A Lei da Cura é atemporal, o que quer dizer que você pode aplicá-la para harmonizar a energia de qualquer situação: passado, presente ou futuro.

Aplicação na Visualização Holográfica: durante as suas sessões de Visualização Holográfica, você aplica a Lei da Cura por meio de sua intenção pura e amorosa, entrando num estado de relaxamento de baixa frequência de ondas cerebrais de modo que você possa se conectar com a Fonte Criadora para canalizar a sua energia curadora e visualizar a si mesmo ou a outra pessoa a quem você deseja ver curada, como se a cura, efetivamente, já tivesse acontecido.

11. Lei da Equivalência Mental

A Lei da Equivalência Mental ensina que para alcançar o sucesso em qualquer área que você deseje, você deve, antes de tudo, ter uma imagem clara desse sucesso em sua mente, você precisa ter uma visão a respeito do seu objetivo. Essa Lei fundamenta, portanto, a primazia da prática da visualização como uma das, se não a principal, ferramentas de cocriação da realidade. Em alinhamento com a Lei da Equivalência Mental, você deve agir na matéria para realizar seus sonhos, mas quando fechar os olhos deve também ser capaz de visualizar as imagens e cenas que representam que ele já é real e, sobretudo, cultivar as emoções positivas que essas imagens despertam em você para elevar a sua Frequência Vibracional® e provocar o colapso da função de onda, isto é, a manifestação material do seu sonho.

Aplicação na Visualização Holográfica: a Lei da Equivalência Mental aplicada à Visualização Holográfica funciona como uma garantia de que as imagens e cenas do seu sonho realizado que você projeta na sua imaginação não são meras fantasias ou devaneios, mas, sim, a "maquete energética" da realidade material que você está cocriando.

12. Lei da Fé

A Lei da Fé atua na cocriação de sonhos de uma maneira muito simples: se duvida que seu sonho pode se realizar, você emana uma vibração de falta de confiança em si mesmo e no Divino, mas se você tiver fé total na cocriação do seu sonho, ele se manifestará. O alinhamento com a Lei da Fé pressupõe que você acredite, com convicção e com certeza absoluta, que você seja capaz de ignorar as evidências dos sentidos para escutar a sua intuição e confiar no invisível. A fé remove o medo e a ansiedade, elevando sua frequência a uma altura em que o impossível se torna possível, permitindo que os milagres ocorram. Por isso, a fé se apresenta como um dos maiores poderes que existem, e o alinhamento com a Lei da Fé é uma das condições para você cocriar aquilo que deseja.

Aplicação na Visualização Holográfica: quando você está praticando suas visualizações e consegue se desconectar do seu ambiente externo e vivenciar intensamente suas experiências internas com todas as emoções e sensações de modo que elas se tornem tão ou mais reais que qualquer experiência externa, você elimina toda dúvida e ansiedade, sente que seu sonho não só é possível, como também já é real e, então, você se alinha com a Lei da Fé.

13. Lei do Gênero

A Lei do Gênero consiste no Princípio Hermético segundo o qual tudo no Universo é formado pela combinação de duas energias ou princípios criadores fundamentais: Masculino (yang) e Feminino (yin). No plano físico, a união dos princípios masculino e feminino dá origem a uma nova vida física; no plano mental, a união do masculino e feminino é simbolizada pelo alinhamento da mente consciente e inconsciente, de pensamentos e sentimentos. Na cocriação, quando ocorre esse perfeito alinhamento, a manifestação de uma nova realidade desejada intencionalmente se torna possível.

Aplicação na Visualização Holográfica: sua prática de visualização é o momento em que a energia de seus desejos conscientes se une à energia inconsciente espontânea dos seus sentimentos e emoções. Com consciente e inconsciente unidos e alinhados, então você se alinha também com a Mente Superior para sintonizar e manifestar os seus sonhos!

14. Lei do Hábito

A Lei do Hábito, também chamada de Lei dos Padrões, ensina que qualquer hábito ou padrão que você tenha, seja bom ou ruim, funcional ou disfuncional, tende a reafirmar-se ao longo do tempo, a menos que você o interrompa intencionalmente fazendo algo diferente, modificando voluntariamente o seu comportamento. A neuroplasticidade, a faculdade que seus neurônios têm de se organizarem e reorganizarem, garante que qualquer velho hábito pode ser desfeito e que qualquer novo hábito pode ser programado.

Aplicação na Visualização Holográfica: na visualização, você usa a Lei do Hábito a seu favor quando, deliberadamente, decide desapegar dos padrões do velho eu que não deseja mais ser, ao mesmo tempo que instala e experimenta os novos padrões do Novo Eu que você deseja ser. Quanto mais você ensaia holograficamente ser quem deseja ser e viver a realidade que deseja viver, mais você fortalece as redes neurais relacionadas à expressão do seu Novo Eu saudável, feliz e próspero.

15. Lei da Intenção

A Lei da Intenção garante que tal qual o Criador cria Universos com o poder da intenção de um simples pensamento produzido em sua Mente Infinita, você, enquanto uma consciência individual emanada da Consciência Superior e sendo imagem e semelhança do Criador, é o cocriador da sua realidade por meio das intenções da sua consciência. A impaciência, a ansiedade e a necessidade de ver seu desejo realizado com urgência, por exemplo, são contrários à Lei da Intenção e provocam o fenômeno descrito pela Física Quântica como Efeito Zenão. Para usar a Lei da Intenção a seu favor, é fundamental se alinhar com as Leis Universais, agir e confiar que tudo se organizará da melhor maneira para você.

Aplicação na Visualização Holográfica: a Visualização Holográfica é uma ferramenta poderosa pela qual você alinha sua intenção consciente com os sentimentos de alta vibração como alegria, abundância, confiança e gratidão. Quando você firma a sua intenção por meio das imagens e cenas do seu sonho realizado e sente antecipadamente todos esses sentimentos positivos de alta vibração, inevitavelmente, o Universo lhe entregará o que você deseja e fará isso de uma maneira absolutamente surpreendente!

16. Lei do Mentalismo

A Lei do Mentalismo corresponde ao primeiro Princípio Hermético que afirma que "O TODO é MENTE". O Todo é a realidade substancial subjacente a todas as manifestações e aparências externas que conhecemos – o Universo material, os fenômenos, a matéria, a energia e tudo o que é aparente aos nossos sentidos materiais. O Todo é o próprio Criador, a Realidade Última, a dimensão espiritual indefinível e incognoscível, a Mente Superior, Universal, infinitamente Inteligente. Esta Lei explica que a nossa existência acontece na Mente do Todo – você é uma mente dentro da Mente do Todo – e que, a natureza de tudo que existe, da energia, do poder, da matéria e de todo o Universo é uma natureza mental.

Aplicação na Visualização Holográfica: a Lei do Mentalismo garante que qualquer realidade que você consiga arquitetar em sua imaginação por meio da Visualização Holográfica já existe como uma possibilidade na Mente do Todo e que quando você eleva a sua vibração, a realidade focalizada em sua mente individual entra em fase com a possibilidade contida na Mente Infinita do Universo, para, então, se materializar na sua vida.

17. Lei da Mente Inconsciente

A Lei da Mente Inconsciente ensina duas coisas fundamentais: primeiro, que o seu inconsciente não distingue as experiências que você tem na realidade física das experiências que tem na realidade imaginária; segundo, que o seu inconsciente tampouco distingue passado e futuro, ele só leva em consideração o seu momento presente. Na cocriação da realidade, esses dois aspectos magníficos da mente inconsciente são uma grande bênção, pois você pode projetar e experimentar na sua imaginação a realidade que deseja manifestar no seu futuro.

Aplicação na Visualização Holográfica: a Lei da Mente Inconsciente aplicada à Lei da Mente Inconsciente permite que você "engane" a sua mente inconsciente, pois ela não "sabe" que a realidade que você visualiza e experimenta holograficamente se trata de uma realidade futura imaginária, ela "acredita" que o que você experiencia em sua visualização é real agora e seu corpo vai produzir emoções positivas de altíssima vibração que o deixarão apto a sintonizar e manifestar a realidade imaginada!

18. Lei da Realidade

A Lei da Realidade afirma que se algo pode ser visto, ouvido, medido, sentido, pensado ou visualizado, então esse algo existe na realidade, ainda que apenas na realidade sutil do plano mental. Normalmente, tratamos realidade e imaginação como coisas opostas, mas, na verdade, a imaginação também é uma forma de realidade: tanto existe a realidade física, material, como existe a realidade mental e imaginária, elas são apenas dois planos ou dimensões diferentes.

Aplicação na Visualização Holográfica: a compreensão da Lei da Realidade é fundamental na cocriação de sonhos e opera favorecendo a sua confiança e motivação, pois essa Lei garante que se você consegue pensar, visualizar e sentir o seu sonho, isso significa que ele é REAL, ele só não tem a densidade da realidade material ainda, mas quanto mais energia você movimentar e quanto mais você persistir, logo ocorre o colapso da função de onda que converte a realidade imaginária em realidade material.

19. Lei da Reprodução

A Lei da Reprodução postula que você só pode reproduzir algo que você é. A lógica dessa Lei é simples, mas ainda assim é pouco compreendida e aplicada: basicamente, você só pode reproduzir prosperidade, felicidade, alegria, paz, abundância e sucesso na sua realidade externa se essas coisas fizerem parte de quem você é internamente. A Lei da Reprodução explica, portanto, o famoso "ser para ter" no contexto da cocriação da realidade – tudo que você deseja ter na sua vida, você precisa primeiramente SER na sua consciência, mente, personalidade e coração.

Aplicação na Visualização Holográfica: a Lei da Reprodução garante que tudo aquilo que você experimenta SER na realidade imaginária da sua Visualização Holográfica, você pode TER na realidade material. Caso a sua realidade material vigente não o permita se sentir bem o suficiente para elevar a sua Frequência Vibracional® para cocriar os seus sonhos, você pode fazer isso por meio da Visualização Holográfica, acessando e experimentando antecipadamente as emoções e experiências do seu Novo Eu para, então, reproduzi-las na realidade material.

20. Lei da Sugestão

A Lei da Sugestão ensina que embora a sua mente inconsciente tenha os programas e crenças que rodam em modo automático definindo que você é e a realidade que se manifesta para você, ela está sempre disposta a receber sugestões de mudanças. Na cocriação da realidade, as sugestões que você dá à sua mente inconsciente, ou seja, as autossugestões, são um recurso importantíssimo para promover a reprogramação mental e o alinhamento das três mentes (mente consciente, mente inconsciente e Mente Superior).

Aplicação na Visualização Holográfica: durante sua prática de Visualização Holográfica, as imagens e cenas que você visualiza e experimenta funcionam como uma incrível ferramenta de autossugestão. E quando sua mente inconsciente aceita uma sugestão e se convence a respeito do seu desejo consciente, então a resistência cessa e ela começa a trabalhar a seu favor, produzindo boas ideias e muita motivação!

Capítulo 18
Visualização Holográfica Neurobótica

Como você já deve ter ouvido falar, Neurobótica – Visualização Consciente® é o meu treinamento fechado especializado na disciplina da Visualização Holográfica como ferramenta de cocriação de sonhos. A técnica de visualização com a qual trabalhamos no Neurobótica reúne elementos de inúmeras abordagens da prática, sobretudo do Ensaio Mental de Joe Dispenza, da Psicocibernética do dr. Maltz, da Imagética do Desporto, entre outras.

Como toda técnica, a Visualização Holográfica Neurobótica tem uma metodologia que precisa ser seguida como forma de garantir resultados significativos e muito bem-sucedidos, o que significa que para cocriar os seus sonhos por meio da visualização, não basta fechar os olhos e dar asas à imaginação, é preciso conhecer e aplicar o método!

Talvez você já tenha tentado usar a visualização para manifestar seus desejos, mas por falta do conhecimento dos segredinhos estratégicos da Visualização Holográfica Neurobótica, você ainda não alcançou resultados significativos ou, pelo menos, satisfatórios.

Sem obter os resultados que queria, provavelmente chegou à conclusão equivocada de que a visualização não funciona para você, mas eu vou mostrar que ela funciona, sim! Por isso, vou ensinar todo o passo a passo da técnica de visualização mais poderosa do mundo, incluindo a preparação necessária antes de começar e as orientações que você deve seguir após a prática, além, logicamente, do passo a passo detalhado.

Passo a passo preparatório – Orientações para antes da prática

PASSO 1: DEFINA SEU OBJETIVO

Como em toda técnica de cocriação, a prática para criar o seu Unoholograma – que é a imagem do seu sonho, a sua visualização, a maquete ou protótipo do seu sonho – pressupõe que você estabeleça uma intenção por meio de um objetivo específico, claro, detalhado e, óbvio, que seja possível de se expressar no plano material.

Para que sua mente possa criar os hologramas nítidos, você precisa definir um objetivo específico em detalhes. Por exemplo, os objetivos "ser feliz" ou "ser rico" não são objetivos claros; para que sejam claros, é preciso especificar e refinar os conceitos de felicidade e riqueza, definindo o que eles significam para você.

Se seu objetivo ainda for vago ou genérico, experimente escrever sobre ele para enriquecê-lo com detalhes. Por exemplo, se seu objetivo é ser rico, escreva sobre o que a riqueza significa para você, como seria sua casa e seu carro; quais são as experiências que você proporcionaria para sua família, enfim, encontre uma forma de traduzir o conceito abstrato de riqueza em algo palpável, em experiências.

Outro detalhe importante é que seu objetivo precisa ser possível de alcançar, ainda que demande um longo prazo. No processo de cocriação, é fundamental que sua mente inconsciente aceite seu objetivo como algo possível, para que não haja resistência durante a prática da visualização. Para avaliar a viabilidade do seu sonho, você deve se perguntar se alguém já conseguiu realizar algo semelhante partindo das mesmas condições que você está partindo, no prazo que você está estabelecendo e fazendo as mesmas coisas que você está disposto a fazer. Se alguém conseguiu, você também consegue!

PASSO 2: ABASTEÇA SUA MEMÓRIA COM IMAGENS RELACIONADAS AO SEU SONHO

Durante a prática para criar o holograma, a sua mente cria as imagens a partir dos "arquivos" que você tem em sua memória, por isso, para garantir uma experiência holográfica nítida e impactante, é importante que, previamente, você abasteça sua mente com matéria-prima de qualidade para a criação das imagens e cenas relacionadas ao seu sonho.

Por exemplo, se você tem o sonho de fazer uma viagem para a Disney com sua família, não basta que tenha a ideia abstrata de que "lá é lindo, perfeito e incrível". Com apenas isso como base de criação, sua mente não vai conseguir projetar o filme holográfico dessa experiência por pura falta de conteúdo de referência, e você vai achar que não sabe ou não consegue visualizar.

Para conseguir ter uma experiência impactante com a visualização do sonho de ir para a Disney, você precisa abastecer sua mente com informações sobre o lugar, como chegar, as atrações a visitar, quais personagens vai encontrar, o que vai comer, que roupa vai vestir, onde vai se hospedar, como vai se locomover, o que vai comprar, como é o clima lá, quais fotos você desejar tirar etc.

Entende o que estou querendo dizer? Se vai antecipar a experiência desse sonho realizado na sua imaginação, precisa se preparar para ela da mesma forma que se prepararia para ter a experiência na realidade física. Felizmente, para isso, você tem um número praticamente infinito de vídeos no YouTube, blogs, vlogs, sites especializados etc. que funcionam como seu "posto de abastecimento" gratuito de imagens, onde você encontra referências para qualquer sonho que deseje cocriar.

PASSO 3: ELABORE SEU ROTEIRO

Nesta obra, você já viu e testou diversas técnicas de visualização, mas são inúmeras as possibilidades e variações. No treinamento Neurobótica – Visualização Consciente®, você recebe dezenas de técnicas conduzidas por mim e também inúmeros roteiros de visualização já prontos que foram elaborados para uma grande lista de sonhos específicos e, de modo gratuito, no meu canal no YouTube você também encontra centenas de técnicas de visualização para temas importantes. Contudo, se desejar, você pode elaborar seu próprio roteiro de maneira 100% personalizada e gravá-lo com sua própria voz, inclusive adicionando fundo musical. Veja como fazer:

- Seu script deve começar com alguma técnica de relaxamento e concentração no mundo interior, como a Respiração Há;
- Escreva o roteiro detalhado do filme do seu sonho realizado – onde ele acontece, quem está com você, o que você está vestindo, o que você está fazendo;
- Adicione as sensações físicas – visão, audição, paladar, olfato e tato – o que você vê, o que você escuta, quais são os sabores do seu sonho, qual o cheiro, quais as sensações táteis, texturas, peso, temperatura etc.;

- Liste as emoções e sentimentos, o que você sente estando dentro da experiência do sonho – alegria, paz, amor, apreciação, abundância, gratidão etc.;
- Incorpore ao roteiro algum elemento opcional como afirmações, aformações, decretos, comandos, Códigos de Grabovoi, arquétipos, números, músicas, cores etc.;
- Lembre-se de que tudo na visualização acontece no momento **presente**; você não vai visualizar seu sonho realizado no futuro, você visualiza seu sonho acontecendo **agora**;
- Reserve alguns momentos no seu script, especialmente nos minutos finais, para fazer pausas de silêncio na gravação para que você possa entrar em Ponto Zero;
- Solte seu sonho para o Universo e agradeça antecipadamente com a certeza de que já está feito, já é seu e já é real;
- Finalize entregando seu sonho para o Criador e agradecendo antecipadamente.

PASSO 4: POSTURA, AMBIENTE, HORÁRIO E DURAÇÃO DA PRÁTICA

Postura: a postura recomendada para a prática da visualização é a chamada "postura do faraó" que consiste em se sentar em uma cadeira (preferencialmente uma cadeira com braços), posicionando as pernas descruzadas, com os pés no chão, a coluna bem apoiada e ereta e antebraços descansando nos braços da cadeira. Entenda que o objetivo principal da visualização não é induzir o sono, por isso é contraindicada a prática em posturas horizontalizadas, deitado ou semideitado.

Ambiente: o ambiente onde pratica a sua visualização deve ser um lugar em que você se sinta confortável e seguro, onde não haja distrações e que você não seja interrompido, porém não é recomendado que você pratique sua visualização no seu quarto de dormir, pois como sua mente associa o local ao sono, pode acabar cochilando ou mesmo adormecendo durante a prática. Também é muito importante que o ambiente esteja limpo e organizado – a organização externa reflete na sua organização mental interna, facilitando a criação de imagens nítidas.

Horário: os horários recomendados para a prática da visualização são de manhã, logo após acordar, e de noite, antes de dormir, ou seja, o ideal é que seu exercício seja a primeira e a última coisa feita no seu dia. Esses horários são estratégicos porque durante a transição sono-vigília e vigília-sono, seu cérebro se encontra operando em frequência Alfa, e isso facilita a desconexão com o ambiente externo e conexão com o ambiente interno da imaginação.

Duração: a duração da prática de visualização é pessoal, varia de acordo com sua preferência e sua capacidade de relaxar e se entregar, podendo variar entre dez e noventa minutos. O importante é você observar se efetivamente consegue se abstrair da realidade externa e vivenciar sua experiência interna intensamente com todas as sensações e sentimentos. Você mensura isso ao perceber se ocorreu uma mudança de estado de ser após a prática. Você deve terminar se sentindo melhor do que quando começou, se consegue isso em quinze minutos, está tudo certo; se você precisa de sessenta minutos ou mais, também está tudo certo. O objetivo da visualização é alterar seu estado emocional, independentemente do tempo que isso leve.

Passo a passo para a prática da visualização

PASSO 1: RELAXAMENTO E CONEXÃO INTERIOR

Depois de se sentar, se acomodar e fechar os olhos, a primeira coisa a fazer na prática da visualização é promover o relaxamento do corpo e o silêncio da mente para induzir o estado de auto-hipnose necessário para que você se torne receptivo à autossugestão das imagens e cenas mentais que vai acessar na prática.

Neste momento, você vai acessar o estado de Coerência Cardíaca, que é quando o cérebro e o coração sincronizam e seus pensamentos e sentimentos entram em alinhamento. A Coerência Cardíaca promove a ativação do sistema nervoso parassimpático, responsável pela inibição do estado de estresse e pelo relaxamento, equilíbrio e regeneração do corpo físico. Além disso, a Coerência Cardíaca também favorece a restauração da energia vital que, no momento da visualização, é direcionada para o intercâmbio de informações com a Matriz Holográfica®.

Em estado de Coerência Cardíaca, naturalmente a sua frequência de ondas cerebrais é reduzida para as faixas de Alfa ou mesmo Theta, o que tira você do estado de alerta, diminuindo as percepções sensoriais da realidade externa para favorecer a introspecção, imaginação e criatividade e, assim, permitir que sua experiência interna de Visualização Holográfica seja tão real e emocionalmente impactante a ponto de alterar seu estado de ser – essa é a condição para o sucesso da visualização!

E como fazer para acessar esse estado de relaxamento, introspecção, Coerência Cardíaca e frequência de ondas cerebrais reduzidas? Bem, para isso você tem a mais magnífica de todas as ferramentas: sua própria **respiração**! Portanto, neste primeiro momento da visualização que tem objetivo o relaxamento e a conexão com o mundo interior, você vai manipular sua respiração de modo consciente, ao mesmo tempo em que coloca sua atenção no seu coração para ativar a Coerência Cardíaca.

Você tanto pode praticar a Respiração Há como pode apenas inspirar profundamente pelo nariz e exalar lentamente pela boca, sem fazer retenções, mas manipulando o ritmo respiratório de modo que suas exalações sejam mais longas que suas inalações.

Normalmente cinco ou seis respirações de exalação lenta e com o foco nos batimentos cardíacos já são o bastante para promover o estado de relaxamento necessário, mas se você sentir que ainda não está relaxado, pode fazer mais vezes. Em seguida, você vai começar a criar suas imagens mentais e fazer sua visualização propriamente dita, momento em que você deve deixar a respiração fluir espontaneamente.

PASSO 2: CRIAR HOLOGRAMAS MENTAIS

Agora a diversão começa! Com base no sonho específico que você definiu, nos hologramas com as quais nutriu sua memória previamente e no roteiro que elaborou, comece a comandar que sua mente lhe mostre as cenas – para isso, basta um pensamento!

Lembre-se de que a visualização do seu sonho realizado acontece no momento presente, portanto, não projete uma realidade futura; assuma que seu sonho já é real agora porque, de fato, ele é, só ainda não é fisicamente, mas na dimensão sutil da Matriz Holográfica® ele é real!

Em um primeiro momento, você visualiza o seu sonho em terceira pessoa, como um observador externo e, em seguida, literalmente entra em cena, entra na pele do seu Eu Holográfico que está vivendo a realidade projetada na imaginação, visualizando o seu sonho em primeiríssima pessoa!

PASSO 3: INFORMAÇÕES SENSORIAIS

Estando na pele do seu Eu Holográfico, você deve ativar e prestar atenção nas informações percebidas com todos os seus cinco sentidos físicos para deixar a sua experiência ainda mais impactante:

- **Visão**: o que você está vendo? Onde você está? Como é o cenário do seu sonho realizado? Quais são os objetos? A decoração? A natureza no entorno? Aumente a nitidez, aumente a resolução, aumente o brilho das suas imagens!
- **Audição**: o que você escuta neste cenário? Som de cidade ou som de natureza? Seu sonho realizado tem uma trilha sonora? O que você diz para si mesmo e paras as pessoas? Algum som específico (motor de carro, turbina de avião, risadinha de bebê etc.)?
- **Olfato**: qual é o cheiro do seu sonho realizado? Cheiro de um jantar especial? Carro novo? Obra recém-finalizada? Cheiro de neném? Cheiro de dinheiro? Cheiro do perfume da sua alma gêmea? Ou é um cheiro abstrato, como cheiro de vitória, cheiro de sucesso, cheiro de festa?
- **Paladar**: qual é o sabor ou o gostinho mais marcante do seu sonho realizado? Sabor de jantar festivo? De champanhe ou de vinho? Sabor do beijo da sua alma gêmea? Ou é um sabor abstrato, como o sabor do sucesso e da alegria?
- **Tato**: o que você pode tocar no seu sonho realizado? Quais são as formas, texturas e relevos do seu sonho? Qual é a temperatura do seu sonho? Tem vento fresco? Calor ou friozinho? Se for um carro, toque e sinta o painel, os bancos, o câmbio; se for uma casa, toque e sinta as paredes, a maçaneta da porta de entrada; se o sonho é ser mãe, toque a pele macia do seu bebezinho. Pegue algum objeto importante do cenário do seu sonho realizado e sinta seu peso, sua textura, brinque com ele! Você pode tocar seu sonho com as mãos ou prefere senti-lo com o corpo inteiro?

PASSO 4: ADICIONE OUTRAS PESSOAS

Quem está com você no cenário do seu sonho realizado? Seus pais? Seus filhos? Seu amor? Seus amigos? Empregados? Clientes? O vendedor da concessionária de carros? O corretor de imóveis que vendeu sua casa nova? A comissária que dá boas-vindas na porta do avião?

Durante sua visualização, interaja com as pessoas, fale e escute o que elas têm a dizer para você! Observe os gestos, as expressões faciais, abrace, beije, dê um aperto de mãos (o que for mais adequado).

Quando inclui outras pessoas na sua visualização, você deixa a sua experiência mais realista, rica em detalhes e divertida, aumentando, assim, o potencial que sua experiência interna tem de produzir emoções e, consequentemente, produzir também os resultados positivos esperados.

PASSO 5: ADICIONE MOVIMENTOS E EXECUÇÃO DE TAREFAS

A inclusão de movimentos potencializa a sua visualização, transformando seus hologramas em um verdadeiro filme que acontece em tempo real. Além disso, os movimentos deixam a experiência mais divertida e, quanto mais diversão, mais emoções positivas de alegria, entusiasmo, apreciação e comemoração garantimos!

Por isso, quando estiver na pele do seu Novo Eu, você deve se mexer, pular de alegria, dançar, caminhar, passear pelo cenário do seu sonho realizado, correr, pegar seus filhos no colo, adotar mentalmente posturas de poder, bater no peito, fazer um gesto de "yes, eu consegui!" com os braços.

Também é muito importante que você execute holograficamente as ações, atividades e tarefas específicas do seu sonho para imprimir em cada uma de suas células os novos comportamentos do seu Novo Eu e da realidade que você está cocriando.

Quais são as tarefas do seu Novo Eu que vive a vida dos seus sonhos? Dirigir um carro novo? Comandar uma equipe profissional? Dar aulas ou palestras? Tocar um instrumento musical? Dar banho no bebê? Arrumar a casa nova? Autografar livros? Atender bem os muitos clientes que estão chegando?

Como foi comprovado pela Psicologia do Esporte, quando você executa mentalmente uma tarefa, os impulsos elétricos do seu pensamento estimulam fisicamente os seus músculos, criando memórias celulares referentes à tarefa aos movimentos realizados. Esse é o segredinho de muitos atletas medalhistas, como o nadador Michael Phelps e o golfista Tiger Woods.

PASSO 6: CONTROLE REMOTO MENTAL

Um simples pensamento atua como um controle remoto na sua mente, permitindo que você brinque com os hologramas visualizados como se estivesse com um controle de TV nas mãos. Com seu controle remoto mental, você pode:

- Alterar a velocidade do seu filme, deixando os momentos mais emocionantes em câmera lenta ou mesmo dando uma pausa para perceber os detalhes com mais atenção. Você também pode acelerar a velocidade para ver sua vida em 1, 2, 5 anos ou mais a partir do momento do seu sonho realizado e, assim, você pode acessar a visualização do seu próximo nível.
- Alterar o zoom da sua "câmera" mental para aproximar uma determinada cena e observar detalhes ou afastar para ver o cenário maior.
- Alterar o ângulo da sua "câmera", girando-a 360° para ter uma visão panorâmica da sua realidade perfeita e experimentar seu sonho realizado em diversas perspectivas.

PASSO 7: ADICIONE SENTIMENTOS E EMOÇÕES

Os sentimentos e as emoções são o ápice da visualização, aliás, o principal objetivo da visualização é justamente disparar as emoções positivas a partir da experiência holográfica do seu sonho realizado. O objetivo da visualização é fazer com que você sinta no corpo as emoções decorrentes da experiência mental – é isso que faz com que as mudanças fisiológicas, bioquímicas e neurológicas aconteçam.

Quando você genuinamente está imerso em sua experiência holográfica e sente que seu sonho já é real, você sente alegria, paz, liberdade, amor, entusiasmo, abundância, prosperidade e, principalmente, gratidão. Essas emoções não só alteram o seu corpo como também elevam a sua Frequência Vibracional® para que você se torne o correspondente vibracional do seu sonho e provoque o colapso da função de onda que vai manifestá-lo na realidade material. É através dos sentimentos que você se conecta com as infinitas possibilidades da Matriz Holográfica® e também se conecta com a Mente Superior, com o Criador para ativar seu poder de criar a realização do seu sonho junto com Ele.

Aqui, os sentimentos e as emoções estão apresentados como um "passo" da visualização apenas por uma questão didática de sistematização das ideias, mas, na prática da técnica, em todos os seus momentos você deve manter o foco em sentir cada detalhe do seu sonho realizado. Para isso, por várias vezes durante a prática, faça a pergunta: *O que eu estou sentindo?* e, efetivamente, permita-se **sentir** todas as emoções do seu lindo sonho realizado circulando pelo seu corpo.

A visualização deve ser considerada como um momento de diversão, descontração, alegria, empoderamento e liberdade. Embora os seus elementos estejam listados aqui como um passo a passo, o procedimento em si não se resume a um checklist mecânico ou, pior, uma obrigação, algo que gere pensamentos de *Ah, que chato, tenho que visualizar para cocriar meu sonho*.

Não há dúvida de que a rainha dos sentimentos positivos indispensáveis à cocriação é a gratidão, mas a diversão também se apresenta como algo crucial a ser cultivado na prática da visualização, pois quando você se diverte, naturalmente se alegra e sua Frequência Vibracional® se eleva – e a alegria é a frequência da cocriação instantânea!

PASSO 8: ADICIONE FERRAMENTAS EXTRAS

Visualizar o seu sonho realizado com todos os sentimentos, sensações e movimentos é realmente suficiente para que você possa cocriá-lo. Contudo, caso seja da sua vontade, você pode adicionar e integrar outras ferramentas de cocriação à sua prática, tais como:

- Afirmações Positivas;
- HoloAformações®;
- Decretos;
- Comandos;
- Códigos de Grabovoi;
- Arquétipos;
- Cores;
- Posturas de Poder.

Todas essas ferramentas são opcionais, mas se você se identifica fortemente com uma ou algumas delas, deve incorporá-las nos seus hologramas para aumentar sua autoconfiança, empoderamento, validação da sua experiência imaginária e seu bem-estar em geral.

PASSO 9: ENTRE EM PONTO ZERO

O Ponto Zero é o absoluto silêncio mental, a neutralização momentânea da mente consciente, dos pensamentos e dos diálogos internos. No Ponto

Zero, você esquece seu nome, esquece de onde está, das coisas que tem para fazer e dos problemas para se tornar pura consciência.

No Ponto Zero, por alguns instantes, você abandona a percepção tridimensional de espaço-tempo – percepção de separação e individualidade – para se tornar um com o Todo, com o Universo. Quando você entra em Ponto Zero, sua consciência se funde à Consciência do Criador e é nesse momento que você ativa seu poder de cocriador da realidade, em conexão com a energia criadora e as infinitas ondas de informação e possibilidades de criação da Matriz Holográfica®.

Por isso, é fundamental que durante a sua prática de visualização você inclua no seu roteiro momentos de Ponto Zero nos quais você neutraliza o fluxo de pensamento e suspende a criação de hologramas mentais para entrar em estado de silêncio e vazio, pois é nesse estado que ocorre o colapso da função de onda que vai culminar na manifestação material do seu sonho.

Como incluir o Ponto Zero na sua visualização? Muito simples: a qualquer momento! Você pode comandar o Ponto Zero após o relaxamento inicial, no meio da prática da visualização propriamente dita, ao intercalar às imagens do seu sonho realizado, como também no final da prática.

PASSO 10: AGRADEÇA ANTECIPADAMENTE

A gratidão antecipada emite para sua mente inconsciente e para a Mente Superior a informação do seu pedido realizado, do recebimento. Afinal, quem agradece é porque recebeu o que pediu. Embora sejamos acostumados a receber primeiro e depois agradecer, quando se trata de cocriação da realidade essa ordem se inverte: primeiro é preciso agradecer; depois, recebemos.

Agradecer antecipadamente também é uma forma de expressar sua total confiança, certeza, alegria e merecimento, o que eleva sua Frequência Vibracional® e, efetivamente, coloca-o na posição de receber. Além disso, a gratidão evidencia a sua crença de que você e seu sonho são um só porque você e o Criador também são um.

É fundamental que você inclua a gratidão na sua visualização. Você deve fazer isso enquanto visualiza seu sonho, enquanto está na pele do seu Eu Holográfico e enquanto está vivenciando seu sonho realizado em primeira pessoa. Entre as emoções positivas que você cultiva durante a prática, como alegria, amor, autoconfiança, apreciação, prosperidade e sucesso, o cultivo da gratidão é prioridade! Também é indispensável que você finalize sua prática expressando sua máxima gratidão pelo seu desejo já realizado, assim, além de elevar sua Frequência Vibracional® com sentimentos de alegria e confiança, você automaticamente se coloca na posição de receber.

PASSO 11: SOLTE O SEU SONHO

Em seguida aos seus agradecimentos finais pela realização, você deve finalizar a sua prática com o ato de **soltar** o sonho para eliminar qualquer sentimento de ansiedade ou dúvida, afinal, se você já visualizou, se já sentiu todas as emoções do seu sonho realizado e se você tem certeza de que tudo já é real, já é seu e já está feito, não há motivos para se preocupar, e você pode soltar seu sonho, entregrá-lo para o Universo para que Ele encontre a melhor maneira de manifestá-lo para você nesta realidade.

Como soltar seu sonho? Bem, você faz isso simbolicamente, solicitando um último holograma mental, uma "foto" do seu sonho realizado e, então, você coloca essa foto dentro de uma bolha de luz dourada e visualiza essa bolha subindo em direção ao Infinito.

ROTEIRO BASE PARA VOCÊ PERSONALIZAR

Sente-se confortavelmente com a coluna ereta, pernas descruzadas, pés no chão, ombros e braços relaxados.
Feche os olhos.
Inspire profundamente pelo nariz e exale lentamente pela boca.
Enquanto exala, leve a sua atenção para o seu coração.
Repita a respiração consciente por mais 5 vezes.
Então, comece a pensar no seu sonho e comande a criação da imagem mental que representa a sua realização.
Primeiro observe a imagem como espectador – veja onde você está, o que está vestindo, o que está fazendo, quem está com você; veja os detalhes da imagem – suas expressões e gestos.
Olhe para a imagem e se pergunte: o que estou sentindo?
Sinta as emoções positivas que decorrem da visão do seu sonho já realizado.
Agradeça pelo sonho realizado!
Então, entre na imagem, entre na pele do seu Eu Holográfico que já vive a realidade dos seus sonhos.
Abra os braços, gire 360° e observe todos os detalhes do seu sonho realizado.
Perceba seu sonho com seus cinco sentidos.
O que você vê? Onde você está? Repare nos detalhes do cenário do seu sonho realizado!

▶▶

O que você ouve? Quais os sons específicos do seu sonho realizado? Qual a trilha sonora?
Qual o cheiro e o sabor do seu sonho realizado?
O que você pode tocar dentro do seu sonho realizado? Tem algo que você possa segurar com as mãos? Sinta as texturas, relevos, formas, temperatura, peso...
Pergunte-se: o que estou sentindo?
Sinta as emoções positivas que decorrem da visão do seu sonho já realizado.
Agradeça pelo sonho realizado!
Agora, sua imagem já se transformou num lindo filme.
Veja quem está com você no filme do seu sonho realizado; veja os gestos e expressões das pessoas; escute o que elas estão dizendo; veja o elas estão fazendo.
Movimente-se dentro do seu sonho realizado – pule, corra, dance, festeje, abrace as pessoas, abra os braços, adote uma postura de poder, bata no peito dizendo "eu consegui!"; Faça alguma tarefa específica do seu sonho realizado.
[Se desejar, inclua ferramentas extras potencializadoras – afirmações, aformações, decretos, comandos, Códigos de Grabovoi, arquétipos etc.].
Desfrute do seu sonho realizado pelo tempo que desejar; divirta-se, festeje!
Gire 360° e observe todos os detalhes do seu sonho realizado novamente.
Pergunte-se: o que estou sentindo?
Sinta as emoções positivas que decorrem da visão do seu sonho já realizado.
Agradeça pelo sonho realizado!
Então, saia da pele do seu Eu Holográfico e veja novamente a cena na perspectiva do observador externo.
Mentalmente, tire uma foto da cena que representa seu sonho realizado.
Coloque essa foto dentro de uma linda bolha de luz dourada e solte seu sonho, visualizando a bolha subindo em direção ao infinito.
Respire fundo, agradeça pela experiência e, quando estiver pronto, abra os olhos!

Orientações passo a passo para depois da prática

PASSO 1: REPETIÇÃO CONSISTENTE

A Visualização Holográfica para cocriação de sonhos não é um procedimento pontual que você faz só uma vez e, pronto, a "mágica" acontece. Ela é um processo que pressupõe repetição consistente, isto é, a técnica precisa ser praticada diariamente, duas vezes por dia, por vinte e um dias consecutivos ou mais. Se você acredita e sente que seu sonho já é seu, precisa se dedicar a trazê-lo da sua realidade imaginária para a sua realidade física praticando a técnica todos os dias com o mesmo entusiasmo do primeiro dia, sem duvidar, sem desanimar!

PASSO 2: VISUALIZAÇÃO CONTÍNUA

Com o tempo, a Visualização Holográfica vai se tornar natural para você, cada vez mais os hologramas surgirão com facilidade e nitidez. Então, você vai perceber que pode visualizar o tempo todo, em qualquer lugar ou situação, sem precisar se concentrar em estado meditativo ou sequer fechar os olhos.

Claro, você deve manter sua prática regular duas vezes por dia como foi ensinado, mas você deve também adicionar momentos extras de visualização rápida do sonho em outros momentos do seu dia, mesmo quando estiver trabalhando ou executando outra atividade.

Se com a prática completa da técnica você experimenta o filme longa metragem do seu sonho realizado, com as "minivisualizações" você acessa o trailer desse filme ou mesmo apenas um gif. Qualquer minuto ou segundo extra, qualquer flash de visualização funciona como um reforço na reprogramação da sua mente, no disparo de emoções positivas, no envio do sinal para o Universo e, claro, na elevação da sua Frequência Vibracional®.

As "minivisualizações" são especialmente interessantes de serem acessadas naqueles momentos em que você percebe que está tendo algum pensamento, sentimento ou comportamento negativo incompatível com a manifestação do seu sonho. Se perceber que está vitimizando ou julgando, por exemplo, pode rapidamente visualizar um holograma, um flash ou gif do seu sonho realizado e recalibrar suas emoções e Frequência Vibracional®.

PASSO 3: ABSTENÇÃO DE CONTEÚDOS CONTRÁRIOS AO SEU SONHO E/OU CONTEÚDOS TÓXICOS

A Visualização Holográfica, enquanto técnica de reprogramação mental e reconfiguração neurológica, opera através do mecanismo da autossugestão. Por meio dos hologramas visualizados, você insere novas informações na sua mente inconsciente e também ativa a neuroplasticidade para a criação de novas redes neurais compatíveis com o seu Novo Eu e com a nova realidade que estão sendo cocriados.

Acontece que não são somente os hologramas que você cria intencionalmente na sua imaginação que sugestionam sua mente; todos os hologramas que você acessa durante o seu dia também sugestionam e, em última instância, afetam sua Frequência Vibracional®.

Por isso, quando está praticando a Visualização Holográfica para cocriar o seu sonho, você precisa ser extremamente criterioso e cuidadoso a respeito dos hologramas aos quais se expõe. Se está cocriando o seu sonho, dedicando-se com disciplina à sua prática de visualização, precisa se abster de acessar conteúdos imagéticos que contenham informações contrárias à cocriação dos seus sonhos ou que contenham informações que, embora não estejam diretamente relacionadas com seu sonho, sejam conteúdos tóxicos e debilitadores da sua Frequência Vibracional® de modo geral.

Veja como não faz sentido: você se dedica a praticar a técnica duas vezes por dia, investindo seu tempo e sua energia, daí fora do momento da técnica você contamina sua mente com conteúdos contrários ou conteúdos tóxicos em geral que vão, literalmente, podar as novas redes neurais que estão brotando e começando a se fortalecer. Isso realmente não faz sentido!

Mas quais seriam exatamente os conteúdos contrários ao seu sonho? Bem, isso depende do seu sonho. Por exemplo, se está cocriando riqueza e prosperidade financeira, deve se abster de acessar imagens de pobreza; se está cocriando saúde, deve se abster de acessar imagens de doenças.

E os conteúdos tóxicos em geral, quais são? São aqueles que contaminam genericamente a sua mente com informações de baixa vibração, tais como conteúdos sobre crimes, violência, guerras, pornografia, fofocas e reclamações.

Abster-se de consumir esses conteúdos significa principalmente não acessar as imagens diretamente, incluindo fotos, vídeos, filmes, jogos de videogame, postagens em redes sociais etc. Mas também significa não consumir nem se expor às informações desses conteúdos, ainda que seja por meio da leitura de livros, blogs, sites ou conversas, pois mesmo quando você não acessa as imagens diretamente, o simples fato de ler, ouvir ou falar sobre um determinado conteúdo faz com que sua mente automaticamente crie as imagens correspondentes instalando uma programação que compromete sua Frequência Vibracional®.

Por isso, fique longe desses conteúdos! Ao contrário, busque ativamente inundar a sua mente com informações verbais e não verbais que sejam compatíveis com a cocriação do seu sonho, que funcionem como matéria-prima na geração dos hologramas mentais na sua visualização, que reforcem suas novas redes neurais e que nutram sua Frequência Vibracional®.

PASSO 4: SUSTENTE SUA VIBRAÇÃO ELEVADA

Durante sua prática de Visualização Holográfica, você eleva sua Frequência Vibracional® aos mais altos patamares, entrando em fase com o Universo. Claro, é humanamente impossível fazer com que a mesma frequência acessada na visualização se sustente continuamente na sua vida. É normal que experimentemos altos e baixos emocionais durante o dia; e faz parte da nossa natureza eventualmente sentir medo, raiva e tristeza, por exemplo.

Contudo, mesmo não conseguindo manter o mesmo padrão de energia que alcançamos durante a prática, é fundamental praticar a auto-observação para não permitir que os sentimentos e pensamentos negativos predominem ou perdurem por muito tempo.

Você vai experimentar as emoções negativas, elas são inevitáveis, porém deve se policiar para não se permitir permanecer na vibração delas por muito tempo. Sentiu raiva? Sinta uma horinha de raiva, resolva o problema (ou aceite quando não tiver como resolver) e se recomponha! Se a realização do seu sonho é prioridade para você, manter sua Frequência Vibracional® elevada também é!

Afinal, não faz sentido você investir uma hora de manhã e outra de noite para visualizar o holograma do seu sonho realizado e sentir emoções elevadas de gratidão, alegria, entusiasmo, amor, paz e liberdade para passar o restante do tempo se vitimizando, reclamando e julgando.

No momento em que você pratica a visualização, ocorre uma ativação de consciência – você planta a semente do Novo Eu e da nova realidade que deseja –, mas você precisa incorporar essa ativação após a prática ao ficar atento para que seus pensamentos, sentimentos, palavras e atitudes fora da visualização estejam alinhados com seus hologramas mentais, com seus desejos e com a nova realidade que você está cocriando.

Em outras palavras, o segredo do sucesso da visualização é que, para alcançar o resultado desejado, é preciso que seu estado emocional durante e após a visualização estejam em alinhamento. Durante todo o dia, você deve cuidar para se manter neste alinhamento e congruência com seus hologramas mentais e com o novo cenário que você deseja materializar com a visualização.

PASSO 5: SER PARA TER

O que um pedido feito ao Universo tem em comum com um pedido feito em uma lanchonete de fast food? Ambos trabalham com pré-pagamento! Na lanchonete você primeiro vai ao caixa e faz o pagamento; depois, vai ao balcão e retira seu pedido. No Universo, primeiro você "faz o pagamento" emitindo a frequência certa e só depois recebe seu pedido manifestado em sua realidade material.

Como você sabe, o princípio mais fundamental da cocriação da realidade é "ser para ter", o que significa que primeiro você **é** o correspondente vibracional do seu sonho e só depois você **tem** seu sonho manifestado. Por isso, entenda que não basta se visualizar **sendo** feliz, próspero e saudável – como eu disse, a visualização exerce o papel fundamental de ativar sua consciência, mas para efetivar na matéria a realidade visualizada você precisa **ser** a fonte daquilo que deseja receber.

Portanto, se deseja receber amor, alegria, abundância, prosperidade, saúde e sucesso, você precisa **ser** uma fonte que emana essas informações. Somente assim você se coloca na posição de receber de volta a energia emanada convertida em matéria.

Mas como **ser** abundância quando você está doente ou cheio de dívidas? Simples: independentemente da forma material em que se apresenta, a energia da abundância é uma só, o que significa que se você não tem condições de expressar abundância de saúde ou de dinheiro no momento, pode expressar abundância de alegria, gentileza, benevolência, gratidão, respeito, compaixão, generosidade etc. Não importa a forma, o que importa é a frequência!

PASSO 6: PAINEL DOS SONHOS

O Painel dos Sonhos é a versão "terceira dimensão" da Visualização Holográfica. Em combinação com a visualização, a construção de um Painel dos Sonhos que contenha imagens semelhantes aos hologramas que você acessa na sua imaginação funciona como uma excelente ferramenta potencializadora, um gatilho para você se lembrar dos seus sonhos e cuidar de sustentar sua Frequência Vibracional®.

Em formato físico ou digital, o painel permite que você se mantenha exposto às imagens relacionadas a seu sonho, as quais vão silenciosamente programando sua mente e despertando sentimentos positivos. Quanto mais contato você tiver com a realidade que deseja, mais facilmente desperta as emoções correspondentes, preparando sua mente e seu corpo para vivenciar fisicamente aquilo que você está cocriando.

PASSO 7: PRESERVE-SE

Quando a gente começa a visualizar nossos sonhos e percebe como a técnica é divertida e eficaz na elevação da nossa Frequência Vibracional®, a vontade que a gente tem é de contar para todo mundo, especialmente para as pessoas mais próximas, não é?

Acontece que nem todo mundo está na mesma frequência e possui um nível de consciência adequado para compreender os mecanismos da cocriação da realidade. Pelo fato de ignorarem como o Universo funciona, as pessoas acabam reagindo na defensiva, apresentando objeções e oferecendo críticas e deboches.

Os comentários negativos das pessoas que "não acreditam nessa bobagem de Lei da Atração" e que ainda não têm a consciência necessária para compreender a realidade para além dos limites da matéria muitas vezes podem ser desanimadores, especialmente quando vêm de alguém que a gente ama e confia.

Por isso, é importante que você se preserve e evite contar que está praticando a visualização para cocriar os seus sonhos para pessoas que você sabe que, além de não acreditarem, vão debochar de você, pois isso pode causar desmotivação e dúvida, comprometendo a sua Frequência Vibracional®.

E se tem alguém que você ama muito e gostaria muito que também praticasse a visualização, fique tranquilo, pois na medida em que você for conseguindo resultados, a sua própria transformação e o seu sucesso falarão por você. As pessoas se aproximarão genuinamente interessadas em ouvir o que você tem a compartilhar!

PASSO 8: DESAPEGUE DO CONTROLE

Você reparou que no passo a passo da visualização você é orientado a visualizar o seu sonho já realizado, mas não tem nenhuma orientação para visualizar **como** seu sonho se realizou? Isso é estratégico! Quando trabalhamos com visualização, trabalhamos com Física Quântica, o que significa que temos infinitas possibilidades.

E, se estamos trabalhando com infinitas possibilidades, não podemos nos limitar à meia dúzia de possibilidades ou, pior, apenas uma. Por isso, você não deve tentar controlar nem prever a maneira como seu sonho vai se realizar, foque no resultado!

Como cocriador, você cria a sua realidade em parceria com o Criador. Nessa parceria, a sua parte é visualizar o **que** você deseja, sustentar sua Frequência Vibracional® elevada e executar as ações físicas necessárias para a manifestação, mas a parte do **como** o sonho vai se realizar já não é mais com você; essa é a parte do Criador, pois somente Ele conhece as infinitas possibilidades que transcendem a meia dúzia de possibilidades que sua modesta mente racional consegue pensar.

Se você foca obsessivamente em uma única opção, automaticamente exclui todas as outras infinitas possibilidades. Por isso, desapegue da necessidade de controlar, determinar ou prever como o seu sonho vai se realizar, apenas confie e deixe as portas abertas para as infinitas possibilidades. Para cocriar junto com o Criador, você precisa confiar no desconhecido e se manter aberto para ser surpreendido com algo ainda melhor do que imaginou!

PASSO 9: ANTECIPE COMPORTAMENTOS

Muita gente se perde no meio do caminho do processo de cocriação da realidade porque acha que cocriar é "fazer mágica" e acaba se frustrando quando percebe que as coisas não funcionam exatamente no modelo "pensou, criou" que dizem por aí.

O fato é que quando você deseja uma transformação, você tem que **ser** essa transformação! Esse pequeno grande detalhe é o que impede muita gente boa e bem-intencionada, muitas vezes com alta capacidade intelectual, de alcançar os resultados que deseja com a prática da visualização.

Entenda que não existe nenhuma técnica no mundo que vá fazer com que você durma sendo uma pessoa vivendo uma certa realidade e acorde, do nada, sendo outra pessoa vivendo outra realidade. Não é possível que você se visualize sendo o seu Novo Eu feliz, saudável, amável, rico, abundante e bem-sucedido e que você, efetivamente, se torne essa pessoa em um passe de mágica.

O segredo por trás da transformação pessoal que a visualização tem potencial para promover é que você deve sim se visualizar na pele do seu Novo Eu saudável, amável, rico, abundante e bem-sucedido, mas que fora do momento da visualização, você precisa começar a **ser** essa pessoa e, portanto, precisa antecipar deliberadamente os comportamentos do seu Novo Eu, ao passo que inibe intencionalmente os comportamentos do Velho Eu.

Por exemplo, se você está cocriando sua alma gêmea, observe quais são os comportamentos das pessoas apaixonadas, felizes e comprometidas com um relacionamento saudável. Quem é feliz e apaixonado é uma pessoa leve, que não reclama, que anda sorrindo, que fica entusiasmada ao ver o amor de outros casais etc. Incorpore esses comportamentos antecipadamente para se colocar na posição de recebimento e sintonizar a pessoa certa para você!

Outro exemplo: se você está cocriando riqueza, também observe e incorpore os comportamentos dos ricos. Pessoas prósperas não ficam reclamando do preço do tomate na fila do supermercado; pessoas prósperas são generosas e fazem caridade. Esses comportamentos e muito outros parecem simples, mas fazem toda a diferença – incorpore-os antecipadamente para sintonizar a riqueza que você deseja.

PASSO 10: AÇÃO

Outra crença que faz com que as pessoas se percam no meio do caminho do processo de cocriação da realidade é achar que não precisam fazer nada, que basta pensar, visualizar e praticar técnicas. Como eu já expliquei, cocriação pode até parecer mágica, mas não é.

Isso significa que se você está cocriando saúde, além de se visualizar saudável fazendo tudo que você gostaria de fazer, você também tem que se dedicar a buscar o melhor tratamento, mudar seu estilo de vida, diminuir o estresse, cuidar-se etc. E se você está cocriando emagrecimento, além de se visualizar no seu peso ideal e corpo dos sonhos, precisa agir no plano físico fazendo dieta e praticando exercícios. Ou, ainda, se você está cocriando riqueza, além de se visualizar vivendo uma vida de prosperidade e abundância financeira, você precisa trabalhar no plano físico!

O processo de cocriação pressupõe que você entre em **ação** nos dois planos: no plano mental, visualizando e sentindo o seu sonho já realizado para ativar sua consciência, sugestionar sua mente inconsciente e reconfigurar sua arquitetura neurológica; e no plano material, trabalhando e executando as ações necessárias à manifestação do seu desejo.

PASSO 11: FESTEJE SEUS RESULTADOS PARCIAIS

Excepcionalmente, há casos de pessoas que acessam um salto quântico de consciência e cocriam seus sonhos muito rápido, quase que de modo instantâneo. Contudo, a regra é que grandes sonhos não são cocriados da noite para o dia, eles levam tempo e, na maioria das vezes, esse tempo pode ser maior do que a sua expectativa.

A cocriação leva tempo por uma série de fatores, normalmente porque temos crenças limitantes para reprogramar, porque nossas novas redes neurais precisam de tempo para brotar e se fortalecer, porque resistimos às mudanças e porque vacilamos na manutenção de nossa Frequência Vibracional®. Além disso, também é necessário algum tempo para que o Universo orquestre todos os encontros, situações, circunstâncias e oportunidades que precisam se alinhar para que nosso sonho se manifeste.

É perfeitamente normal que seu sonho não se realize na velocidade e no tempo que seu ego deseja e espera. Você precisa saber lidar com isso e não se permitir desanimar nem desistir, pois a cocriação é um processo, uma jornada e uma construção.

Nessa jornada da cocriação, é importante que você não tenha pensamentos de "tudo ou nada", isto é, que não foque exclusivamente o seu objetivo final, mas que preste atenção nos pequenos resultados parciais que obtém enquanto está no caminho da cocriação do seu grande sonho.

Aprenda a reconhecer, validar, festejar e agradecer pelos pequenos resultados, pelas pequenas metas alcançadas, pelas mais discretas transformações pessoais e mais sutis mudanças em sua realidade.

Por exemplo, se você tem o hábito de reclamar, perceber que passou um dia inteiro sem reclamar deve ser motivo de grande comemoração, mesmo que seu objetivo final ainda não dê sinais de que está prestes a se realizar. Outro exemplo é quando você percebe que passou um dia inteiro sem se irritar com seus filhos adolescentes e que gerenciou com calma, amor e paciência todas as situações de estresse que se apresentaram no dia. Essas e outras pequenas grandes vitórias merecem comemoração!

Em princípio, essas pequenas mudanças podem parecer uma bobagem que não tem nada a ver com a cocriação do seu grande sonho, mas expanda sua mente e valide cada pequeno aspecto que revela que você está mudado a si mesmo, que está modificando hábitos e padrões e que está elevando a sua Frequência Vibracional®.

Quando pratica a Visualização Holográfica, você mobiliza uma energia poderosa que inevitavelmente promoverá mudanças e novidades em sua vida, embora, em um primeiro momento, ainda não sejam diretamente referentes à cocriação em si do seu sonho.

Essa energia que você mobiliza traz para a sua vida sincronicidades, serendipidades, encontros inesperados, oportunidades, surpresas e muitos outros sinais que confirmam que você está no caminho certo, fazendo a coisa certa. É como se o Universo estivesse dizendo: "estou vendo você e estou ciente do seu desejo... por favor, continue se dedicando e aguarde!".

Pequenas vitórias pessoais e pequenos presentes no meio da jornada evidenciam que você está entrando no fluxo e que está sendo bem-sucedido na sua tarefa de elevar sua Frequência Vibracional® para cada vez mais se alinhar com seu sonho.

Fique atento a detalhes e sutilezas como o recebimento de brindes, um convite para tomar um café, uma discreta melhoria em um relacionamento conflituoso, um pequeno prêmio em um sorteio, uma sensação de alegria e bem-estar que parece vir "do nada". Tudo isso são sinais que confirmam que você está indo muito bem! Portanto, valide, festeje e agradeça sempre, na certeza de que mais e melhor está a caminho, de que grandes coisas estão por vir!

Além disso, o ato de festejar em si, gatilha outros sentimentos positivos de alegria, abundância, apreciação, sucesso e prosperidade, o que naturalmente eleva sua Frequência Vibracional®. E quando você festeja e agradece, você envia ao Universo uma mensagem dizendo: "Criador, eu amo surpresas boas, eu amo presentes, pode mandar mais!".

PASSO 12: TENHA FÉ, CONFIE E ACREDITE

A sua fé, confiança e certeza de que seu sonho já é real, já é seu e que é só uma questão de tempo para que ele se manifeste na matéria da sua realidade física são os ingredientes fundamentais, os pilares da Visualização Holográfica. Como em qualquer outra ferramenta de cocriação, acreditar 100% que seu sonho é possível e já é real na dimensão sutil da Matriz Holográfica® é o que o leva à obtenção de resultados magníficos.

Mesmo se você estiver praticando a visualização há meses (ou mesmo anos) sem ter nenhuma evidência de que seu sonho está prestes a se manifestar, você precisa continuar acreditando que ele é possível e que já é seu. Isto é o que significa ter fé: acreditar em uma realidade que você ainda não pode experimentar com seus sentidos físicos, mas que tem certeza de que ela existe, de que você a merece e de que a energia está sendo mobilizada e o Universo está orquestrando tudo para a manifestação física.

Além disso, como você sabe, sentimentos de ansiedade, desespero, dúvida, medo, insegurança, pressa etc. causam o temível Efeito Zenão, que anula seu poder de cocriador e congela a manifestação do seu sonho. Por isso, mantenha a fé e lembre-se sempre de que o fato de você não conseguir ver as coisas acontecendo não significa que elas não estejam, de fato, acontecendo – paciência, persistência e fé!

Capítulo 19
25 lugares, situações e atividades para visualizar os seus sonhos

A Visualização Holográfica é uma ferramenta muito dinâmica e versátil porque ela é uma faculdade natural da mente. Tal qual a faculdade de pensar, ela pode ser praticada nos mais diversos lugares e situações.

Se você está cocriando um grande sonho, claro que é importante que pratique a sua Visualização Holográfica completa, concentrado de olhos fechados em estado meditativo, ouvindo a condução do seu roteiro.

Porém, você também pode e deve incorporar "mini-visualizações" durante todo o seu dia. E pode fazer isso em qualquer lugar, em qualquer momento, de olhos abertos, sem a necessidade de se recolher em estado meditativo, enquanto executa praticamente qualquer atividade que faça parte da sua rotina.

Inclusive, existem algumas atividades rotineiras que parecem simples, que parecem apenas mais um compromisso ou obrigação na sua agenda, mas que são verdadeiros portais da cocriação por terem potencial para promover o acesso à frequência de ondas cerebrais alfa, estado em que você consegue reprogramar a sua mente inconsciente e estabelecer comunicação com a Mente Superior.

A seguir, compartilho com você 25 lugares, situações e atividades do seu dia a dia nas quais pode aproveitar para visualizar seus sonhos!

1. Visualização fazendo uma caminhada

Essa técnica é muito legal porque ela traz a sensação de relaxamento, automaticamente ativando a dopamina, que é o hormônio do bem-estar, da felicidade e do prazer. Quando você estiver fazendo uma caminhada ao ar livre (ou mesmo na esteira ergométrica), visualize de olhos abertos o seu sonho realizado. Se desejar, grave um áudio com afirmações positivas ou afirmações Eu Sou para escutar enquanto faz a caminhada e potencializar sua visualização. Ao fazer caminhada, você estará com a mente mais relaxada, facilitando o acesso ao seu inconsciente para que a programação seja realizada com sucesso!

2. Visualização ouvindo música

Já percebeu que quando escuta as músicas de que mais gosta, você sente alegria, felicidade, bem-estar, amor, paz e outros sentimentos positivos de alta vibração? Esses sentimentos ativam a produção dos neurotransmissores do bem-estar e, por isso, sua Frequência Vibracional® se eleva. Então, aproveite esse momento para visualizar os seus sonhos, de olhos abertos enquanto faz alguma outra coisa ou de olhos fechados, simplesmente contemplando a música.

3. Visualização na natureza

A frequência da natureza é muito alta, por isso, ela se torna um grande potencializador para a cocriação de sonhos. Eu sempre indico para os alunos do Holo fazer a Técnica Hertz® na natureza, de preferência sentado no chão (terra, grama – pode ser sobre um pano). Quando você une a visualização com a natureza, é criado um grande vórtice de energia ao seu redor, a sua energia se expande no tamanho do local onde você se encontra, facilitando a cocriação do seu sonho.

4. Visualização olhando para a terra

Ao se conectar com Gaia (Mãe Terra) você se conecta com o seu Eu Superior, com o Criador. Tire os calçados e sinta com os pés a terra, mexa os dedos dos pés na terra. Escolha um ponto na terra e olhe fixamente para esse ponto. Faça a respiração Há (inspire por 7 segundos; segure os pulmões cheios por 7 segundos; expire 7 por segundos; segure os pulmões vazios por 7 segundos. Repita o processo 3 vezes), então, crie uma tela holográfica exatamente nesse ponto onde você fixou o olhar e visualize de olhos abertos o holograma do seu sonho, um filme em movimento com sentimento de que isso já é real. Ao finalizar, diga em voz alta "Isso já é real! Está feito, está feito, está feito". Agradeça à Mãe Natureza, respire fundo e volte ao seu estado natural.

5. Visualização olhando para o céu

Essa técnica de cocriação da realidade traz um estado de relaxamento, diversão e alegria, o que automaticamente eleva a sua Frequência Vibracional® nas alturas! Você pode se deitar no chão, sentar-se ou ficar de pé, como preferir. Olhe para as nuvens, fixe o olhar nelas, entre em Ponto Zero[43] e comece a brincar com as nuvens mentalmente, faça o formato do holograma do seu sonho com elas. Essa técnica o conectará com a sua criança interior, afinal de contas a maioria das crianças já fez isso alguma vez na vida, então cultive o seu espírito brincalhão novamente e viva com a alegria da sua criança interior! Outra dica bem legal é fazer isso à noite, brinque com as estrelas, faça o contorno da foto do seu sonho usando as estrelas mentalmente. É uma brincadeira que envolve a imaginação e criatividade, automaticamente você exercitará o seu cérebro ativando os hormônios do bem-estar.

6. Visualização no chuveiro

Já pensou em visualizar o filme em movimento do seu sonho já realizado enquanto toma seu banho? Faça essa técnica e você terá grandes resultados em sua vida! Ao finalizar a sua Visualização Holográfica, imagine a água do chuveiro se transformando na cor violeta, na chama violeta. Sinta a transmutação e a limpeza de energia ocorrendo no seu ser através dessa água. Sinta-se revigorado, pleno, feliz e confiante ao sair desse banho mágico!

7. Visualização no parque

O parque é um lugar onde existem muitas energias de alta vibração que podem ser canalizadas para a cocriação de sonhos, pois o ambiente reúne muitos elementos que possuem um teor vibracional elevado, como crianças,

---

[43] O Ponto Zero é o ponto de Deus, é o "lugar" onde residem as infinitas possibilidades, por isso, ao entrar em Ponto Zero a onda do seu sonho fica livre no Universo para que o colapso aconteça! Quanto mais tempo em Ponto Zero, mais você permite a materialização do seu sonho.

animais, natureza, diversão, alegria, relaxamento e amor, além da presença dos arquétipos do Sol e das árvores! Todas as vezes que você for a um parque, concentre-se, conecte-se com as energias positivas do lugar, sentindo-as ressoarem no seu campo energético, sinta a energia do Sol penetrar na sua pele. Olhe para uma árvore e sinta a energia da vida reverberar em você. Agradeça ao Universo pelas criações no mundo físico. Entre em Ponto Zero e visualize o seu sonho já realizado com sentimento genuíno de gratidão pelo já ocorrido.

8. Visualização no copo com água

Quando for beber água, segure o copo com as mãos e, por alguns segundos, entre em Ponto Zero. Olhe para a água e visualize a imagem do seu sonho já realizado, mantenha um forte sentimento de alegria, amor e gratidão pelo já ocorrido. Sinta o seu coração vibrar de energias positivas. Dê o comando "Eu sou ativar números quânticos para a materialização em luz – 741. Está feito!" e beba a água com sentimento de que você já vive a realidade desejada. De preferência faça essa técnica à noite, antes de ir dormir, pois essa será a sua última atividade nesse dia, fazendo com que a sua mente trabalhe durante seu sono na criação desse desejo. Quando você bebe a água com a intenção do seu sonho associado à imagem mental e a um forte sentimento, o seu sonho entra em conexão com o seu organismo através dessa água, passando a fazer parte de você!

9. Visualização de olhos abertos

Essa técnica é muito simples e prática, pois você pode fazer em qualquer lugar e qualquer horário do dia. Pode ser feita enquanto você lava a louça, varre a casa, estende a roupa, no banho, nas refeições, enfim, fica a seu critério. Olhe para um ponto fixo e visualize a imagem do seu sonho, pode ser uma foto ou um filme em movimento. Entre em Ponto Zero, respire fundo e siga com a sua rotina normalmente, sem ficar pensando no sonho com ansiedade ou dúvida, simplesmente solte para que o Universo possa lhe entregar o que for seu por direito divino.

10. Visualização na chuva

Essa técnica o coloca em contato direto com a natureza Divina, o que a torna muito mais potente, pois você se eleva energeticamente ao sentir a chuva em contato com a sua pele. Faça igual a uma doce criança que brinca na chuva, deixe a sua criança interior agir por você nesse momento. Abra os braços e comece a rodopiar, cante, pule, grite de alegria e gratidão, logo após elevar a sua frequência você vai fechar os olhos, entrar em Ponto Zero por alguns instantes e visualizar aquele sonho que há muito tempo deseja vivenciar. Sinta-o fazendo parte de você, de cada célula, cada molécula do seu DNA. Coloque os 5 sentidos e viva-o como se fosse real agora. Entre em Ponto Zero novamente e solte o sonho para o Universo. A chuva representa a limpeza mental, espiritual, física e energética, então você também pode visualizá-la limpando a sua mente, corpo e espírito, visualizando que água leva para a mãe Gaia tudo aquilo que o impede de viver a vida dos seus sonhos. Então, na próxima vez que pegar chuva, em vez de reclamar, aproveite-a!

11. Visualização no banho de sol

O Sol é um arquétipo poderoso para cocriações de sonhos, pois ele transmite informações de vitalidade, bem-estar, paz e tranquilidade, colocando-o em plena harmonia com o Criador. A exposição ao Sol favorece a produção de dopamina, serotonina, endorfina e ocitocina, elementos muito poderosos para manifestações de sonhos. O Sol gera energia no seu corpo, por isso, a exposição a ele é especialmente indicada para quem tem depressão. Assim, quando você estiver exposto ao Sol, intencionalmente ou não, pare por alguns segundos para pensar no seu sonho e visualizar a sua realização sentindo a energia do Sol reverberando no seu corpo e no seu campo eletromagnético!

12. Visualização malhando

Você que pode cocriar a vida dos seus sonhos enquanto está malhando! Quando você se exercita, o seu corpo entra em exaustão e nesse instante a sua mente consciente sai da jogada liberando acesso até a mente inconsciente, que é onde as reprogramações ocorrem. Nesse estado, você pode fazer as suas afirmações e visualizar a vida dos seus sonhos, pois está cocriando diretamente na Fonte Criadora. Para fazer a técnica, pare o seu treino por um minutinho, você vai entrar em Ponto Zero e visualizar a vida dos seus sonhos. Em seguida, entre em Ponto Zero novamente e volte a malhar. Essa técnica é poderosa, pois logo após fazer a sua visualização, você acaba tirando o foco do seu sonho e passa a focar nos seus exercícios, ou seja, solta o seu sonho para o Universo de infinitas possibilidades.

13. Visualização subindo e descendo escadas

A técnica da escada é muito simples e fácil de praticar. Você vai subir e descer as escadas quantas vezes forem necessárias até que você sinta o corpo cansado e, nesse momento, você se senta em um dos degraus. O seu corpo está em um pico de adrenalina e quando você para de se movimentar, o ciclo de ondas cerebrais começa a baixar, fazendo com que você entre em alfa ou theta. Então, você aproveita para entrar em Ponto Zero e visualize a vida dos seus sonhos, colocando os seus cincos sentidos em uma cena em movimento. Para finalizar, entre em Ponto Zero novamente por alguns segundos e volte aos seus afazeres, deixando a onda do seu sonho livre no Universo para que o colapso aconteça. Tenho certeza de que, a partir de agora, você vai trocar os elevadores pelas escadas!

14. Visualização dançando

A dança provoca a liberação de dopamina no cérebro, fazendo com que você se sinta alegre, feliz, confiante e pleno. Escolha uma música de que goste muito e que lhe traga a sensação de alegria. Então, feche os olhos, deixe a música o guiar, deixe a música guiar os movimentos do seu corpo e comece a dançar – fazendo isso, você está ativando a produção e liberação da química do bem-estar (dopamina, serotonina, adrenalina e ocitocina). Então, dançando alegremente, comece a visualizar a vida dos seus sonhos com imagens passando rapidamente em sua tela mental. Continue dançando e repare que a sua Frequência Vibracional® se eleva espontaneamente. Dance e visualize pelo tempo que desejar!

15. Visualização com polichinelo

Quando você está praticando o polichinelo, o seu corpo entra em exaustão total, com batimentos cardíacos acelerados e moleza nas pernas e nos braços. Quando sentir esse cansaço, sente-se ou deite-se, respire profundamente, entre em Ponto Zero e comece a visualizar aquilo que você quer realizar, sentindo como se já fosse real, com riquezas de detalhes. Entre em Ponto Zero novamente e relaxe. Quando fazemos exercícios físicos, a nossa mente entra em confusão, isso facilita o acesso para que as reprogramações ocorram, pois não terá nenhuma crença barrando o acesso, assim a mente inconsciente aceitará tudo como verdade.

16. Visualização na roda-gigante

A visualização na roda-gigante é interessante porque você está se divertindo nas alturas, além de sentir adrenalina, aquele friozinho na barriga por estar muito alto, longe do chão. Essa técnica é rápida, porém funciona muito bem! Quando a roda parar lá no alto para alguém entrar, você vai olhar para o céu e, de olhos abertos, visualizar a imagem do seu sonho já concretizado, com sentimento genuíno de gratidão e, quando ela voltar a girar, você solta o seu sonho, entrando em Ponto Zero. Logo em seguida, coloque seu foco em outra coisa, converse com alguém se estiver acompanhada ou observe a paisagem com a intenção de soltar o seu sonho. Pensa, cria e solta. Simples, fácil e rápido.

17. Visualização na piscina

A piscina é um arquétipo muito poderoso por conter dois elementos arquetípicos fundamentais: a água e o Sol. A água representa a limpeza, a purificação; o Sol simboliza a vitalidade, prosperidade, gerando dopamina no seu corpo. Além disso, após um banho de piscina o seu corpo fica naturalmente relaxado e exausto. Quando estiver na piscina, entre em Ponto Zero e visualize o seu sonho com riquezas de detalhes. Logo após visualizar, volte ao Ponto Zero por alguns instantes e fique sentindo e contemplando a energia do Sol em contato com a sua pele, com o seu ser. Aproveite esse momento para praticar as suas gratidões para potencializar ainda mais o seu poder de cocriador da realidade.

18. Visualização no toboágua

Quando você tem uma grande descarga de adrenalina, consegue cocriar pelo fato de soltar o seu sonho logo em seguida. Antes de descer no toboágua, visualize a vida dos seus sonhos com detalhes e com o sentimento de que ela já lhe pertence e, então, "esqueça" e se prepare para descer. Ao descer você entra em adrenalina e quando chega lá embaixo começa a se divertir e já nem se lembra mais da sua visualização, ou seja, você visualizou, soltou e vibrou na alegria, significa que você conseguiu gerar a onda para que o colapso ocorresse no Universo. Essa técnica também se aplica à tirolesas, bungee jump e outros equipamentos de diversão radical.

19. Visualização na hora do orgasmo

No momento do seu orgasmo, visualize a imagem do seu sonho já realizado com sentimento de que ele já lhe pertence e solte para o Criador. O momento do orgasmo é um momento Ponto Zero por natureza – você não pensa em nada, apenas vivencia a experiência 100% presente. A energia sexual é a mais poderosa que existe para a cocriação de sonhos no mundo físico, pois é o entrelaçamento quântico entre as energias criadoras Yin e Yang. O único desafio é você se lembrar de visualizar bem na hora do seu orgasmo, nenhum minuto antes, nenhum minuto depois, mas sim no momento em que você revirar os olhinhos!

20. Visualização na hora da depilação

Todas as vezes que você for fazer uma depilação, visualize e sinta as suas crenças, problemas, obstáculos e sabotadores indo embora da sua vida junto com os pelos que são arrancados! A partir de agora, o desconforto terá um novo sentido na sua vida, simbolizando que algo que estava atrapalhando a cocriação dos seus sonhos foi eliminado da sua mente. Se você utiliza barbeador ou laser, não tem problema, faça a visualização do mesmo jeito!

21. Visualização em meio a uma corrida

Quando você faz uma corrida, a sua mente consciente está em êxtase, é como se ela saísse de campo, facilitando o acesso à sua mente inconsciente. Quando você para de correr, o seu corpo está em pura exaustão e, nesse momento, você baixa os ciclos de onda cerebral entrando em alfa ou theta. Então, você deve aproveitar para silenciar a sua mente entrando em Ponto Zero e, em seguida, visualizar a vida dos seus sonhos em detalhes, usando os seus cinco sentidos como em um filme em movimento. Finalize entrando em Ponto Zero Novamente.

22. Visualização pela respiração

Sente-se e relaxe o corpo e a mente. O objetivo é inspirar afirmações que expressem a realização do seu sonho. Por exemplo, se o seu sonho é ser rico, visualize a frase "Eu sou milionário" escrita em letras bem grandes e com muita cor e brilho. Então veja a afirmação entrando pelas suas narinas enquanto você inspira e visualize que ela vai em direção ao seu coração. Exale devagar, visualizando a frase se espalhando pelo seu corpo, impregnando cada uma de suas células com a informação nela contida. Repita no mínimo três sequências.

23. Visualização cantando

Invente uma música como se fosse uma paródia falando sobre o seu sonho. Passe o tempo que desejar cantarolando-a. Ao cantar, você eleva a sua Frequência Vibracional® e, ao mesmo tempo, foca o seu sonho, mas sem a ansiedade, pois estará se divertindo, e a frequência da alegria vibra em 540 Hz, a sintonia dos seus sonhos no Universo.

24. Visualização no mar

Quando estiver na praia, vá até o mar e a cada onda que vier, você vai agradecer o seu sonho como se fosse realidade e mergulhar na onda. Você estará em contato com a Mãe natureza, potencializando os seus sonhos, além da diversão! Lembre-se sempre de visualizar os seus sonhos no momento presente.

25. Visualização na chama do fogo

Quando estiver diante de uma fogueira ou mesmo de uma simples vela acesa, respire fundo, olhe fixamente para a chama, entre em Ponto Zero e, de olhos abertos, visualize as imagens que representam o seu sonho realizado.

Capítulo 20
40 técnicas de visualização divididas por pilares para cocriar todos os seus sonhos

O Universo responde aos seus pensamentos e emoções, e sua interconexão com o inconsciente e as suas emoções moldam as respostas que você obtém. A visualização não é apenas impulsionada pelo pensamento, mas também pelo alinhamento emocional. Ao envolver emoção e convicção na visualização, a imagem do desejo é projetada e se torna realidade. Isso permite que você assuma o controle da sua vida e passe a cocriar sem esforço ao integrar sua intenção consciente na formação da realidade desejada.

A harmonização vibracional entre as ondas que você emite e as ondas do Universo é necessária para criar a realidade que você deseja. Felizmente, o seu cérebro não difere entre realidade física e imaginação, o que impulsiona essa fusão vibracional necessária para alcançar os objetivos visualizados.

Para que suas visualizações sejam poderosas e bem-sucedidas, você precisa compreender e aplicar o conceito de Emosentização®, o qual eu expliquei de maneira muito detalhada no meu primeiro livro, *DNA Milionário*,[44] mas que, resumidamente, consiste no alinhamento de sentimentos e pensamentos, ações e consciência para colocar emoções em movimento. A Emosentização® é crucial para o colapso da função de onda na Matriz Holográfica® quântica e a materialização de sonhos desejados.

---

44 OURIVES, E. **DNA Milionário**. São Paulo: Gente, 2019.

Com base no conceito de Emosentização®, siga os seguintes passos para obter sucesso nas suas visualizações:

1. Pense naquilo que mais deseja materializar no mundo.
2. Crie o holograma do seu desejo ou sonho (casa, carro, dinheiro, reconhecimento profissional, pessoal ou financeiro etc.);
3. Sinta que seu desejo já é real, verdadeiro e que ele já está manifestado em sua vida; veja-se atuando dentro da cena: feliz, alegre, cheio de entusiasmo e pleno. Dê cor, brilho, toque ao seu sonho, sinta o cheiro, o som, as pessoas conversando. Como seria se tivesse realizado e conquistado o que tanto sonhou na vida em termos financeiro, prosperidade e abundância?
4. Com a certeza da sua cocriação, simplesmente solte seu sonho, entregue-o ao Universo e dê-lhe tempo para assimilar as vibrações emitidas por você.

Resumidamente, o processo sempre envolve criar o holograma do desejo, pensar nele, sentir sua realização, soltar e confiar na cocriação do Universo. A dúvida é prejudicial ao processo, então tenha cuidado!

Antes de irmos para as técnicas, quero compartilhar com você alguns "bingos", isto é, grandes sacadas que eu tive a respeito da Visualização Holográfica ao longo de minhas pesquisas:

- Para que você consiga produzir e sentir as emoções decorrentes do seu desejo realizado, adicione à sua visualização as informações sensoriais (visão, audição, tato, olfato e paladar), pois isso aumenta a percepção de realidade da experiência e, quanto mais intensa a experiência, mais emoções ela produz.
- A paixão genuína pelo desejo é crucial para uma manifestação bem-sucedida.
- Seu sonho não deve ser um mero desejo do ego, deve estar alinhado com o propósito do seu Eu Superior.
- O amor é um elemento essencial que acelera a frequência e ativa a cocriação das suas visualizações.
- A auto-observação é muito importante para vigiar seus pensamentos e emoções, evitando ser dominado por eles.
- O tempo de manifestação varia conforme a complexidade do desejo. Compreender a dinâmica do tempo, eleva a sua consciência e vibração no Universo.

- Equilibre sua dedicação e persistência com a aceitação do tempo do Universo.
- A manifestação por meio da visualização requer dedicação contínua e não há atalhos.

Agora, sim, vou apresentar a você 40 técnicas de Visualização Holográfica rápidas, porém poderosas, divididas por áreas da vida e direcionadas para a cocriação de uma grande variedade de sonhos nas áreas relacionadas a amor e relacionamentos afetivos, dinheiro, saúde, rejuvenescimento, emagrecimento, trabalho, espiritualidade, família e cocriações diversas

Se desejar, você pode adicionar mais informações aos scripts, personalizando em conformidade com os detalhes da realidade que você está cocriando e, se achar necessário, pode gravar os roteiros com sua própria voz.

Lembre-se de entrar em estado de relaxamento antes de praticar suas visualizações!

AMOR E RELACIONAMENTOS

1. SINTONIZAR SUA ALMA GÊMEA (TÉCNICA I)

Visualize o holograma da sua alma gêmea bem na sua frente. Nesta cena, vocês estão se beijando. Aprecie essa imagem, sinta o sabor desse beijo, o calor da união de corpos. Sinta as mãos da sua alma gêmea no seu corpo. Sinta o amor pulsando entre vocês. Agora agradeça como se já tivesse ocorrido, com sentimento genuíno de gratidão. Tanto a apreciação como o amor e a gratidão elevam sua vibração ao ponto de colocar você na posição de recebimento!

2. SINTONIZAR SUA ALMA GÊMEA (TÉCNICA II)

Antes de dormir, visualize-se fazendo uma sessão de cinema em casa com seu amor, assistindo a uma comédia bem boba com direito a um super balde de pipocas. Sinta o abraço, os beijinhos, o toque, a voz e o cheiro do seu amor. Veja a cena nos mínimos detalhes e pergunte-se: "O que eu estou sentindo?". Permita-se adormecer dentro dessa visualização, sentido essa magnífica sensação.

3. CASAMENTO

Feche os olhos e comece a respirar profundamente. Imagine-se em um local incrível, onde a cerimônia do seu casamento está prestes a começar.

Visualize o cenário do casamento perfeito: o local todo decorado, as flores, o bolo, os sorrisos das pessoas, os detalhes cuidadosamente planejados, e, principalmente, você e seu parceiro(a) trocando olhares cheios de amor e felicidade. Vivencie a cena da troca das alianças, o momento do "SIM", o beijo, as felicitações, a sua roupa. Sinta a alegria e o amor que envolve esse momento, permitindo-se absorver essa energia positiva. Quando estiver pronto para encerrar a visualização, inspire profundamente mais uma vez, trazendo a luz dourada para dentro de si, e expire suavemente, sentindo-se revigorado e grato.

4. AMOR-PRÓPRIO

Visualize uma luz dourada saindo do centro do seu peito, simbolizando o autoamor que eleva sua energia. Essa luz se expande pelo seu corpo, envolvendo cada uma de suas células com amor. Conecte-se com a sua Centelha Divina, a presença de Deus em você, representada pela luz intensa. Sintonize-se com o espírito criativo e o merecimento. Visualize sua própria imagem no espelho, elogie-se sinceramente, afirmando seu amor-próprio e merecimento. Sinta harmonia e gratidão. Visualize essa energia gerando uma Frequência Vibracional® de 1000Hz, deixando-o alinhando com o Universo. Mantenha-se nesse estado, agradecendo antes de encerrar, levando consigo essa sensação ao longo do dia.

5. CONVERSA HARMONIOSA

Se deseja ter uma conversa com alguém via WhatsApp para resolver algum problema ou harmonizar algum conflito, essa técnica é para você. Visualize essa pessoa o chamando no WhatsApp, escute a notificação e sinta a emoção de receber essa mensagem. Sinta o celular nas suas mãos, desbloqueie a tela, abra o aplicativo. Leia a mensagem ou escute o áudio com a pessoa o chamando para conversar, dizendo que está de coração aberto para harmonizar a situação entre vocês. Então, mentalmente, construa toda a conversa – escreva, grave áudios ou vídeos, envie emojis e figurinhas. Envie as mensagens que você desejar, no formato que desejar e visualize a pessoa respondendo com atenção e gentileza. Visualize a conversa chegando a uma conclusão que seja benéfica tanto para você quanto para a pessoa. Abra os olhos e agradeça!

6. COMUNICAÇÃO TELEPÁTICA

Essa técnica é versátil e pode ser aplicada para melhorar a comunicação em diferentes relacionamentos – com superiores, pais, namorado, marido, esposa, filhos, outros parentes ou pessoas próximas. A aplicação requer consciência e intenção. Aqui está o passo a passo: Feche os olhos e respire suavemente. Visualize a pessoa escolhida à sua frente, olhe nos olhos dela e sinta a ligação energética entre vocês. Foque na pineal da pessoa (ponto entre as sobrancelhas), representando a conexão telepática. Imagine um cordão de energia dourada da sua pineal à dela, simbolizando a comunicação energética. Transmita a informação desejada com clareza e cuidado, usando o nome da pessoa. Diga o que você pensa e como se sente a respeito de determinada situação. Permita que a informação flua suavemente através do cordão de energia. Visualize o cordão trazendo de volta respostas ou energia positiva. Recolha suavemente de volta para sua pineal. Abra os olhos, respire profundamente e sinta a conexão sendo concluída. Agradeça o momento de ligação.

7. NOVOS AMIGOS

Visualize-se em um local sereno e acolhedor. À medida que você observa a paisagem, comece a moldar o ambiente a seu gosto. Pode ser um espaço para um encontro social, como um café ao ar livre, um banco no parque ou uma sala aconchegante em uma casa. Faça uma declaração mental ou verbal convidando os amigos que você deseja cocriar a se juntarem a você nesse espaço. Seja claro sobre as qualidades e características que deseja em seus amigos. Por exemplo, você pode dizer algo como: "Estou aberto para cocriar amizades baseadas em confiança, empatia e interesses comuns". Imagine esses amigos chegando ao espaço que você criou. Veja-os se aproximando, cumprimentando você com sorrisos calorosos e abraços amigáveis. Passe algum tempo na visualização conversando e conhecendo seus novos amigos. Imagine discussões animadas, risos e uma conexão profunda se formando. Visualize a si e a seus amigos compartilhando experiências felizes juntos. Pode ser um passeio, um projeto em comum, uma viagem, ou qualquer atividade que gostaria de compartilhar com eles. Agradeça a esses amigos por terem entrado em sua vida e por tudo o que trazem para ela. Sinta uma profunda gratidão por essas conexões. Quando estiver pronto, abra os olhos e retorne ao momento presente. Lembre-se das sensações e emoções positivas que experimentou durante a visualização.

8. SEPARAÇÃO HARMONIOSA

Primeiramente, tenha plena certeza de que é exatamente isso que você quer. Uma vez decidido, não poderá voltar atrás! Escreva a próprio punho uma carta assim: *"Eu (escreva seu nome completo) e (escreva o nome completo da pessoa) estamos separados. Houve uma separação harmoniosa! Ele(a) está muito bem e feliz. Eu estou muito bem e feliz também. Eu desejo amor, paz e prosperidade para a vida dele(a). Está feito, Está feito, Está feito"*. Leia essa carta todos os dias em voz alta e visualize sua nova vida sem essa pessoa, sinta a sua liberdade e seu alívio decorrentes de não mais conviver com essa pessoa. Pratique essa técnica até que sinta no seu coração o momento de parar. Para potencializar, espalhe pela casa o arquétipo da águia (fotos, objetos e o som), deixe à vista dessa pessoa, isso a afastará de você.

9. SAIR DA RESSONÂNCIA DE ALGUÉM

Uma projeção de pensamento sobre alguém faz com que essa pessoa ligue para você, mande mensagem ou o procure por outros meios de comunicação. Existe um fio energético que conecta ambos por meio do pensamento. Quando você pensa algo negativo sobre alguém, essa pessoa vai sentir por ressonância, então ela também não vai gostar de você. Diga: *"Eu Sou ativar, sair da ressonância de (fale o nome da pessoa)"* e visualize o rompimento do fio energético que o conecta com a pessoa.

FAMÍLIA

10. HONRE SEUS PAIS

Visualize uma luz suave e calorosa surgindo ao seu redor. Imagine-se em um espaço sereno, onde a paz reina. Traga à mente a imagem dos seus pais, quer eles estejam presentes fisicamente na sua vida hoje ou não. Lembre-se de que a honra não depende das circunstâncias passadas ou presentes, mas sim do respeito e gratidão pela vida. Conscientemente, deixe de lado qualquer julgamento que você possa ter sobre seus pais. Imagine esses julgamentos se dissolvendo na luz ao seu redor. Visualize uma ponte luminosa se formando entre você e a Fonte da Vida, representando a sua conexão com a Energia Universal. Sinta a gratidão e o respeito fluindo de você em direção à imagem dos seus pais. Silenciosamente, expresse sua honra por tudo o que eles representam em sua jornada, por todos os aprendizados, por todas as experiências. Afirme que libera seus pais dos seus julgamentos e expectativas. Olhe nos olhos da sua mãe e agradeça pela sua vida; olhe nos olhos do seu pai e agradeça pela sua vida. Abra os olhos lentamente e agradeça a oportunidade de cura e harmonização.

11. FILHOS RESPEITOSOS

Visualize seus filhos agindo de maneira positiva, respeitosa e gentil. Imagine situações específicas em que eles estão se comportando da maneira que você deseja, tratando-lhe com respeito e amor. Veja essas cenas com detalhes vívidos. Concentre-se em como se sente quando vê seus filhos agindo dessa forma. Sinta a alegria, o orgulho e o amor que isso lhe traz. Evite pensar nos comportamentos indesejados, foque nos comportamentos desejados e visualize as cenas correspondentes. Ao direcionar seu foco para os comportamentos desejados, você está fortalecendo essas qualidades em seus filhos. Encerre a visualização sentindo gratidão por ter filhos maravilhosos. Sinta a alegria de ser um pai ou mãe que está contribuindo para o crescimento deles de maneira positiva.

12. PROGRAME SEUS FILHOS PARA O SUCESSO

Visualize seu filho, um bebê ou uma criança pequena, radiante de alegria e confiança. Imagine os momentos em que interage com seu filho de maneira positiva, elogiando-o e encorajando-o. Veja como ele absorve essas palavras e cresce em autoestima e autoconfiança. Enquanto visualiza, concentre-se na importância de suas palavras e ações ao lidar com seu filho. Visualize-se sempre escolhendo palavras de amor, incentivo e apoio, mesmo em momentos de desafio. Enquanto continua a visualização, imagine o potencial ilimitado que seu filho possui. Visualize-o crescendo e prosperando, confiante em suas habilidades e aberto a oportunidades. Encerre a visualização com um sentimento profundo de gratidão por ter a oportunidade de moldar positivamente o futuro de seu filho.

13. COCRIANDO GRAVIDEZ

Imagine-se em um cenário pacífico e alegre. Pode ser uma praia, um jardim tranquilo ou qualquer lugar onde você se sinta à vontade. Visualize você e seu parceiro juntos, felizes e relaxados no momento da concepção de maneira positiva e cheia de amor. Veja-se grávida e sorrindo. Envolva seus sentidos na visualização. Imagine como é sentir o calor do sol ou a brisa suave, ouça os sons tranquilizadores ao seu redor e sinta a alegria e a emoção desse momento. Veja e acaricie sua barriga crescida, sinta seu bebezinho mexendo. Veja o momento do seu parto, visualize-se segurando seu bebezinho no colo pela primeira vez, sinta o cheirinho dele, a textura suave de sua pele, escute seu choro vigoroso, escute as pessoas lhe dando parabéns. Termine a visualização com um sentimento de gratidão. Agradeça pelo amor que você e seu parceiro compartilham, pela possibilidade de criar uma vida juntos e pelo presente da maternidade que está a caminho. Quando estiver pronta, abra os olhos e retorne ao seu estado normal de consciência.

14. PROGRAME SEU BEBÊ PARA O SUCESSO

Se você está grávida, visualize seu bebezinho dentro do seu útero, cercado por um campo energético próprio. Visualize o campo energético do bebê se fundindo com o seu campo, absorvendo suas emoções e informações. Observe como as suas emoções influenciam na qualidade de vida e a programação do seu bebê para o futuro. Veja-se agindo como a engenheira genética do seu bebê, otimizando as condições intrauterinas para sua saúde e pleno desenvolvimento. Visualize o seu bebê sendo programado para uma vida de saúde e sucesso, tanto no aspecto mental quanto físico. Lembre-se de que as influências epigenéticas continuam após o nascimento, com os pais exercendo uma grande influência durante o crescimento, especialmente na primeira infância. Abra os olhos, trazendo essa consciência para sua vida cotidiana. Saiba que você tem o poder de criar um ambiente positivo e influenciar o desenvolvimento saudável de seus filhos desde o início.

15. HARMONIZAÇÃO FAMILIAR

Imagine todos os membros de sua família reunidos em um ambiente calmo e acolhedor. Visualize cada pessoa sorrindo e se sentindo à vontade. Visualize um brilho suave e caloroso que envolve cada membro da família. Este brilho representa o amor, o respeito e a compreensão mútua. Veja todos trocando sorrisos, abraços e palavras gentis. Se houver conflitos ou mal-entendidos na família, visualize-os sendo resolvidos de maneira pacífica e construtiva. Imagine todos se comunicando abertamente e encontrando soluções juntos. Visualize todos compartilhando momentos felizes juntos, como refeições em família, passeios e celebrações. Sinta a alegria e o amor que fluem entre todos. Repita: "Minha família é unida e harmoniosa". Termine a visualização com um sentimento de gratidão por sua família. Agradeça por cada membro e pelo amor que compartilham. Abra os olhos e leve essa sensação de harmonia para o seu dia a dia.

SAÚDE

16. PARE DE RECLAMAR

Feche os olhos e respire profundamente. Visualize-se cercado por uma aura escura formada pela energia dos seus sentimentos, pensamentos e palavras de reclamação a respeito da sua saúde. Essa energia afeta negativamente sua saúde e também a sua capacidade de cocriar. Transforme essa aura escura em uma luz brilhante que preenche seu ser, trazendo saúde e emoções positivas. Sinta como essa luz fortalece sua imunidade e eleva sua vibração. Imagine-se atraindo motivos para agradecer e se alegrar. Faça um compromisso de parar de reclamar e adotar uma mentalidade positiva. Abra os olhos e leve consigo essa transformação positiva.

17. PROGRAME O SEU DNA (TÉCNICA I)

Visualize seu DNA como uma matriz flexível. Conecte-se com sua linguagem interna, usando afirmações positivas, como "Meu corpo é saudável e equilibrado." Imagine essas palavras se transformando em luz dourada que envolve seu DNA. Visualize seu DNA se reprogramando para promover saúde e equilíbrio. Sinta essa transformação se espalhar por todas as células do seu corpo. Imagine-se no controle de sua própria evolução e saúde. Abra os olhos e leve consigo a sensação de equilíbrio e bem-estar. Essa técnica curta de visualização permite que você use a linguagem interna e imagens positivas para reprogramar seu DNA, promovendo mudanças biológicas e melhorando sua saúde e equilíbrio.

18. PROGRAME O SEU DNA (TÉCNICA II)

Feche os olhos e visualize seu DNA como uma dupla hélice composta de 3% matéria química e 97% energia quântica. Visualize a parte química como informações biológicas e a parte quântica como sua espiritualidade, sua verdade essencial e todas as possibilidades. Compreenda que você não é uma vítima do destino traçado pelo seu DNA. Visualize-se desativando os genes de doença, pobreza e depressão, e ativando genes de saúde, riqueza e bem-estar na parte química do seu DNA. Na parte quântica, veja-se comandando a realidade desejada para sua vida. Entenda que suas emoções são a chave para manipular seu DNA. Cultive emoções elevadas, como amor e alegria, para reprogramar seu DNA para a saúde, prosperidade e felicidade. Abra os olhos com a convicção de que você tem o poder de transformar sua própria realidade através do controle das suas emoções.

19. PROGRAME AS SUAS CÉLULAS

Imagine-se dentro do seu próprio corpo, explorando o ambiente interno. Visualize a membrana que envolve cada célula como uma fina camada de um material especial, semelhante a um chip eletrônico. Veja a membrana celular como um receptor de informações, assim como um chip eletrônico. Compreenda que suas células recebem informações do ambiente e reagem de acordo com essas informações. Visualize situações em que você costuma ter reações emocionais negativas, como estresse, raiva, medo, ódio e julgamento. Observe como essas emoções afetam a programação das suas células. Agora, imagine-se reagindo de maneira diferente a essas situações. Veja-se respondendo com amor, alegria e compaixão em vez de emoções negativas. Visualize suas células recebendo essas novas emoções positivas como se fossem informações do ambiente. Observe como suas células começam a se reprogramar para se alinhar com essas emoções positivas. Imagine como sua biologia começa a responder de maneira mais saudável e equilibrada devido à nova programação emocional. Visualize-se experimentando sucesso, saúde e bem-estar como resultado dessa transformação. Abra os olhos lentamente e sinta gratidão pelo poder que você tem para reprogramar sua biologia para o sucesso.

REJUVENESCIMENTO

20. COCRIANDO REJUVENESCIMENTO

Visualize-se olhando-se no espelho e vendo refletida a sua imagem bela e jovial, olhe de perto os detalhes da sua pele, do seu rosto e veja-se livre de rugas e manchas. Sinta-se vibrando na mesma frequência da idade e da aparência desejadas – como você se sentiria se parecesse ter 10, 20, 30 anos a menos? Garanta que sua vibração interna corresponda à visualização. Viva a sensação de rejuvenescimento em sua realidade vibracional para manifestá-la fisicamente. Ensine para o seu corpo qual é a emoção e a sensação que decorre do seu desejo realizado! Visualize novas redes neurais sendo criadas e se fortalecendo pra possibilitar a mudança que você tanto quer!

EMAGRECIMENTO

21. PESO IDEAL, CORPO DOS SONHOS

Imagine uma grande tela holográfica à sua frente, como um cinema. A partir da sua glândula pineal, projete a imagem do seu corpo e peso dos sonhos, uma cena em movimento. Sinta o calor na sua pineal enquanto essa imagem se forma. Saia do seu corpo e observe-se de fora, vendo a imagem saindo da sua pineal. Volte ao seu corpo e envolva os cinco sentidos na cena em movimento. Visualize-se no corpo ideal que você deseja alcançar, com confiança e vitalidade. Concentre-se em acreditar que essa visualização já está cocriada, como se já fosse realidade. Sinta a gratidão antecipadamente, como se já tivesse alcançado seu objetivo. Mantenha a fé de que você está manifestando sua visualização com cada pensamento positivo. Imagine sua vibração elevando-se, como se estivesse transformando energia em realidade física. Lembre-se de que a fé é como plantar uma semente e confiar que ela crescerá. Afaste a ansiedade, confiando no processo de manifestação. Sinta a certeza de que seu peso desejado já é real. Recolha gradualmente essa imagem de volta para a sua pineal, sentindo seu sonho se tornar parte de você, de cada célula e molécula. Respire profundamente e abra os olhos.

22. COMPRANDO ROUPAS NOVAS

Partindo do princípio que você já emagreceu, já conquistou seu peso ideal e o corpo dos seus sonhos, visualize-se indo às compras na companhia de sua melhor amiga. Você precisa de um enxoval inteiro completamente novo! Qual é o seu novo manequim? Visualize-se passeando pelo seu shopping preferido muito animada com sua amiga. Entre de loja em loja para comprar calças jeans novas, vestidos de festa novos, roupas novas para trabalhar, um biquíni novo bem pequeninho e tudo mais que você desejar. Veja-se experimentando cada peça, escute sua amiga dizendo que tudo fica ótimo em você, sinta a alegria e o bem-estar decorrentes dessa experiência. Respire profundamente e abra os olhos.

ESPIRITUALIDADE

23. COCRIANDO UM MILAGRE

Imagine-se como o próprio milagre, sentindo uma profunda paz interior. Visualize sua Frequência Vibracional® aumentando à medida que seus pensamentos, sentimentos, palavras e ações se alinham harmoniosamente. Veja-se interagindo com o mundo com gentileza, irradiando amor e positividade em todas as direções. Observe como essa transformação interna começa a moldar sua realidade, tornando-a mais propícia para atrair as oportunidades que você antes apenas visualizava. Continue a se ver como o próprio milagre, abraçando o poder da visualização que habita dentro de você. Abra os olhos quando estiver pronto, sentindo-se revigorado e confiante em seu potencial de manifestar milagres em sua vida.

24. PAZ: "O OÁSIS INTERIOR"

Feche os olhos, respire profundamente, foque na tranquilidade da respiração. Visualize-se em um oásis, sinta o sol, ouça o riacho. Caminhe por esse espaço sagrado, deixando tensões para trás. Sinta a paz envolver você. Respire, absorva paz, sinta-a em cada célula. Permaneça em paz, acalme a mente. Pense em algo que o faça sentir a gratidão. Abra os olhos, leve paz e gratidão consigo.

25. UNIÃO COM DEUS

Visualize uma luz divina representando Deus. Imagine-se em um ambiente sagrado. Fale com Deus em pensamento ou voz alta. Sinta a presença de Deus ao seu redor. Medite sobre a experiência. Pratique regularmente para desenvolver a conexão espiritual.

26. MESTRE INTERIOR

Visualize um lugar especial e reconfortante. Imagine uma porta para seu mundo interior. Entre e sinta-se calmo. Visualize seu "mestre interior". Faça perguntas e ouça suas respostas internas. Tenha um diálogo sobre questões pessoais. Confie nas respostas e absorva as lições. Agradeça e retorne à consciência acordada. Reflita sobre as lições aprendidas. Use essa técnica para buscar orientação interna e autoconhecimento.

27. AUMENTO DA AUTOESTIMA

Comece visualizando uma versão de você mesmo em sua mente, veja-se com todos os detalhes físicos e emocionais. Imagine que uma luz dourada amorosa envolve essa imagem de si mesmo. Sinta uma profunda aceitação e amor por essa versão de você, independentemente de quaisquer imperfeições percebidas. À medida que você continua a visualização, imagine, agora, a versão do Novo Eu que deseja ser, mais confiante. Sinta sua autoestima começando a se elevar. Veja como é o seu Novo Eu e sinta que já está na pele dele agora mesmo, no momento presente. Visualize-se caminhando mais ereto, sorrindo mais, e sentindo-se bem consigo mesmo. Sinta a confiança e o orgulho de ser quem você é. Repita afirmações positivas relacionadas à autoestima, como: "Eu me amo e me aceito", "Eu sou digno de amor e respeito", "Tenho confiança em mim mesmo" e outras afirmações que ressoem com você. Imagine-se alcançando seus objetivos e metas. Sinta a confiança e o orgulho que decorrem dessas realizações. Sinta gratidão por quem você é e pelo progresso que está fazendo em direção a uma autoestima mais elevada. Quando estiver pronto, abra os olhos e retorne ao momento presente.

28. MANIFESTE A CORAGEM

Visualize-se em uma situação desafiadora e veja-se agindo com coragem e confiança. Veja-se mantendo a calma, enfrentando a situação de frente e tomando as medidas necessárias. Visualize todos os detalhes da cena. Imagine as expressões faciais das pessoas ao seu redor, o ambiente e as palavras que você está dizendo ou ouvindo. Concentre-se nas sensações que você experimenta ao se comportar com coragem. Sinta seu coração forte e firme, sua respiração controlada e a sensação de empoderamento que a coragem traz. À medida que a visualização continua, imagine-se mantendo o foco em seus objetivos e valores pessoais. Lembre-se do motivo pelo qual você está agindo com coragem. Visualize um resultado positivo da situação desafiadora. Veja-se superando obstáculos, resolvendo problemas e alcançando seus objetivos. Durante a visualização, repita afirmações positivas relacionadas à coragem, como: "Eu Sou corajoso e capaz", "Tenho a força interior para enfrentar qualquer desafio" e outras afirmações que lhe ajudem a fortalecer sua coragem. Sinta gratidão por sua capacidade de enfrentar desafios com coragem e determinação. Quando estiver pronto, abra os olhos e retorne ao momento presente. Leve consigo a sensação de coragem fortalecida e a confiança de que você pode enfrentar situações desafiadoras.

TRABALHO

29. TRABALHO DOS SONHOS

Imagine o seu emprego ideal como se já estivesse acontecendo neste momento, no presente. Deixe de lado preocupações passadas e ansiedades sobre o futuro. Limpe sua mente de pensamentos negativos e distrações. Visualize-se indo trabalhar alegre e grato pelo emprego que possui. Visualize detalhes específicos do seu emprego dos sonhos, incluindo local, responsabilidades e sentimentos de realização. Veja seu sonho de novo emprego como realizado agora e viva de acordo com essa crença, sem ansiedade nem medo. Liberte-se da ansiedade entregando seu sonho ao Universo. Sinta a gratidão pelo emprego que você visualizou e acredite que ele está a caminho. Abra os olhos e leve essa sensação de positividade e confiança consigo ao procurar oportunidades de emprego.

30. EMPREGO EM LOCAL ESPECÍFICO

Caso deseje ingressar em uma empresa específica, esta técnica pode ser de grande auxílio. Diariamente, tanto antes de dormir quanto ao acordar, conecte-se com esse sonho. Imagine-se vestindo o uniforme ou traje de trabalho, percorrendo mentalmente todo o trajeto desde o despertar até o retorno ao lar. Visualize-se adentrando a empresa, saudando os colegas, familiarizando-se com o ambiente de trabalho, desempenhando suas funções, e mergulhando na experiência por meio da visualização. Sintonize-se com suas emoções durante o processo, observando também os momentos de pausa e o término da jornada. Aborde a simulação com a convicção de que está genuinamente atuando nesse contexto, sem ponderar a duração da visualização. Caso adormeça, isso pode intensificar o poder de realização do seu sonho.

31. SUCESSO E RECONHECIMENTO

Visualize um vasto horizonte onde suas ações são como pedras lançadas em um lago tranquilo criando ondulações na superfície da água. Mesmo sem resultados imediatos, cada passo que você dá cria ondulações na jornada da vida. Mantenha a persistência acesa, avançando mesmo quando parecer difícil. Visualize um futuro promissor em que seus esforços são recompensados com sucesso e reconhecimento. Ensaie viver a cena que representa que você "chegou lá", que conquistou o sucesso que deseja em sua carreira; veja e ouça as pessoas lhe dando o reconhecimento que você merece. Acredite que cada pequeno passo constrói um caminho para o sucesso. Siga em frente, pois a colheita dos frutos está próxima, talvez mais do que você imagina.

32. PASSAR EM EXAME (APROVAÇÃO EM CONCURSO)

Visualize-se no dia do exame. Veja-se acordando de manhã com energia e entusiasmo. Imagine-se chegando ao local da prova com calma e confiança. Visualize-se durante a prova, respondendo às perguntas com facilidade e confiança. Veja-se mantendo a calma, mesmo diante das questões mais desafiadoras. Visualize-se administrando seu tempo de modo eficaz durante o exame. Veja-se revisando suas respostas e garantindo que nada seja deixado em branco. Imagine o sentimento de realização que você terá ao concluir a prova. Veja-se entregando o exame com confiança, sabendo que fez o seu melhor. Visualize o resultado que você deseja alcançar, veja seu nome na lista de aprovados. Imagine-se celebrando o seu sucesso com as pessoas que você ama. Sinta gratidão por toda a dedicação e persistência que você colocou em seus estudos, sinta a mais profunda gratidão por sua aprovação. Durante a visualização, repita afirmações positivas, como: "Eu Sou capaz e confiante em minhas habilidades", "Estou preparado para passar" e "Eu vou passar com sucesso". Quando estiver pronto, abra os olhos e retorne ao momento presente. Leve com você a sensação de confiança e sucesso que a visualização lhe proporcionou.

DINHEIRO E BENS MATERIAIS

33. TÉCNICA DO SEU "INCRÍVEL MUNDO"

Com essa técnica, você vai usar a sua imaginação para criar o "incrível mundo de (seu nome)". No seu incrível mundo, tudo é perfeito, você é feliz, saudável e muito próspero com todo o dinheiro que quiser para gastar como quiser. Tudo o que você tem que fazer é simplesmente soltar a imaginação e voar alto, sem se julgar, sem considerar nada como absurdo – tudo que você quiser, você pode, é só imaginar! Depois de passear pelo seu incrível mundo e desfrutar dele por um tempo, você para e pergunta "e se fosse verdade?". Sem forçar sua mente a acreditar que é verdade, não há resistência, você eleva sua vibração através da alegria e diversão e abre as possibilidades para a manifestação!

34. CHUVA DE DINHEIRO

Feche os olhos e imagine que, literalmente, começa a chover cédulas de dinheiro em cima de você! Sinta o dinheiro tocando você, sinta a textura, sinta o som, sinta o cheiro do dinheiro. Divirta-se, veja seus filhos e seu companheiro(a) pulando, dançando e gritando de alegria junto com você. Pegue um monte de dinheiro e jogue para cima; mergulhe em monte de dinheiro! Sinta a energia dele plasmando em você no momento em que cada cédula toca seu corpo, tornando-se parte de você, incorporando-se em cada célula sua, em cada molécula do seu DNA. Enquanto sente, repita o comando "integra" várias vezes para integrar o dinheiro no seu corpo! Parece loucura? Ótimo, o absurdo elimina a resistência e é muito divertido!

35. RIQUEZA INFINITA

Como você se sentiria se fosse rico, milionário, bilionário hoje, agorinha mesmo? Você está mesmo pronto para receber todo o dinheiro que está pedindo? Visualize o que faria com tanto dinheiro, o que compraria, que experiências teria, a quem ajudaria, em que casa moraria, quais carros teria, que tipo roupas e acessórios usaria, que lugares frequentaria e tudo mais relacionados aos detalhes de sua vida de milionário, ou melhor, bilionário.

36. GASTE COM ALEGRIA

Visualize o saldo da sua conta bancária indicando muitos milhões disponíveis para você! Então, vá ao banco e saque esse dinheiro em várias maletas. Em seguida, comece a gastar cada centavo desse dinheiro como se não houvesse amanhã! Veja cada bem adquirido, cada experiência luxuosa. Perceba os seus sentimentos ao gastar dinheiro – eles são um indicador crucial: culpa e medo de falta indicam escassez; alegria, prazer e gratidão revelam abundância. Portanto, se você não sentiu prazer e alegria na primeira vez, repita o exercício até aprender a desfrutar do dinheiro sem culpa! Gastar com alegria transmite merecimento ao cérebro e Universo, abrindo fluxo de prosperidade. Gastos felizes geram sucesso e prosperidade duradouros. Lembre-se de colocar os 5 sentidos nessa visualização!

37. RECEBIMENTO DE PIX

Feche os olhos, respire profundamente e entre em Ponto Zero. Visualize o PIX chegando exatamente com o valor desejado, escute o som da notificação, pegue o seu celular e sinta o peso dele, a textura dele. Olhe na tela a notificação do PIX com o valor desejado, sinta gratidão por estar recebendo esse valor na sua conta, vibre na alegria! Abra o seu app e veja o valor lá na sua conta bancária e vibre na certeza de que isso já é real. Comemore para que o Criador mande mais motivos para comemorar.

38. LOTERIA

Visualize um filme em movimento de você recebendo o prêmio, veja o valor exato desse dinheiro, coloque os 5 sentidos e perceba tudo detalhadamente. Escolha a roupa que você vai usar para receber esse prêmio. Veja-se gastando cada centavo dele. Planeje o que será feito com esse prêmio e veja tudo em detalhe! Mantenha-se grato na certeza de que esse prêmio já é seu. Você também pode ativar o Código de Grabovoi específico para loteria afirmando: "Eu Sou ativar números quânticos para o prêmio da loteria em luz 4610567. Está feito".

39. SÉRIE COCRIANDO FARTURA

Caso você esteja imerso em uma realidade de constante carência e escassez, essa série de visualizações pode impulsionar a concretização da prosperidade em sua jornada. Independentemente da sua situação atual, a transformação se inicia exatamente onde você se encontra. A prática é notavelmente simples: valendo-se da Visualização Holográfica, você canalizará a transformação das carências presentes em sua percepção visual direta para um estado de plenitude.

Geladeira cheia: Quando você abrir a geladeira e se deparar com o vazio, feche os olhos e imagine-a repleta de iguarias deliciosas. Visualize cada detalhe, mergulhe na sensação de abundância e expresse gratidão pela própria existência da geladeira, assim como pela riqueza da sua plenitude.

Armários cheios: Quando abrir os armários da cozinha e os encontrar vazios, feche os olhos e imagine-os repletos de mantimentos. Visualize-se preenchendo-os com todos os alimentos que você adora. Deixe de lado preocupações com preços ou como você os obterá, pois isso pertence ao Universo. Concentre-se apenas na visualização daquilo que deseja, irradie a certeza de que isso já é uma realidade e manifeste gratidão.

Tanque cheio de gasolina: No caso de baixo nível de combustível, comece sendo grato pelo carro e sua habilidade de condução. Visualize-se indo ao posto, escute sua própria voz pedindo ao frentista que encha o tanque, pague a vista e em espécie e ainda deixe uma boa gorjeta para quem lhe atendeu. Sinta cada detalhe: cheiro de gasolina, o ponteiro do marcador de combustível subindo, a contagem das notas, a alegria do frentista com a gorjeta. Então, agradeça ao frentista, agradeça ao Criador e siga seu caminho sentindo a alegria de um tanque cheio. Isso gera sensações de abundância e gratidão.

Carteira recheada: Visualize vividamente sua carteira transbordando com notas de 100, 200 reais. Visualize sua bolsa, gavetas e guarda-roupa repletos de abundância monetária. Deixe sua mente percorrer pela imagem de dinheiro permeando cada canto de sua casa, envolvendo-a numa aura de prosperidade. Permita-se inclusive sentir a textura e o cheiro do dinheiro enquanto o toca mentalmente, e deixe transbordar a alegria que advém de se sentir financeiramente próspero. Enraíze o sentimento de gratidão profundamente em seu coração, pois essa gratidão fortalece a conexão com essa visão de abundância.

40. CARRO NOVO

Visualize-se em um local onde você gostaria de ver o carro que deseja possuir. Pode ser em sua garagem, em uma concessionária de automóveis ou até mesmo em um outro local que represente sua conquista. Visualize o carro que deseja adquirir. Veja cada detalhe, desde a cor até o modelo e os recursos específicos. Toque no carro em sua mente e observe como se sente. Imagine-se entrando no carro. Sinta o cheiro do interior, toque o volante e os controles. Sinta o conforto dos assentos e a potência do motor. Comece a conduzir o carro em sua visualização. Sinta a emoção de estar ao volante, dirigindo pelas estradas e experimentando a liberdade que isso representa. Visualize-se usando o carro para realizar atividades de que você gosta. Pode ser uma viagem, visitar amigos ou familiares, ou simplesmente desfrutar de um passeio relaxante. Sinta-se grato por ter esse carro em sua vida. Sinta a alegria e a satisfação de finalmente possuí-lo. Durante a visualização, repita afirmações positivas relacionadas à posse do carro, como: "Estou feliz e grato por ter o carro dos meus sonhos" ou "Mereço este carro e estou disposto a trabalhar para conquistá-lo". Quando estiver pronto, abra os olhos e retorne ao momento presente. Leve com você a sensação de realização e a gratidão por seu futuro carro.

Bibliografia consultada

PUBLICAÇÕES:

ANDERSON, .K. **Visualization**: the ultimate 2 in 1 visualization techniques box set. [S. l.]: Createspace, 2015.

ANGERON, D. **The mental training guide for elite athletes:** how the mental master method helps players, parents, and coaches create a championship mindset. Nova Orleans: John Melvin, 2020.

AZEVEDO, P. A. et al. Efeito da imagética motora sobre a onda alfa em imagéticos visuais e cinestésicos. **Fisioterapia Brasil**, v. 11, n. 1, p. 99-102, 2011.

BATTILANI, P. F. A teoria de Kosslyn da representação por imagens. In: BATTILANI, P. F. **O debate da imagética mental**. Dissertação (Mestrado em Filosofia) – Faculdade de Filosofia, Letras e Ciências Humanas, Universidade de São Paulo, São Paulo, 2013. Disponível em: https://1library.org/article/a-relação-representacional-teoria-kosslyn-representação-por-imagens.eqo2345y. Acesso em: 3 ago. 2023.

DISPENZA, J. **Como se tornar sobrenatural**: pessoas comuns realizando o extraordinário. Porto Alegre: Citadel, 2020.

EPSTEIN, G. **Imagens que curam**: práticas de visualização para a saúde física e mental. São Paulo: Ágora, 2009.

FORNEI, G. **Como treinar sua mente para vencer no esporte**: 7 passos básicos para começar a treinar sua mente para vencer. [S. l.]: Edição do autor, 2017.

GUERRERO, M. D.; MUNROE-CHANDLER, K. J. Psychological imagery in sport and performance. **Oxford Research Encyclopedia of Psychology**, 26 abr. 2017. Disponível em: https://doi.org/10.1093/acrefore/9780190236557.013.228. Acesso em: 3 ago. 2023.

MALTZ, M. **Psicocibernética**. Porto Alegre: Citadel, 2023. E-book.

MITEL, D. **Imaginería del corazón**: um caminho hacia la iluminación. México: Ediciones Puntes de Luz, 2020.

MITEL, D. **Heart imagery**: a path to enlightenment. EUA: Daniel Mitel, 2015.

MITEL, Daniel. **This now is eternity**: 21 ancient meditations for awakening to whom you really are. Bloomington: Balboa Press, 2015.

MITEL, D.; MELCHIZEDEK, D. **Journeys into the heart**. Bloomington: Balboa Press, 2017.

CARVALHAL, I. M.; COSTA, G.; RAPOSO J. V. A imagética kinetica e mental em praticantes de desportos colectivos e individuais. **Estudos de Psicologia**, v. 18, n. 1. Disponível em: https://doi.org/10.1590/S0103-166X2001000100006. Acesso em: 3 ago. 2023.

RICHES, A. **Creative visualization**: your step-by-step guide to unleash the power of visualization & manifest your wildest dreams. [S. l.]: Edição do autor, 2015. *E-book*.

SACREDFIRE, R. **As 10 leis secretas da visualização**: como aplicar a arte da projeção mental para obter sucesso. [S. l.] : Edição do autor, 2019.

SHAMBALLA, R. **10 Cosmic dimensions**: a spiritual guide do to ascension. Bloomington: Balboa, 2019.

STAPLEY, L. **Creative visualization**: 33 guided visualization scripts to create the life of your dreams. [S. l.]: Edição do autor, 2014. *E-book*.

STEVENSON, M. **Visualização do sucesso**: seu guia básico para dominar a arte da visualização do sucesso. [S. l.]: Edição do autor, 2019. *E-book*.

WALKER, Chariss C. K. **A beginner's guide to visualization**: tips to see clearly. EUA: Createspace, 2018.

SITES:

5 WAYS to apply sports psychology to your daily life. **Gloveworx**, 30 jan. 2019. Disponível em: https://www.gloveworx.com/blog/apply-sport-psychology-daily-life/. Acesso em: 3 ago. 2023.

ALDERSON, L. The power of belief, visioning and quantum physics. **iCreateDaily,** 2023. Disponível em: https://www.icreatedaily.com/the-power-of-belief/. Acesso em: 3 ago. 2023.

BERNADINO, L. G. O que é psicofísica? Uma breve introdução. **Eu Percebo,** 10 set. 2019. Disponível em: https://eupercebo.unb.br/2019/09/10/o-que-e-psicofisica/. Acesso em: 3 ago. 2023.

CHALMERS, M. The roots and fruits of string theory. **CERN Courier,** 29 out. 2018. Disponível em: https://cerncourier.com/a/the-roots-and-fruits-of-string-theory/. Acesso em: 3 ago. 2023.

COHN, P. Sports visualization: the secret weapon of athletes. **Peak Performance Sports**, 2023. Disponível em: https://www.peaksports.com/sports-psychology-blog/sports-visualization-athletes/. Acesso em: 3 ago. 2023.

CONNORS, C. D. The formula that leads to wild success – part 1: Michael Jordan. **Medium,** 16 jun. 2016. Disponível em: https://medium.com/the-mission/the-formula-that-leads-to-wild-success-part-1-michael-jordan-8d3fe552592. Acesso em: 3 ago. 2023.

CREATIVE visualization and quantum physics. **Visualize Vividly,** fev. 2008. Disponível em: http://visualizevividly.blogspot.com/2008/02/creative-visualization-and-quantum.html. Acesso em: 3 ago. 2023.

CUMMING, J. Improving your ability to image in layers. **Jennifer Cumming,** 28 jan. 2016. Disponível em: https://jennifercumming.com/2016/01/28/improving-your-ability-to-image-in-layers/. Acesso em: 3 ago. 2023.

BIBLIOGRAFIA CONSULTADA

CUMMING, J. Sport imagery training. **Association for Applied Sport Psychology**. Disponível em: https://appliedsportpsych.org/resources/resources-for-athletes/sport-imagery-training/. Acesso em: 3 ago. 2023.

FERNANDEZ, E. How to unlock your 6 mental faculties. **The Positive MOM**, 15 maio 2022. Disponível em: https://www.thepositivemom.com/how-to-unlock-your-6-mental-faculties. Acesso em: 3 ago. 2023.

FEUER, M. What is supersymmetry? **DulwichScience**, 9 jan. 2014. Disponível em: https://dulwichscience.wordpress.com/2014/01/09/what-is-supersymmetry/. Acesso em: 3 ago. 2023.

GALLAGHER, S. 7 ways to use your mental faculties to get back on track. **Proctor Gallagher**, [S. D.]. Disponível em: https://www.proctorgallagherinstitute.com/38830/7-ways-to-use-your-mental-faculties-to-get-back-on-track. Acesso em: 3 ago. 2023.

HERSHBERGER, S. The status of supersymmetry. **Symmetry**, 1 dez. 2021. Disponível em: https://www.symmetrymagazine.org/article/the-status-of-supersymmetry. Acesso em: 3 ago. 2023.

HOW many dimensions does the universe have? 2014. Video (5min12s). Publicado pelo canal Seeker. Disponível em: https://www.youtube.com/watch?v=YoJ5BRghuAk. Acesso em: 3 ago. 2023.

MANIFEST your dreams and alter your reality through visualization meditation. **Do-Meditation.com**, 2011. Disponível em: https://www.do-meditation.com/visualization-meditation-quantum-physics.html. Acesso em: 3 ago. 2023.

MANN, A. What is string theory? **Live Science**, 20 set. 2023. Disponível em: https://www.livescience.com/65033-what-is-string-theory.html. Acesso em: 3 ago. 2023.

MENTAL imagery in sports. **Physiopedia**, [s. d.]. Disponível em: https://www.physio-pedia.com/Mental_Imagery. Acesso em: 3 ago. 2023.

PARISI, L. Psicocibernética e a reprogramação do "eu" pt.1. **Medium**, 27 jun. 2018. Disponível em: https://medium.com/@lucasparisi_49157/psico-cibernética-e-a-reprogramação-do-eu-pt-1-bc8338ea30bb. Acesso em: 3 ago. 2023.

PARISI, L. Psicocibernética e a reprogramação do "eu" pt.2. **Medium**, 4 jul. 2018. Disponível em: https://medium.com/@lucasparisi_49157/psico-cibernética-e-a-reprogramação-do-eu-pt-2-14e26a5b9e74. Acesso em: 3 ago. 2023.

PERRY, P. Physicists outline 10 different dimensions and how you'd experience them. **Big Think**, 12 maio 2017. Disponível em: https://bigthink.com/surprising-science/physicists-outline-10-different-dimensions-and-how-youd-experience-them/. Acesso em: 3 ago. 2023.

PROCTOR, Bob. Are you using your mental faculties the right way? **Proctor Gallagher**, [s. d.]. Disponível em: https://www.proctorgallagherinstitute.com/38726/are-you-using-your-mental-faculties-the-right-way. Acesso em: 3 ago. 2023.

QUINTON, M. Imagery in sport: elite athlete examples and the PETTLEP model. **Believe Perform**, 2023. Disponível em: https://believeperform.com/imagery-in-sport-elite-athlete-examples-and-the-pettlep-model/. Acesso em: 3 ago. 2023.

SÉRVULO, F. Um Universo de 10 dimensões - explicando a teoria das supercordas. **Mistérios do Universo,** 2015. Disponível em: https://www.misteriosdouniverso.net/2015/03/um-universo-de-10-dimensoes-explicando.html. Acesso em: 3 ago. 2023.

THE STANDARD model. **CERN**. Disponível em: https://home.cern/science/physics/standard-model. Acesso em: 3 ago. 2023.

SUPERSYMMETRY. **CERN**. Disponível em: https://home.cern/science/physics/supersymmetry. Acesso em: 3 ago. 2023.

TAYLOR, J. Sport imagery: athletes' most powerful mental tool. **Psychology Today,** 6 nov. 2012. Disponível em: https://www.psychologytoday.com/us/blog/the-power-prime/201211/sport-imagery-athletes-most-powerful-mental-tool. Acesso em: 3 ago. 2023.

A TEORIA das cordas explicada. 2021. Vídeo (12min58s). Publicado pelo canal Ciência Todo Dia. Disponível em: https://youtu.be/o_xOMxPojrA. Acesso em: 3 ago. 2023.

WILLIAMS, M. A universe of 10 dimensions. **Universe Today,** 10 dez. 2014. Disponível em: https://www.universetoday.com/48619/a-universe-of-10-dimensions/. Acesso em: 3 ago. 2023.

YOUR mental faculties | Bob Proctor. 2019. Vídeo (6min42s). Publicado pelo canal Proctor Gallagher Institute. Disponível em: https://www.youtube.com/watch?v=gyVZdlupYvU. Acesso em: 3 ago. 2023.